# 280天全程
# 完美胎教
# 每日10分钟

妇产科知名专家　赵天卫 / 主编

中国农业出版社

**图书在版编目（CIP）数据**

280天全程完美胎教每日10分钟 / 赵天卫主编. --
北京：中国农业出版社，2016.1
ISBN 978-7-109-21408-8
Ⅰ. ①2… Ⅱ. ①赵… Ⅲ. ①胎教－基本知识 Ⅳ.
①G61
中国版本图书馆CIP数据核字(2016)第002715号

中国农业出版社出版
（北京市朝阳区麦子店街18号楼）
（邮政编码100125）
策划编辑　李梅
责任编辑　李梅

---

北京中科印刷有限公司印刷　新华书店北京发行所发行
2016年1月第1版　2016年1月北京第1次印刷

---

开本：889mm × 1194mm　1/20　　印张：18
字数：400千字
定价：39.00元

# 前言

孕育一个聪敏、智慧、健康的小宝宝，是父母最大的心愿。

科学家认为胎宝宝具有思维、感觉和记忆能力。准妈妈一定要保持身心愉悦，因为准妈妈的一言一行都会潜移默化地影响胎宝宝。科学合理地对胎宝宝进行胎教，有助于胎宝宝智力和人格的发展，还能让准妈妈身心愉悦。其实，胎教并不像人们想象的那么复杂，只要准爸爸准妈妈心中有爱，胎教就会变得简单。很多年轻的准爸爸和准妈妈不知如何进行胎教，那就跟着本书，与胎宝宝一同开始一段充满快乐、爱意的幸福旅程吧！

《280 天全程完美胎教每日 10 分钟》包括了经典故事、名人诗歌、快乐童谣、诙谐绕口令、有趣谜语、幽默笑话、准妈妈手工、世界风光和名画赏析等内容。准妈妈或者准爸爸，每天利用 10 分钟的时间，静下心来，全心全意地为胎宝宝讲一个小故事、吟诵几首唐诗……定会使胎宝宝受益匪浅。

《280 天全程完美胎教每日 10 分钟》是一本内容丰富、精彩、轻松易行的好书，能让准妈妈和胎宝宝学到不一样的知识，收获不一样的感动，体会不一样的乐趣。

目录

Part 01

# 孕1月 了解科学的胎教知识

Part 02

## 孕2月 懵懂中感受宝宝的到来

Part 03

## 孕3月 神经系统快速发育

Part 04

## 孕4月 让宝宝感受父母的爱抚

Part 05

# 孕5月 宝宝有了听觉反应

Part 06

# 孕6月 与胎宝宝亲密接触

Part 07

## 孕7月 大脑发育高峰期

Part 08

# 孕8月 忐忑中期待幸福

Part 09

## 孕9月 妈妈的情绪影响“我”

Part 10

# 孕10月 期待见面那一刻

# Part 01

# 孕1月
# 了解科学的胎教知识

实施什么样的胎教对促进胎宝宝的智力发育更有效，是准爸爸准妈妈最为关心的问题。因此，从现在开始，准爸爸和准妈妈要多收集一些关于胎教的书籍、资料，认真学习，只有了解科学的胎教知识，掌握正确的胎教方法，才能孕育出健康、聪明的小宝宝。

怀孕 001 天

# 正确认识胎教

准妈妈可通过胎教调控身心，确保健康与欢愉，以便为胎宝宝提供良好的生存环境，并根据胎宝宝发育情况，给予适当合理的信息刺激，促进胎宝宝健康生长。

## 认识广义胎教

为促进胎宝宝生理上和心理上的发育，同时确保准妈妈能够顺利渡过孕产期所采取的精神、饮食、环境、劳逸等各方面的保健措施。没有健康的母亲，就不能孕育出强壮的胎宝宝。有人也把广义胎教称为“间接胎教”。

## 了解狭义胎教

狭义胎教是在胎宝宝发育成长的各时间段，科学地提供视觉、听觉、触觉等方面的教育，如光照、音乐、对话、拍打、抚摸等，使胎宝宝大脑神经细胞不断增殖，神经系统和各个器官的功能得到合理的开发和训练，最大限度地发掘胎宝宝的智力潜能。从这个意义上讲，狭义胎教亦可称为“直接胎教”。

## 胎教与早教的关系

胎教是准妈妈在妊娠期间，采用适当的方法和手段对胎宝宝的听觉和触觉实施良性刺激，促进胎宝宝大脑得到良好的发育，不断开发其潜在能力。而早教是在宝宝出生后，在孩子幼童期进行的有针对性的、以兴趣开发为主的教育。胎教是早教的前奏与基础，早教则是胎教的延续和发展，两者结合起来，会为宝宝的未来发展打下坚实的基础。

怀孕 002 天

# 了解胎教的目的

胎教不是简单地给胎宝宝唱歌、游戏、讲故事，而是通过各种适当的、合理的信息刺激，促进胎宝宝各种感觉功能的健康发育。

## 胎教促进胎宝宝智力发育

胎教虽然能够有效促进胎宝宝智力发育，却不能保证胎宝宝出生后都成长为小天才。影响儿童成为天才的因素很多，除了胎教，还有遗传、出生后接受的教育和环境影响，以及个人的兴趣、意志、品德等非智力因素。但有一点可以肯定，胎教有利于胎宝宝在智慧、个性、感情、能力等方面的发育，有利于其出生后的发展。

## 为早期教育打基础

胎教的目的是通过各种适当的、合理的信息刺激，促进胎宝宝各种感觉功能的发育成熟，为出生后的早期教育即感觉学习打下一个良好的基础。胎教可以帮助父母尽早地发现宝宝的素质潜能，发挥宝宝在遗传上的优势。

现代科学已证明，胎宝宝不仅具有视觉、听觉、活动和记忆能力，而且能够感受准妈妈的情绪变化。在妊娠期间，采取适当的方法和手段，有规律地对胎宝宝的听觉和触觉实施良性刺激，可促进胎宝宝大脑的发育，不断开发胎宝宝的潜在能力，以便日后宝宝能拥有丰富的想象力、深刻的洞察力、良好的记忆力、敏捷的思维能力和动手能力等。

怀孕 003 天

# 实施胎教的原则

准爸爸和准妈妈该怎么进行胎教，该注意些什么？现在我们就来了解胎教原则，以便准爸爸和准妈妈进行胎教时能有规则可循。

## 遵循科学胎教的原则

科学的胎教方法，是要按胎宝宝的月龄及胎宝宝的发展水平做相应的胎教。做到不放弃施教的时机，也不过度人为干预。如抚摩胎教，一天两天不足以和胎宝宝建立起联系，须坚持长久地、科学地去做，才能使胎宝宝领会其中的含义，并积极地去响应。准妈妈和胎宝宝相互配合，相互协作，乐趣无穷。在这种乐趣中，胎宝宝的身体发育、心智发展得到激励。准妈妈的信心和持之以恒的态度，是胎教成功的保证。

## 掌握适时适度的胎教原则

胎教是为了使胎宝宝受益，如果不能适度地实施，胎宝宝不但不能从中获益，还会深受其害。如有的准妈妈在进行音乐胎教时，长时间将耳机放在腹部，造成胎宝宝烦躁不安。因此，对胎宝宝进行胎教，必须适度。准妈妈对胎教的内容、时间等，都应该有一个了解与掌握。每项胎教内容须按一定方法去做，才会有好的效果。

## 发挥全家参与胎教的原则

胎教不是准妈妈一个人的事情，家人也要参与进来。比如丈夫在抚摸胎体时可与胎宝宝说话，使胎宝宝从小就能听到父亲的声音，在胎儿期就感受到父爱。家人的参与、体贴、关怀会使准妈妈心情愉快，胎宝宝健康发育。

怀孕 004 天

# 胎教历史悠久

最早提出胎教之说的是中国。在哲学、政治、文学、史学、教育、医学等古籍中均有关于胎教的论述。

## 胎教的历史起源

我国是世界上最早提出并实施胎教的国家。据史料记载，我国实施胎教的历史可以上溯到西周时期。最早实施胎教的是西周文王的母亲太任。据《列女传》记载：太任怀姬昌（后来的西周文王）后，“目不视恶色，耳不听淫声，口不出敖言，能以胎教。”

西周是我国胎教理论与实践发展的初始阶段。这个时期的胎教主要实施于帝王之家、宫廷之内，当时的统治者对胎教极为重视，但对下层百姓“秘而不宣”。到了春秋战国时期，作为西周文化教育内容之一，胎教开始走出宫廷，渐为民间所知。

## 胎教面面观

我国很早便注意到优生、优育、优教的重要性。早就有胎宝宝在母腹中能够接受准妈妈言行感化的朴素认识。古人认为人的情感活动可以影响脏腑的气血功能，并通过母体传递给胎宝宝，所以主张准妈妈必须“严守礼仪，清心养性”，“受胎之始，喜怒哀乐，莫敢不慎”，注意预防疾病，以免影响胎宝宝的正常发育。

### 今日提醒

为了孕育一个健康、聪明的小宝宝，准妈妈要了解胎教的历史与起源。

怀孕 005 天

# 了解古代的胎教

古人所说的胎教，是指在妊娠期间为有利于胎宝宝在母体内的生长发育而对准妈妈的精神、饮食、生活起居等方面所采取的措施。

## 古代胎教六原则

古代胎教主要包括 6 个方面的内容：

- 调情志。妊娠是女性生理上的一个特殊周期，准妈妈的生理、心理都要发生一系列变化，其中的心理变化过程即为古人所说的情志变化。准妈妈要心情舒畅，不要轻易动肝火，否则会导致气不顺，气不顺则胎宝宝必受影响。对准妈妈来说，情志舒畅，遇事乐观极为重要。

- 忌房事。房事，是指夫妻的性生活。虽然房事为受孕怀胎提供了必要的条件，但受孕之后，则房事必须节制。

- 节饮食。饮食是母体重要的营养来源。胎宝宝的营养来源于母体的气血，准妈妈的饮食直接影响胎宝宝的发育。准妈妈饮食以清淡平和为宜，鱼、肉可以吃，但不可过食，应有所节制，特别是不要饥一顿，饱一顿，不要暴饮暴食。

- 适劳逸。人禀气血而生，胎赖气血而养，因而妊娠后的起居劳逸应该适量，既不可贪图安逸，也不可过于劳累。正确的做法大致为：5 个月以前稍逸，5 个月以后宜小劳。

- 戒生冷。生冷之物吃多了会使脾胃受伤，引起呕吐、腹泻、痢疾等不适反应，对准妈妈和胎宝宝都有害。

- 慎寒温。准妈妈很容易受风寒之侵而感染疾病，危及胎宝宝。所以，准妈妈饮食、起居要有规律，注意保暖。

怀孕006天

# 树立正确的胎教观

胎教是一个循序渐进的过程，不能操之过急，应该根据胎宝宝生理发育的特点逐步进行。因此，准爸爸和准妈妈要抓住胎教的最佳时机。

## 树立科学的胎教态度

胎教能使宝宝更健康、更聪明，综合素质更高。要想拥有健康、聪明的宝宝，就需要对胎宝宝进行适时适度的科学胎教。科学的胎教来源于准爸爸和准妈妈对胎教的正确认识，学习相关的知识，以及使用科学的方法。而实施胎教的主要目的是让宝宝的大脑、神经系统及各种感觉机能、运动机能发展更健全完善，为出生后接受各种训练打好基础。

## 选择合适的胎教方案

要想给胎宝宝最好的胎教，应通过专业渠道学习有关胎教知识，包括孕期精神卫生、儿童心理与教育学、胎教早教的常识。这样才能做到心中有数，头脑冷静，善于识别和选择适合胎宝宝的胎教方法。

## 胎教不可操之过急

准爸爸和准妈妈之所以关注胎教，是出于对后代的责任感。他们意识到此生只有一次养育子女的机会，因此“只能成功，不能失败”。这使他们愿意对胎宝宝进行胎教、早教，但也往往容易出现操之过急、过度等情况。因此，实施胎教的时候一定要端正心态。

**今日提醒**

任何一种教育都不是孤立的，胎教也是如此，会受到很多因素的影响。因此，准爸爸和准妈妈在对胎宝宝进行胎教时，一定要放平心态，用平常心看待胎教。

怀孕 007 天

# 通过胎教提升宝宝整体素质

胎教可以培养胎宝宝良好的行为习惯、健康的心理素质，还可以促进胎宝宝人格的完善。

## 对胎宝宝身心健康有益

胎教能够对胎宝宝的心理产生积极的影响，有利于培养胎宝宝的感知能力与情感接受能力。而这两种能力是人最基本的心理适应能力。有了这两种能力，宝宝在以后的成长过程中能很好地接受审美教育，具备想象、直觉、灵感、调节和表达能力，使身心得到健康的发展。

## 培养宝宝良好的行为习惯

现代科学认为，准妈妈的知、情、意、行的每一方面和胎宝宝都有着潜在的联系，准妈妈的思想道德、认知水平和日常行为习惯，对胎宝宝后天发展都有一定的影响。胎宝宝的生活习惯受到准妈妈本身习惯的影响。如果准妈妈平时生活无规律、习惯不好，那么就应有意识地养成良好的习惯，以便培养出具有良好习惯的宝宝。

## 有助于胎宝宝人格的完善

一个人在人生初始阶段受到的教育，会长远而深刻的影响人的一生。好的教育能使人的人格趋向完善，让人成为真诚、善良、高尚的人，同时具有自我认识、自我完善和自我实现的能力。而胎教就是最早的审美教育，对胎宝宝具有深远的影响，有助于胎宝宝出生后精神素质的塑造，以及成长过程中人格的完善。

怀孕 008 天

# 成功胎教始于好情绪

情绪胎教是通过对准妈妈的情绪进行调节，让准妈妈忘掉烦恼和忧虑，保持良好的心情，进而促使胎宝宝得到良好的发育。

## 情绪胎教的作用

情绪胎教是保障孕期母子心理健康的重要方法，决定着母子关系的和谐与否，与宝宝后天心理素质及心理健康的发展有很大关系，也是直接影响家庭关系，保障孕期顺利的主观因素。情绪胎教不但可以使母亲自身的修养不断提高，增加孕期生活的品位，同时还对胎宝宝的情绪、性格、健康、心理起着至关重要的影响。

## 准妈妈不同情绪对胎宝宝的影响

### 良好情绪的益处

- 可以让准妈妈的身体处于最佳状态，十分有益于胎盘的血液循环供应，促使胎宝宝稳定地生长发育，降低发生流产、早产及妊娠并发症的概率。
- 使胎宝宝的器官组织能良好地分化、形成及生长发育，尤其有益于脑细胞的发育。
- 宝宝出生后，性情平和，情绪稳定，能很快地形成良好的生物节律，如睡眠、进食、排泄等。同时，智商、情商也较高。

### 不良情绪的危害

- 情绪大幅波动不但会使准妈妈的血压升高，影响母体的健康，还会增加孕期出现意外的概率，影响胎宝宝身心的正常发育。
- 会增加准妈妈精神负担。宝宝出生后，很可能会体质瘦弱、爱哭闹、睡眠不良，对环境适应能力也差。
- 由于受到准妈妈不良情绪的影响，在出生后，有可能成为“性格异常儿童”，如挑食、好发脾气、十分好动，甚至患多动症等。

**今日提醒**

准爸爸应倍加关爱妻子，让妻子体会到家庭的温暖，避免妻子产生愤怒、惊吓、恐惧、忧伤、焦虑等不良情绪，保持心情愉快，精力充沛。

# 怀孕009天 语言胎教：与胎宝宝沟通的桥梁

语言胎教能给胎宝宝大脑新皮质输入最初的语言印记，激发胎宝宝的听觉神经，帮助胎宝宝形成对语言的初步认识。

## 语言胎教的作用

语言胎教有助于开发胎宝宝的语言能力，使宝宝在日后拥有优于他人的语言能力。语言胎教是对胎宝宝进行声音刺激，胎宝宝能够把听到的信息传到大脑并储存起来，形成记忆。语言胎教是准爸爸和准妈妈与胎宝宝最初的沟通方式，能够促进亲子感情，有助于宝宝日后形成更健全的人格。

## 语言胎教的方法

语言胎教要在胎宝宝醒着的时候进行。一般早上醒来，或者午睡醒来，以及晚上临睡前都可以进行语言胎教。语言胎教的时间应控制在5～10分钟。准爸爸和准妈妈要富有感情、充满爱意地与胎宝宝对话，确保其出生后在语言及智力方面有良好的发展。

## 语言胎教的注意事项

- 进行语言胎教时最好保持平静的心境并保持注意力集中。
- 在念故事前，最好先将故事的内容在脑海中形成影像，以便比较生动地传达给胎宝宝。
- 要将图画书上的故事仔细地告诉给胎宝宝，尽量将书画上的内容“视觉化”地传达给胎宝宝。

### 今日提醒

准爸爸的声音一般较厚重、雄浑、有磁性，胎宝宝听了会觉得舒服，会很喜欢，所以准爸爸有时间，最好也能抚摸着胎宝宝并说些充满爱意的话。

怀孕 010 天

# 音乐胎教：享受幸福美妙的音符

音乐胎教能使准妈妈心旷神怡，从而改善不良情绪，产生良好的心境，并将这种信息传递给腹中的胎宝宝，使其深受感染。

## 音乐胎教的作用

音乐胎教的主要作用是让准妈妈感受到平静与愉悦，并传递给胎宝宝，使其受到感染，在潜意识里记录到和谐、美好的讯息。给胎宝宝“听”音乐，并给予适当的良性刺激，能使胎宝宝的心率随着音乐的节律而变化。经过音乐胎教训练的婴儿反应快、语言能力强、动作协调敏捷。

## 音乐胎教的方法

- 哼歌谐振法：准妈妈心情愉快、富于感情地哼唱几首抒情音乐、摇篮曲。通过歌声的和谐振动，使胎宝宝获得感情上的满足。
- 熏陶法：准妈妈在欣赏音乐时，会产生许多美好的联想，而这种感受可以传递给胎宝宝。
- 律动法：准妈妈一边听音乐，一边充满深情地抚摸胎宝宝。

## 音乐胎教的注意事项

给胎宝宝听的音乐必须是经过精心选择的，声调不要太过尖锐刺耳，最好高、中、低音均衡，准妈妈应距离扩音器最少1.5米，不要把耳机直接放在腹部上。音量大小也要注意，音量宜控制在60分贝左右。

# 怀孕011天 运动胎教：促进胎宝宝健康发育

运动胎教是指准妈妈适时、适当地进行体育锻炼，帮助胎宝宝活动，以促进胎宝宝大脑及肌肉的健康发育。

## 运动胎教的作用

运动不仅能保障准妈妈自身健康，还可增加胎宝宝的血液供氧，从而促进胎宝宝的生长发育。

## 促进准妈妈和胎宝宝对钙的吸收

准妈妈去户外运动，可呼吸到大量新鲜空气，阳光中的紫外线可以促进准妈妈皮肤中的脱氢胆固醇转变为维生素D，促进钙、磷的吸收利用，既能防止骨质软化症，又有利于胎宝宝骨骼发育。

## 防止胎宝宝过于肥胖

经常适当运动，使准妈妈体重增长得到控制，脂肪细胞减少，避免胎宝宝过于肥胖，这样既有利于自然分娩，防止生出巨大儿，又为预防肥胖症、妊娠高血压及心血管疾病奠定了良好的基础。

## 可使胎宝宝的大脑得到发育

准妈妈适当运动，可使大脑提供充足的氧气，促使大脑释放脑啡肽等有益的物质，并通过胎盘输送给胎宝宝。准妈妈做运动会使羊水摇动，摇动的羊水可刺激胎宝宝全身的皮肤，就像给胎宝宝做按摩。这对胎宝宝的大脑发育十分有利，会使胎宝宝更聪明。

### 今日提醒

经常适当运动，可增强准妈妈腰背肌、腹肌和盆底肌的弹性和力量，使韧带、关节变得松弛、柔软，有利于分娩时肌肉放松，减少产道阻力，为顺利分娩创造良好的条件。

## 运动胎教的方法

运动胎教有各种各样的方法，其中包括孕妇操、孕妇瑜伽、胎教瑜伽、户外散步、游泳等。

## 运动胎教的注意事项

• 准妈妈运动时着装宜宽松舒适，鞋要合脚轻便；运动中应及时补充水分，防止虚脱；注意保暖，以免着凉；最好在空气清新、绿树成荫的场所锻炼，这对准妈妈和胎宝宝的身心健康均有裨益。

• 准妈妈在运动前一定要听取医生的意见，选择适合自己的运动方式。做何种运动、运动量的大小，都要根据个人的身体状况而定，不能一概而论。如果怀孕前就有锻炼的习惯，在孕期可以继续锻炼，但开始时一定要慢慢来。

• 准妈妈不适合潜水、骑马等运动。孕早期最好不要剧烈运动。在孕中期准妈妈可以适当进行运动。在怀孕晚期准妈妈做运动要特别小心，选择适合孕晚期的运动方式，这时胎宝宝已经长得很大了，不当的运动有可能造成过敏性宫缩，导致早产等问题。

• 对准妈妈来说，要注意运动类型的选择。最好做不紧不慢的运动，如游泳、打太极拳、散步、比较简单的瑜伽等。一定要避免强烈的腹部运动，也要避免做和别人有身体接触的运动。最好不要选择跳跃性的或者需要冲刺的运动，要避免做快速爆发的运动，如打羽毛球、网球等。

# 怀孕 012 天 环境胎教：营造良好的内外氛围

从受精卵形成的那一刻起，环境因素就对新生命产生了重要的影响。胎宝宝能否正常生长发育，与妊娠期母体内外环境有着密切关系。

## 环境胎教的作用

良好的环境，能使胎宝宝受到良好的感应；不良的环境，使胎宝宝受到不良的感应。面对美丽的色彩和声乐，无限美好的大自然，准妈妈置身于舒适优美的环境，不但能得到美与欢快的感受，使自身心情轻松愉快，也能使腹中的胎宝宝感到愉悦。

**今日提醒**

胎宝宝的身心、智能的健康发育，不仅需要良好的内环境，也需要理想的外部环境。

## 环境胎教的方法

居室环境对准妈妈非常重要，居室布置要整洁雅致。可以在墙壁上悬挂一些活泼可爱的宝宝画片或风景画等，使准妈妈产生美好的遐想，保持良好的心理状态。

准妈妈要经常到空气清新、风景秀丽的地方游览，多看看美丽的花草，以调节情趣，使心情舒畅，体内各系统功能处于最佳，为胎宝宝提供高质量的生长环境。

## 环境胎教的注意事项

不能在有毒有害的环境内生活。在整个孕期，准妈妈都要尽可能避开各种污染，比如二手烟、汽车排放的尾气等。远离噪声、震动、高温、粉尘等有害因素。严禁准妈妈接触各种有毒物品。

# 怀孕013天 抚摸胎教：让胎宝宝感知父母的关爱

在进行胎教的时候，准爸爸和准妈妈可以轻轻抚摸胎宝宝，透过准妈妈腹壁对胎宝宝形成触觉上的刺激，以促进胎宝宝感觉神经和大脑的发育。

## 抚摸胎教的作用

抚摸胎教是通过触觉神经使胎宝宝感受母体外的刺激，锻炼胎宝宝皮肤的触觉，从而促进胎宝宝大脑的发育，激发胎宝宝活动的积极性和运动神经的发育。经常受到抚摸的胎宝宝，对外界环境的反应也比较机敏，出生后翻身、抓握、爬行、坐立、行走等大运动发育都能明显提前。抚摸胎教的过程不仅让胎宝宝感受到父母的关爱，还能使准妈妈身心放松、精神愉快。

## 抚摸胎教的方法

来回抚摸法：准妈妈在完全松弛的情况下，从上至下、从左至右来回抚摸腹部，并想象双手正在爱抚可爱的胎宝宝，内心会有一种喜悦和幸福感。

触压拍打法：准妈妈平卧，放松腹部，在腹部从上至下、从左至右来回抚摸，并用手指轻轻按下再抬起，然后轻轻做一些按压和拍打的动作，给胎宝宝以触觉刺激。

## 抚摸胎教的注意事项

- 抚摸胎教应有规律，每天2次，坚持在固定的时间进行。
- 抚摸胎宝宝之前，准妈妈应排空小便。
- 避免情绪不佳，应保持稳定、轻松、愉快、平和的心态。

- 进行抚摸胎教时，室内环境要舒适，空气新鲜，温度适宜。

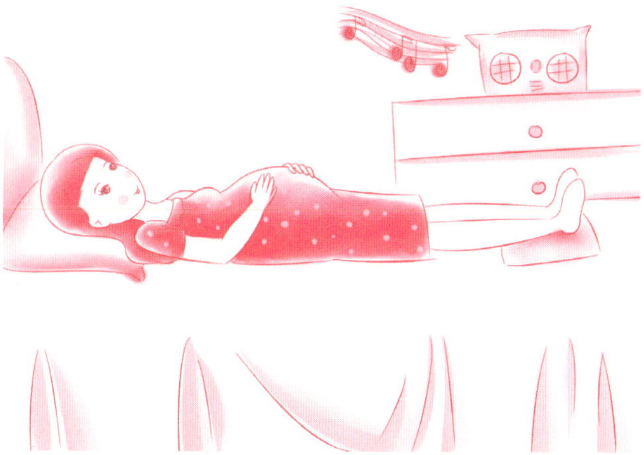

怀孕 014 天

# 文学胎教：接受文学艺术的熏陶

胎教的方式有很多种，对一些希望孩子多才博学的父母来说，文学胎教无疑是很好的一种方式。

## 文学胎教的作用

文学和音乐一样，是一种充满感性色彩的艺术。文学胎教是一种很好的胎教形式，书中精辟的见解和分析，丰富的哲理，风趣幽默的谈吐，都会使准妈妈精神振奋，耳目一新，保持良好的心境，这样不仅有利于准妈妈的身心健康，也为胎宝宝的认知能力奠定基础。

## 文学胎教的方法

准妈妈应当看一些轻松、幽默、使人向上的作品，如优秀的儿童文学、国内外经典的文学作品等。朱自清、冰心、秦牧等作家的散文优美隽永，耐人寻味。古典诗词，风格多样，节奏感强，美不胜收。准爸爸妈妈选定文章内容之后，设定每天的“阅读时间”，轮流念给胎宝宝听，借阅读胎教的机会与胎宝宝沟通、互动。

## 文学胎教的注意事项

准妈妈阅读文学作品，关键是享受文学的趣味，从字里行间获得快感和惬意，要注重作品的人物情节，重视文学作品的娱乐性，在娱乐中达到怡情养性的目的。当然这种娱乐不是刺激性挑逗性的，应是优美温柔的。准妈妈为了保护情绪稳定，不宜看那些低级下流、污秽、打斗、杀戮的作品，一些世俗人情写得过分悲惨、凄厉的文学作品也不宜看。

怀孕 015 天

# 夫妻和睦是胎教的重要因素

感情融洽是幸福家庭的前提，对优生和胎教影响很大。在幸福和谐的家庭中，胎宝宝能愉快地生长发育，出生后往往也更健康聪明。

## 准妈妈情绪不佳危及胎宝宝

胎宝宝对外界的刺激是有反应的，准妈妈的情绪会影响胎宝宝。在孕早期，夫妻之间经常争吵，准妈妈情绪极度不安，可引起胎宝宝兔唇、腭裂等畸形。在孕晚期，如果夫妻感情不和，准妈妈精神状态不好，则会增加胎动次数，影响胎宝宝的身心发育。

## 夫妻不和对胎宝宝不利

夫妻剧烈争吵时，准妈妈的内分泌会发生变化，同时，准妈妈的盛怒可以导致血管收缩，血流加快、加强，其物理振动也会殃及胎宝宝；而且争吵中夫妻的高声大气，无疑是十分有害的噪声，直接危害胎宝宝。

## 耐心倾听对方的意见

在妻子怀孕期间，丈夫应承担更多的责任，处理好夫妻之间的矛盾，与妻子共同分担压力。夫妻双方应互相尊重，互相理解，耐心倾听对方的意见，理智地、心平气和地对待彼此间的分歧，以极大的爱心共同关注胎宝宝，注视他的每一次蠕动，探寻他的每一点进步，讨论他的每一项教育。

**今日提醒**

妊娠期间，夫妻双方如能更加相互理解，更加亲密无间，能使孕期变成一个相依相伴，充满情爱的又一个“蜜月”时期。

怀孕 016 天

# 读故事：音乐神童莫扎特

也许准妈妈听过莫扎特的音乐，如果说贝多芬通过不懈的奋斗而努力接近上帝的话，那么莫扎特就是天使在人间。

1756年，莫扎特出生于奥地利萨尔兹堡。他的父亲是一位宫廷乐师，莫扎特从小就接受音乐的熏陶，自幼展现出超出常人的音乐天赋。

莫扎特学起音乐来就如同别的婴儿学说话一样发自天然。他有一个姐姐叫玛丽安娜。当莫扎特刚会走路时，在父亲给小玛丽安娜上音乐课的时候，他就听着。然后他蹒跚着走到拨弦古钢琴那里把教材从头到尾弹得一点不差。到他四岁时，他不仅能弹拨弦古钢琴，还能写作小步舞曲，甚至为乐队写了一部协奏曲。在任何人都不知道的情况下，他得到了一把小型的小提琴并且学着拉它。有一天，当他的父亲和三个朋友正在花园的凉亭里弹奏一部弦乐四重奏时，小莫扎特把第二小提琴分部一点不错地拉了出来。大家都大为惊讶，接着，小莫扎特又把第一小提琴分部拉完。

莫扎特是出色的钢琴家，可演奏协奏曲，也能即兴演奏。他从6岁开始作曲，8岁时写下第一首交响曲，11岁写下第一首清唱剧，12岁写下第一部歌剧，14岁指挥了该歌剧的12场演出。他在1773年听了海顿的弦乐四重奏后，同年写出自己的六首四重奏，时年17岁。

莫扎特的父亲把两个孩子带到了慕尼黑。在那里，他们接到了王宫的邀请，请他们到国王的宫殿里去演出。孩子们在国王和王后以及整个宫廷面前演奏。小莫扎特演奏了宫廷作曲家一首难弹的协奏曲，那作曲家为他翻着乐谱，看着他在主题上出色地即兴演奏：他用一个手指弹琴，又在蒙着一块布的键盘上弹奏。最后，国王称他是一个小魔术家。一位英国评论家写道：“这个孩子出于本能懂得的音乐比许多大教堂教师钻研了一辈子所学的还多。”

莫扎特在16岁时被任命为萨尔茨堡宫廷的管风琴师。虽然这段时间，莫扎特创作了大量的优秀作品，也受过王公贵族的厚爱和赞赏，但也饱尝了贵族阶层对他人格的蔑视和侮辱，身心遭到一次次打击。后来，莫扎特辞掉宫廷里的职位，摆脱了奴仆般的生活，勇敢地成为奥地利第一位不依附于贵族的自由作曲家。在当时的社会，做一个自由作曲家并不为人们认可，选择这条道路就等于选择了艰辛。生命的最后十年，莫扎特在维也纳度过，是他重要的创作时期。

他创作的作品具有优雅、清新、欢快和抒情的风格，旋律天真质朴、温和、甜美，充满了青春的朝气。

莫扎特在短短30多年的人生中，给这个世界留下近50部交响曲，22部歌剧，50部各种形式的协奏曲，还有许多室内乐、独唱、合唱作品，他为人类做出了巨大贡献，在世界文化史上立下了永久的丰碑。

**心灵驿站**

看了这个故事，准妈妈如果希望宝宝将来也成为一个勇敢的孩子，不管遇到什么困难，都有永不放弃的精神，那就从现在、从自身开始做起，先成为一个勇敢的妈妈。

怀孕 017 天

# 欣赏赞美妈妈的诗歌

准妈妈可以读一些优美的诗歌，特别是一些写给妈妈的诗歌，读过以后，可以让自己紧张的情绪得到舒缓。

## 妈妈你别生气（作者 张林）

妈妈，妈妈你别生气，我不是故意来气你。
爷爷奶奶都是这么说：小孩子本来就淘气。
冬天我滚在雪地里，是和雪人做游戏。
我碰倒妈妈的新花瓶，是为了逮住小猫咪。
妈妈，妈妈你别生气，我不是故意来气你。
爷爷奶奶都是这么说：小孩子本来就淘气。
夜里我偷偷溜出去，是和星星有秘密。
我剪坏妈妈的新裙子，是想让妈妈更美丽。
妈妈，妈妈你别生气，我不是故意来气你。
轻轻对你说句悄悄话：叫一声好妈妈别生气。

（《妈妈你别生气》是一首儿歌，本文为这首儿歌的歌词）

## 永恒的妈妈（作者 佚名）

当第一次睁开初生的双眸，
最先看到的是人母的无比圣洁，
慈爱的睇视和欣喜的泪流——
眼睛一眨不眨，仔细地盯着你，
你朦胧无知的心本能地律动，
无法表述亲情，只一阵四肢乱舞，
急得你——忍不住大声啼哭。
经过多少个日日夜夜的抚育，
终于坐直了你小小的身躯，
在调整了情商和智商之后，决不等待，
径直喊出了生命中最珍宝的第一声——妈妈！
这是最感人的原始蕴蓄，
无论世界上流韵着多少种语言，
只有这一声呼喊绝对的相同，
没有什么乐音，没有什么诗歌，
能比这一声更动人。

（源于网络，作者佚名）

怀孕 018 天

# 我们一起散步去

散步是一项非常适合准妈妈的有氧运动，它温和、安全，优美的自然景色又可使准妈妈的精神得到放松，这项运动可以持续整个孕期。

## 散步地点

运动环境以植物丰富和有新鲜空气的地方为佳，准妈妈可在幽静的公园、田野、树林或河畔散步。这些地方空气清新，负氧离子多，准妈妈边散步边吸入负氧离子，可增加氧的吸入量及二氧化碳的呼出量，既改善和调节大脑皮层及中枢神经系统的功能，又增强抵抗力，防病保健。

## 散步时间

每天早上起床后和晚饭后是散步的最佳时间。当然，只要天气不错，随时都可以到外面走一走，以每天 6000 ~ 7000 步为宜，步行时间约为 40 分钟，总距离约为 4 千米。

## 出门前注意一下小细节

衣服应便于行动，鞋跟不要太高，最好穿软底的运动鞋。散步前要认真考虑好路线，避开车多、人多、台阶高、坡度陡的地方。

## 准爸爸的陪伴

散步时最好有准爸爸陪伴，尤其是孕晚期的时候，另外，准妈妈出去散步身上要带手机，以便有问题时可以及时找到人。

怀孕 019 天

# 经典传承：孟母三迁的故事

古代有一些优秀的母亲，精心培养出伟大的思想家、科学家……她们的教育方法和理念值得我们传承和发展下去。

## 《列女传四则之邹孟轲母》原文（节选）

邹孟轲母，号孟母。其舍近墓。孟子之少时，嬉游为墓间之事，踊跃筑埋。孟母曰：“此非吾所以居处子。”乃去，舍市旁。其嬉游为贾人炫卖之事。孟母又曰：“此非吾所以处吾子也。”复徙居学宫之旁。其嬉游乃设俎豆，揖让进退。孟母曰：“真可以处居子矣。”遂居。及孟子长，学六艺，卒成大儒之名。君子谓孟母善以渐化。

## 译文

孟子的母亲，世人称她孟母。孟子小时候，居住的地方离墓地很近，孟子学了些祭拜之类的事，玩起办理丧事的游戏。他的母亲说：“这个地方不适合孩子居住。”于是将家搬到集市旁，孟子学了些做买卖和屠杀的技艺。母亲又想：“这个地方还是不适合孩子居住。”又将家搬到学宫旁边。孟子学会了在朝廷上鞠躬行礼及进退的礼节。孟母说：“这才是孩子居住的地方。”就在这里定居下来了。

孟母三迁的故事告诉我们，良好的人文环境对孩子的成长起着至关重要的作用。所以，要尽量给孩子创造一个良好的成长环境。

怀孕 020 天

# 可爱绕口令：说植物

准妈妈动动口，说几个有趣的植物绕口令吧，让自己的心情放松一下。

## 花和瓜

瓜藤开花像喇叭，娃娃爱花不去掐。瓜藤开花瓜结花，没花就没瓜。吃瓜要爱花，娃娃爱花也爱瓜。

## 看花和吃瓜

妈妈爱栽花，爸爸爱种瓜。妈妈栽桃花，爸爸种西瓜。桃花红，红桃花，娃娃脸上笑哈哈。爸爸给我吃西瓜，娃娃心里乐开花。

## 种冬瓜

东门童家，门东董家，童、董两家，同种冬瓜。童家知道董家冬瓜大，来到董家学种冬瓜。门东董家懂种冬瓜，来教东门童家种冬瓜。童家、董家都懂得种冬瓜，童、董两家的冬瓜比桶大。

## 植树

老顾大顾和小顾，扛锄植树走出屋。漫天大雾罩峡谷，雾像灰布满路铺，大顾关注喊小顾。老顾扛锄又提树，雾里植树尽义务。

## 白果树

我从伯伯门前过，看见伯爹伯妈门前种着白果树，白果树上站着百十百个白斑鸠，我就拣了百十百块白石头，打那百十百个白斑鸠。

**今日提醒**

说绕口令时，不论是准爸爸还是妈妈，一定要注意做到口齿清楚、感情充沛，调整好气息。

怀孕 021 天

# 温馨儿歌一起唱

准爸爸和准妈妈每人给胎宝宝唱一首温馨、快乐、经典的儿歌，不仅能给胎宝宝带来快乐的感受，还能唤起准爸爸和准妈妈对童年的美好回忆。

## 小燕子（作者 王路）

小燕子，穿花衣，
年年春天来这里。
我问燕子你为啥来？
燕子说："这里的春天最美丽。"
小燕子，告诉你，
今年这里更美丽。
我们盖起了大工厂，
装上了新机器。
欢迎你，
长期住在这里。

（发表于1956年6月的《长江文艺》）

## 捉泥鳅（作者 侯德健）

池塘的水满了，雨也停了，
田边的稀泥里到处是泥鳅。
天天我等着你，等着你捉泥鳅，
大哥哥好不好，咱们去捉泥鳅。
小牛的哥哥，带着他捉泥鳅，
大哥哥好不好，咱们去捉泥鳅。
小牛的哥哥，带着他捉泥鳅，
大哥哥好不好，咱们去捉泥鳅。

（侯德健创作的歌曲《捉泥鳅》的歌词）

### 心灵驿站

儿歌一般比较短小，句式多样，富有变化，节奏鲜明，琅琅上口，比较易念、易记、易传。准妈妈在吟唱的同时，幻想着宝宝欢蹦乱跳的可爱模样，心里一定会充满欢乐和幸福呢。

怀孕 022 天

# 每天写胎教日记

记胎教日记会使准妈妈心情平静，在家里安安静静地记下和胎宝宝一天的经历，也是一件非常幸福的事情。

## 记录下孕期美好的瞬间

准妈妈可能每天都在写胎教日记，记录怀孕后的点点滴滴，其实也可以静下心来，拿出以前少女时代写日记的心情，来写一篇心情日记，让诗情画意充满心间。不要怕写不好，只要写出自己真实的感受就好。也可以写些欢快而可爱的小儿歌。手中的笔流淌心曲，你的心情会豁然开朗，腹中的宝宝也会非常开心快乐。

## 记录爱的点滴

准妈妈可以通过胎教日记记录怀孕期间的趣闻，记录宝宝出生前的生命历程。无论是随笔形式、日记形式或其他形式，无论是准妈妈写、准爸爸写或二人共同写，也无论是快乐的事、担心的事或是难过的事，只要用心去写，相信它可以成为一种无比珍贵的记忆，也可以成为母亲送给日后长大成人的宝宝的最好礼物。

准妈妈在写日记的时候尽量文笔优美一些，在注意措辞的同时要有意识地将自己向更加深刻的思考方向引导。其实这也是一个认识自我、超越自我的学习过程，会让我们每一天都比昨天进步，也会让宝宝的明天变得更加美好。

怀孕 023 天

# 名曲欣赏：《春之歌》

《春之歌》流水般轻柔浪漫，以宁静、优美、典雅的旋律为主，创造出一个充满爱的温馨空间，让准妈妈沉醉于快乐、宁静的氛围之中。

这是一首非常适合胎教的曲子，不仅能缓解准妈妈紧张、焦虑的情绪，还能促进胎宝宝智力的发展。如果准爸爸或准妈妈会演奏乐器，在柔和的灯光下，演奏一曲《春之歌》，定会收到很好的胎教效果。

《春之歌》是门德尔松创作的所有“无词歌”中最为著名的曲子，除了用于钢琴独奏，还被改编成管弦乐曲，小提琴和其他乐器的独奏曲，广为流传。门德尔松以简洁的音乐形式、淳朴的和声、严谨的曲式结构、如歌的旋律，描绘了春季的到来，展现了万物苏醒，春意盎然的美景。

此曲以其优美的旋律、圣洁高雅的曲调以及深邃隽永的意境，深受人们的喜爱。

整首乐曲旋律起伏不大，表达了自然松弛的感受，安谧平和。勾勒出美丽辽阔、优美、清新的大自然景象，淳朴且富有诗意，充满着作者对大自然和生活的无限热爱。

怀孕 024 天

# 李白名诗欣赏

李白优美的诗句使无数人折服，准妈妈深情地吟诵两首，并将诗词的意境描述给胎宝宝。

## 把酒问月

青天有月来几时？我今停杯一问之。
人攀明月不可得，月行却与人相随。
皎如飞镜临丹阙，绿烟灭尽清辉发。
但见宵从海上来，宁知晓向云间没？
白兔捣药秋复春，嫦娥孤栖与谁邻？
今人不见古时月，今月曾经照古人。
古人今人若流水，共看明月皆如此。
唯愿当歌对酒时，月光长照金樽里。

## 望庐山瀑布

日照香炉生紫烟，遥看瀑布挂前川。
飞流直下三千尺，疑是银河落九天。

## 早发白帝城

朝辞白帝彩云间，千里江陵一日还。
两岸猿声啼不住，轻舟已过万重山。

### 心灵驿站

李白是唐代著名的浪漫主义诗人。他性格豪迈，热爱祖国山川大河，足迹遍布南北各地，写出了大量赞美名山大川的壮丽诗篇。他的诗既豪迈奔放，又清新飘逸，而且想象丰富，意境奇妙，语言优美，富有韵律感。

怀孕 025 天

# 动手布置照片墙

每张照片都有美丽的故事、美好的回忆。准妈妈和准爸爸一起动手制作一面照片墙吧，既美化了居室，也记录下过去的点点浪漫。

## 选定照片墙的尺寸和造型

照片墙的形式可以是各种各样，准妈妈可以根据自己手里的相片、家里墙面的尺寸、装修风格等来决定照片墙的形式。这面墙可以是规则的，也可以是不规则的；可以是彩色照片为主，也可以是黑白照片为主。

## 选择照片墙的背景

根据照片墙的造型选择适合的背景。大致有以下几种方法：

- 挂一块挂毯，挂毯面积大概与你的要求符合，颜色要素一点，将相框别到上面，或者直接将照片粘上。
- 用木条制作一面背景墙，类似公园的条椅，颜色可以是白色，然后将照片挂到背景墙上。
- 墙面处理干净平滑，往墙上粘一些背面有胶的小钩子，要买可以挂的那种相框。
- 使用双面胶直接粘，但双面胶要多用，并且相框要轻质的。
- 不用相框，将照片塑封好，用双面胶粘贴到一张壁纸上，然后将壁纸粘到背景墙上。
- 直接钉钉子，不过这种方法尽量不要用，对墙面会有损坏。

照片墙的一个流行趋势是混搭，随意选取几幅自己喜欢的照片，用高低错落的挂法作为墙面装饰，会收到意想不到的装饰效果，瞬间就能让居室充满艺术感和独特气质。

怀孕026天

# 品读雪莱的诗：《西风颂》（节选）

准爸爸给准妈妈诵读这首强劲、有力的《西风颂》，并将乐观面对未来的信念也一同传递给胎宝宝吧。

## 西风颂（作者 雪莱）

把我当作你的竖琴吧，有如树林。
尽管我的叶落了，那有什么关系！
你巨大的合奏所振起的音乐
将染有树林和我的深邃的秋意，
虽忧伤而甜蜜。呵，但愿你给予我
狂暴的精神！奋勇者呵，让我们合一！
请把我枯死的思想向世界吹落，
让它像枯叶一样促成新的生命！
哦，请听从这一篇符咒似的诗歌，
就把我的话语，像是灰烬和火星
从还未熄灭的炉火向人间播散！
让预言的喇叭通过我的嘴唇
把昏睡的大地唤醒吧！西风啊，
如果冬天来了，春天还会远吗？

（节选雪莱《西风颂》第五节，查良铮译）

### 心灵驿站

《西风颂》是英国浪漫主义诗人雪莱的一首抒情诗，它语言优美，形象热烈。在诗中，雪莱歌颂了强劲的西风，表达了自己想摆脱现实、享受无限自由的渴望。如果冬天来了，春天还会远吗？诗作在诗人对革命与未来美好的展望中戛然而止，读罢令人备受鼓舞。

# 怀孕027天 成语故事：完璧归赵

完璧归赵是一个经典的成语故事，准妈妈给胎宝宝讲故事时，首先自己要理解故事的内容，把自己深切的感受传递给胎宝宝。

战国时期，秦国非常强大。有一次，赵王得了一块非常珍贵的宝玉——和氏璧。这件事情让秦王知道了，便派人给赵王送来一封信，说自己愿意拿十五座城池来换这块和氏璧。

赵王看罢信，知道秦王是想把宝玉骗到手，如果不答应他的请求，又怕秦国找借口攻打赵国，想来想去，也没想到更好的办法，于是，只好派蔺相如把宝玉送去。临别的时候，蔺相如对赵王说："大王放心，如果秦国不是真心换城，我一定把和氏璧完好无损地带回来！"

蔺相如来到秦国，将和氏璧献给了秦王。秦王双手捧着宝玉，一边看一边称赞，爱不释手，却迟迟不提换城池的事情。

蔺相如见此状，知道秦王根本没有换城池的诚意，便灵机一动，上前几步对秦王说："这玉虽好，可是也有小小的瑕疵。不如让我指给您看看。"

秦王听后信以为真，便吩咐侍从把和氏璧递给蔺相如，让他指出瑕疵的位置。

蔺相如连忙接过和氏璧，后退几步，靠在宫殿的一根大柱子上，站稳后理直气壮地对秦王说："我看您根本没有诚意交付十五座城池，所以，我把玉要了回来。您不要逼我将宝玉交给您，如果是这样，我情愿将我的头颅和宝玉一块儿撞碎在这柱子上！"说着，蔺相如举起了和氏璧，面对柱子，就要撞过去。

秦王一看这种情形，恐怕摔坏了宝玉，急忙叫人取来地图，假惺惺地随随便便用手指在地图上点了十五座城池，划给赵国。

蔺相如看出秦王对这件事情敷衍了事，仍然没有诚意，便对秦王说："和氏璧是奇珍异宝。在我动身到秦国以前，我们大王斋戒了五天。如果大王诚心诚意想用十五座城池换这块宝玉，也应当向我们大王一样斋戒五天。五天后，我再把宝玉奉献给大王，您看如何？"秦王见蔺相如态度非常坚定，只好无奈地同意了。派人将蔺相如送到旅店休息。

蔺相如拿着和氏璧回到住处，想到秦王如此不讲诚信，恐怕再出什么意外，便立即让随从乔装改扮，带着和氏璧抄小路回到赵国。过了五天，秦王得知和氏璧已被蔺相如派人送回了赵国，非常恼怒，一气之下，想杀了蔺相如，发兵攻打赵国。后来，秦王冷静地想了一想，如果杀了蔺相如，又打不赢赵国，非但得不到和氏璧，还会弄僵两国的关系。秦王爱惜蔺相如机智勇敢，是一个难得的人才，权衡利弊之后，便下令放了蔺相如。

于是，蔺相如回到了自己的国家。

**今日提醒**

这个成语故事告诉我们，人与人之间最最重要的是相互信任，每个人都要做到诚信、守信，只有遵守对别人的承诺，才能得到人们的尊重，只有品质高尚的人，才配得到人们的尊重。我们要教育、培养孩子，重视诚信，做一个讲诚信的人。

怀孕 028 天

# 智慧故事：爱幻想的小达尔文

准妈妈今天给胎宝宝讲一讲科学家达尔文小时候的故事吧。

从小就爱幻想的达尔文，非常热爱大自然，还特别喜欢打猎、采集矿物和动植物标本。他的父母十分重视和爱护孩子的好奇心和想象力，总是千方百计地支持孩子的兴趣和爱好，鼓励他去勇敢探索，这为达尔文写出《物种起源》这一巨著打下了基础。

一天，小达尔文和妈妈一同到花园里给小树浇水。妈妈对小达尔文说："泥土是个宝，小树有了泥土才能茁壮成长。你可别小看这些泥土，是它长出了嫩绿的青草，喂肥了牛羊，我们才有牛奶喝，才有肉吃；是它长出了小麦和棉花，我们才有饭吃，才有衣穿，泥土实在是太宝贵了。"

听到妈妈这些话，小达尔文疑惑地问："妈妈，那泥土能不能长出小狗来呢？"

"不能呀！"妈妈笑着说，"小狗是狗妈妈生的，不是泥土里长出来的。"

达尔文又问："我是妈妈生的，妈妈是姥姥生的，对吗？"

"对呀！所有的人都是他妈妈生的。"妈妈和蔼地回答他。

"那最早的妈妈又是谁生的呢？"达尔文接着问。

“是上帝呀！”妈妈回答说。

“那上帝又是谁生的呢？”看到小达尔文这是要打破砂锅问到底啦。妈妈被小达尔文问住了，便耐心地对小达尔文说：“孩子，世界上有好多事情对我们来说是个谜，你像小树一样快快长大吧，这些谜一样的问题等待你去解开呢！”

有一次，小达尔文在泥地里捡到了一枚硬币，他神秘兮兮地拿给姐姐看，并一本正经地对姐姐说：“这是一枚古罗马硬币。”

姐姐接过来一看，发现这分明是一枚十分普通的18世纪的旧币，只是由于受潮生锈，显得有些古旧罢了。对达尔文的“说谎”姐姐很是恼火，便把这件事告诉了父亲，她希望父亲好好教训小达尔文一下，让他改掉令人讨厌的“说谎”习惯。

没想到父亲听了女儿的话以后，并没有在意，而是把小达尔文和姐姐叫过来对他们说：“这不能算是撒谎，这正说明了小达尔文有丰富的想象力。说不定有一天他会把这种想象力用到事业上去呢！”

父母这种与众不同的教育方式不仅对小达尔文的好奇心、想象力起到了鼓励的作用，也为达尔文成为著名的科学家奠定了良好的基础。

**心语音画**

好奇心、丰富的想象力和打破砂锅问到底的精神成就了达尔文的科学梦想。亲爱的宝宝，你是个聪明的孩子，妈妈相信你长大后会为社会做好多有意义的事情。

# Part 02

# 孕2月
# 懵懂中感受宝宝的到来

经过懵懵懂懂的一个月，绝大多数准妈妈可能都已遇到怀孕反应。怀孕的反应可能会让准妈妈烦躁不安。控制好自己的情绪，调整好心态，听听音乐，散散步，只有保持愉快、平和、稳定的心态，才能为胎宝宝大脑的全面发育提供有利条件。

怀孕 029 天

# 国学故事：孔融让梨

准妈妈给胎宝宝讲讲《孔融让梨》的故事吧，将孔融尊老爱幼的美德告诉胎宝宝。

孔融小时候聪明好学，才思敏捷，巧言妙答，大家都夸他是神童。4岁时，他已经能背诵许多诗赋，并且非常懂得礼节，父母很是喜爱他。

有一天，父亲的朋友来家做客，带了一些梨子，给孔融兄弟们品尝。等客人走后，父亲叫孔融将梨分给兄弟们吃。

于是，孔融按照长幼顺序将梨分给了长辈和兄弟们，自己却挑了一个最小的梨子。

父亲见状不解地问："孔融，你为什么给自己留了一个最小的梨子呢？"

孔融回答说："我年纪小，应该吃小的梨，大梨应该分给长辈和哥哥们。"父亲听后十分高兴，又问："那弟弟也比你小啊，为什么你分给他大的呢？"

孔融说："因为弟弟比我小，所以我也应该让着他，给他大的。"听完孔融的话，父亲兴奋地一把将懂事的孔融抱在怀里。

从那以后，父母更加疼爱孔融。孔融让梨的故事，很快传遍了全国。小孔融也成了许多父母教育子女的好例子。

**心灵驿站**

这个故事告诉人们，凡事应该懂得谦让。这是年幼时就应该知道的。尊老爱幼，是多么伟大的美德啊！它能让每个人都对你刮目相看，这种美德会让你的生活更加的丰富多彩、有滋有味。

怀孕030天

# 赞颂母亲的名言

准妈妈也即将成为母亲。那么，让我们一起来欣赏一下赞美伟大母亲的名言吧。

人的嘴唇所能发出的最甜美的字眼，就是“母亲”，最美好的呼唤，就是“妈妈”。

（美国 纪伯伦）

世界上的一切光荣和骄傲，都来自母亲。

（前苏联 高尔基）

世界上有一种最美丽的声音，那便是母亲的呼唤。（意大利 但丁）

母爱是一种巨大的火焰。（法国 罗曼·罗兰）

母爱是世间最伟大的力量。（俄罗斯 米尔）

慈母的胳膊是慈爱构成的，孩子睡在里面怎能不甜？（法国 雨果）

我给母亲添了不少乱，但她好像对此颇为享受。

（美国 马克·吐温）

我的生命是从睁开眼睛，爱上我母亲的面孔开始的。（英国 乔治·艾略特）

全世界的母亲是多么的相像！她们的心始终一样，每一个母亲都有一颗极为纯真的赤子之心。（美国 惠特曼）

妈妈是我最伟大的老师，一个充满慈爱和富于无畏精神的老师。如果说爱如花般甜美，那么我的母亲就是那朵甜美的爱之花。

（美国 史蒂维·旺德）

母亲对我的爱之伟大让我不得不用我的努力工作去验证这种爱是值得的。（法国 夏加尔）

母性的力量胜过自然界的法则。

（美国 芭芭拉·金索尔夫）

怀孕 031 天

# 胎教手语：宝贝，妈妈爱你

今天，准妈妈学习一下胎教手语吧，用简单的肢体语言来传达你对胎宝宝殷切的期盼和深深的爱。

**妈妈：**一手伸食指，将食指侧面贴在嘴唇上。

**宝贝：**

第一步，右手虚握，然后甩腕，五指张开，掌心向下。

第二步，左手伸出拇指，手背向外。

第三步，右手轻拍几下左手背。

**爱：**一手微微握拳，另一只手抚摸其拇指指背，表达“怜爱”的感觉。

**你：**一手食指指向腹部的胎宝宝。

怀孕 032 天

# 诗歌欣赏：《七彩的虹》

给胎宝宝读着这首活泼、可爱的诗歌，准妈妈是不是联想到了孕育生命的美好，和胎宝宝一同感受这大自然的美丽景色吧。

## 七彩的虹（作者 杨唤）

接到了太阳国王的大扫除的命令，
小雨点们都坐上飞跑着的乌云，
赛跑着离开了天上的宫廷。
它们给稻田和小河加足了水，
它们给肮脏的山谷洗过了澡，
就又来洗净了清道夫永远也扫不完的城市，
也洗净了闷热的飞满了尘土的天空。
太阳国王为了奖赏它们真能干，
就送给它们一条美丽的长彩带，
那就是挂在明亮的雨后的天空中的
红、橙、黄、绿、蓝、靛、紫的七彩虹。

### 心灵驿站

生命中最令人回味无穷地是成长，在成长这条道路上有快乐，也有烦恼。七彩虹是美丽的，明亮的。诗歌中，作者把太阳想象成国王，把小雨点想象成是太阳的部下，把乌云想象成太阳的交通工具，处处洋溢着率朴的稚气。而太阳国王把一道七彩虹送给了勤劳的小雨点，这也代表没有不劳而获的事情，只有付出努力，才能得到奖赏。

怀孕 033 天

# 准爸爸讲故事：猪八戒吃西瓜

准爸爸也给胎宝宝讲一个故事吧，看看贪吃的猪八戒不顾师傅和师兄弟的饥渴，受到了哪些惩罚。

唐僧、孙悟空、猪八戒、沙和尚在去往西天取经的路上，走得又累又渴。孙悟空说："师傅，你在这儿歇一会儿，我去摘点果子来给大家解解渴。"猪八戒心想：跟孙悟空去摘果子，能早点吃到果子，没准还可多吃几个。于是，连忙说："猴哥，我也去！"猪八戒跟着孙悟空，走呀，走呀，走呀，走了半天，连个小酸梨也没找着。他心里不高兴了，就哎哟哎哟地叫起来。

孙悟空知道猪八戒不想再走了，不理他，一个跟头翻到南海摘果子了。

偷懒的猪八戒找了片树荫，正想睡一觉，忽然，看见山脚下有一个绿油油的东西，走过去一看，哈哈，原来是个大西瓜！他高兴极了，把西瓜切成了四块，自言自语地说："第一块，给师父吃；第二块给孙悟空吃；第三块给沙和尚吃；第四块，嗯，我自己吃。"猪八戒张开大嘴巴，几口就把自己那块西瓜吃完了。

"西瓜一块不够吃，我把孙悟空的那一块吃了吧。"他又吃了一块。

"西瓜真甜、真解渴，还想吃一块，干脆我把沙和尚的一块也吃了吧。"他又吃了一块，这下只留下给师傅唐僧的一块了。他捧起来，放下去，放下去，又捧起来，最后还是没忍住，把这块西瓜也吃了。

"八戒，八戒！"

猪八戒一听，是孙悟空在叫他。原来，孙悟空在南海摘了许多瓜果回来，正好看见猪八戒在切西瓜，就在云头上偷偷地瞧着呢。

“八戒，八戒，你在哪里？”

猪八戒慌了神，心想，要是让孙悟空知道我自己吃了个大西瓜，没给他们留，告诉了师父，这就糟了。他连忙拾起西瓜皮，把它们扔得远远的，这才回答说：“猴哥，我，我在这儿呢！”孙悟空说：“我摘了些果子，咱们回去一起吃吧。”猪八戒说：“好的，好的。”猪八戒刚走了几步，就摔了一跤，脸都跌肿了，低头一看，原来是踩在了自己刚才扔的西瓜皮上了。

孙悟空见状故意说：“是哪个懒家伙把西瓜皮乱丢，害得八戒摔了一跤！”

“哎，哎，不要紧，没摔痛！”

猪八戒和孙悟空继续往前走，突然，猪八戒又摔了一跤。孙悟空说：“哎呀，又是哪个懒家伙偷吃了西瓜，把西瓜皮乱丢。”

猪八戒心想：“怎么又踩上一块西瓜皮，真倒霉！可要小心点儿。”他刚想到这儿，忽然脚下一滑，又跌了一跤，孙悟空哈哈大笑，说：“八戒！你今天怎么尽摔跤？”猪八戒的脸胀红了，一句话也讲不出。总算走到了休息的地方，猪八戒心想：一路上摔了三跤，摔得我好苦啊。啪嗒，又是一跤，猪八戒重重地摔在地上，再也爬不起来了。

唐僧、沙和尚看见猪八戒脸上青一块、紫一块，好奇地问他是怎么回事，猪八戒结结巴巴地说：“师傅：我错了，不该一个人偷偷地吃了一个大西瓜，这一路上摔了好几跤。”大家听罢，都大笑了起来。

**今日提醒**

猪八戒虽然好吃懒做，但是，他还算诚实守信。俗话说得好：有福同享，有难同当。夫妻在困难面前，要互相帮助、互相友爱，为将来的宝宝做个好榜样。

怀孕 034 天

# 英文歌曲：《十个印第安小孩》

品一杯营养的饮品，吃一点小点心，享受欢快的音律，让身心真正地得到放松。选一首好听的英文儿歌，让胎宝宝和你一起沐浴在音乐的海洋里。

这是一首欢快经典的儿童歌曲，歌词简单、节奏性强，曲调动听。在以后的日子里，准妈妈可以反复地听，也可以轻声哼唱，从而使胎宝宝加深对歌曲的印象，做一个快乐的孩子。

## 《Ten little Indian boys》

One little, two little, three little Indians,
four little, five little, six little Indians,
seven little, eight little, nine little Indians,
ten little Indian boys.
One little, two little, three little fingers,
four little, five little, six little fingers,
seven little, eight little, nine little fingers,
ten fingers on your hands.
Ten little, nine little, eight little Indians,
seven little, six little, five little Indians,
four little, three little, two little Indians,
one little Indian boy.

怀孕035天

# 电影欣赏：《冰河世纪》

闲暇之余，准妈妈可以走出家门，去影院看看电影，选择一个既适合你，又适合胎宝宝的精彩影片。

《冰河世纪》描述了充满惊喜与危险的蛮荒时代，一名突如其来的人类弃婴，让三只性格迥异的动物不得不凑在一起的故事。尖酸刻薄的长毛象，粗野无礼的巨型树懒，以及诡计多端的剑齿虎，这三只史前动物不但要充当小宝宝的保姆，还要历经冰河与冰山等千惊万险护送他回家。它们勇敢地面对沸腾的熔岩坑、暗藏的冰穴、严寒的天气，以及一个秘密、邪恶的阴谋。这些史前动物们成了富有人情味的英雄！

电影中夸张的动画风格，新颖的主人公设计，和这三只史前动物的大团结以及对和平美满的生活的向往，给人留下了深刻的印象。它们之间的友情，超越生死，感人至深。

人非草木，孰能无情？身为准妈妈的你肯定也被影片中的某些情节打动了吧。一份感动，一份心情，请保留这美好回忆。

# 怀孕036天 手工编织：红红的中国结

中国结造型优美、色彩多样。准妈妈亲手编一个送给自己的宝宝吧！下面介绍一种简单的玉结编法，准妈妈赶紧试试吧。

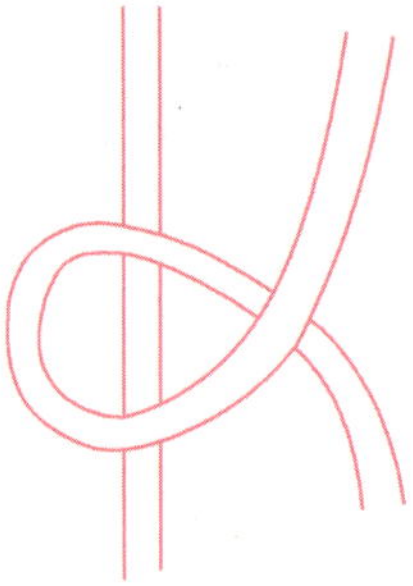

**步骤1**：将一根绳子的两头拿起，选中间位置，左边的绳子打一个结。

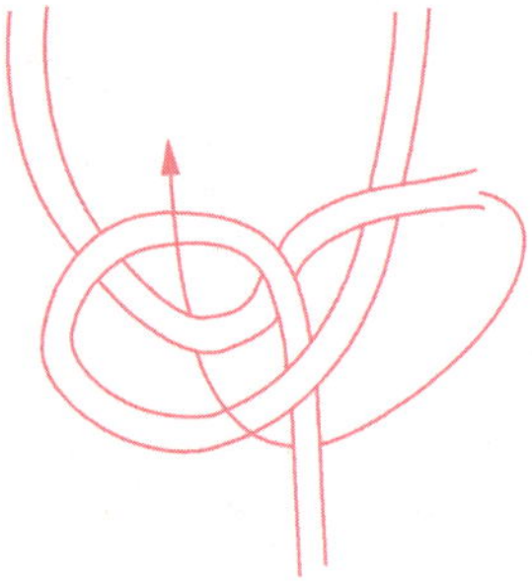

**步骤2**：按箭头方向将右手的绳子从环里穿过。

**步骤3**：按箭头方向把左手的绳子穿过去，并按箭头方向拉紧绳子。

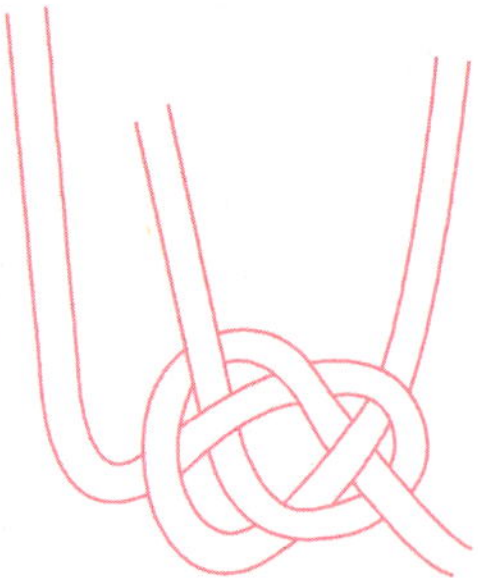

**步骤4**：找箭头方向，绳子的两头分别从中间穿过，并拉紧。

**步骤5**：将绳子2的两头拉紧，并用镊子将绳结拉紧。这样一个代表吉祥的玉结就编好了。

中国结是用一根丝线编结而成，每一个基本结又根据其形、意命名。把不同的结饰互相结合在一起，或用其他具有吉祥图案的饰物搭配组合，就形成了造型独特、绚丽多彩、寓意深刻、内涵丰富的中国传统吉祥装饰物品。

怀孕 037 天

# 胎教百科：植物的种子

一个小生命正在准妈妈的腹中自由地生长，犹如一颗植物的种子在土壤中发芽。准妈妈和胎宝宝一起认识一下植物的种子是怎么传播、生长的吧。

## 种子传播的本领

植物为了传宗接代，在数亿年漫长的进化中，各自练就了一套传播种子的本领。有的在种子成熟后，自然地落在母株周围发芽生长；有的则远走高飞，在异乡扎根，以扩大其种族领域。植物的种子千千万万，各有不同。我们人类的胎宝宝也同植物的种子一样，需要肥沃的土壤，充足的阳光和丰润的雨露。

## 你知道，无花果开花吗

在大自然的世界里，无奇不有。你知道无花果开花吗？无花果当然要开花了，只是它的花长得很独特，需要仔细观察，才能看得见。无花果的花在总花轴上，总花轴的顶端向下凹进去，长成一个肥厚的肉质空心圆球，球顶还有一个没有封死的小孔，如果有虫子从小孔钻进去帮助无花果传授花粉，就会成为无花果的果实。

## 香蕉的种子哪里去了

其实，香蕉是有种子的，只是它没有得到充分的发育而退化罢了。香蕉的老家在热带，最早它的种子又多又大，果实却很少。后来，人们将香蕉进行人工栽培，渐渐地，它就变成了现在这种看不见种子的样子。

**今日提醒**

准妈妈在日常饮食中可以吃些香蕉，因为香蕉是钾的极好来源，并含有丰富的叶酸。叶酸及亚叶酸和维生素$B_6$是保证胎宝宝神经管正常发育的关键性物质，还能预防准妈妈便秘。

怀孕 038 天

# 十二生肖的故事

关于十二生肖的来历，有一个十分有趣的故事。准妈妈将这个有趣的故事讲给胎宝宝，让胎宝宝在故事里感受小动物的可爱。

在很久很久以前，有一天，人们说："我们要选十二种动物作为人的生肖，每年一种动物，十二年一个轮回。"天下有这么多的动物，只选十二种，怎么个选法呢？最后决定，定好一个日子，让动物们来报名，让先到的十二种动物当十二生肖。

猫和老鼠是邻居，又是很好的朋友，它们都想去报名。猫对老鼠说："咱们得一早起来去报名，可是，我爱睡懒觉，耽误了时间怎么办呢？"老鼠说："别着急，你尽管踏实睡你的大觉，我一醒来就去叫你，咱们一块儿去。"猫听了非常高兴，说："你真是我的好朋友，谢谢你了。"

到了报名的那天早晨，老鼠早就醒来了，可是，它光想到自己报名，把叫好朋友猫的事给忘了，就自己去报名了。

结果，老鼠去得早，被选上了。猫因为睡懒觉，老鼠又忘了叫它，起床太迟了，等它赶到时，十二种动物已经被选定了。

猫去晚了没有被选上，特别生老鼠的气，责怪老鼠没有按约定叫醒自己，耽误了时间。从这以后，猫和老鼠就成了死对头，猫见了老鼠就追着要吃它，而老鼠就只好拼命地逃。直到现在还是这样。

你知道哪十二种动物被选上了吗？

它们是：老鼠、牛、老虎、兔子、龙、蛇、马、羊、猴、鸡、狗、猪。

怎么让小小的老鼠排在第一名呢？这里也有个故事。

报名那天，老鼠起得很早，同样，牛也起得很早。它们在去报名的路上遇到了。牛个头大，迈的步子也大，老鼠个头小，迈的步子自然也就小，老鼠跑得上气不接下气，好不容易才跟上牛。老鼠心里想：路还远着呢，我都快跑不动了，这可怎么办？它灵机一动，想出个主意来，就对牛说：

“牛哥哥，牛哥哥，我来给你唱个歌吧。”

牛说：“好啊，你唱吧。”牛听了老半天，什么也没听到，便对老鼠说：“咦，你怎么不唱呀？”

老鼠说：“我在唱呢，你怎么没听见？哦，是我的嗓门太细了，你没听见。这样吧，你让我骑在你的脖子上，离你的耳朵近一些，我唱起歌来，你就听见了。”

牛说：“好啊，好啊，你赶紧上来吧！”于是，老鼠就沿着牛腿一直爬到了牛的脖子上，让牛驮着它走，老鼠可舒服了。它摇着头晃着脑，真的高兴地唱起歌来：

牛哥哥，牛哥哥，过小河，爬山坡，驾，驾，快点儿喽！

牛一听，乐了，撒开四条腿使劲地跑，跑到报名的地方一看，其他动物谁也没来，高兴得哞哞地叫起来：“我是第一名，我是第一名！”牛还没把话说完，聪明的老鼠赶紧从牛脖子上一蹦，蹦到地上，一蹿蹿到牛前面去了。结果是老鼠得了第一名，无奈的老牛得了第二名。所以，在十二生肖里，小小的老鼠给排在最前面了。

**心灵驿站**

故事讲述了小老鼠用自己的聪明、智慧夺得了十二生肖的第一名的位置。通过这个故事，准妈妈一定也非常希望将来宝宝也是个勤劳、智慧的小机灵！

怀孕 039 天

# 端午节的由来

端午节是古老的传统节日，至今已有2000多年历史。这个故事不仅能让准妈妈增长知识，也让胎宝宝对传统节日的由来有一个了解。

春秋时期，楚怀王手下有一个大臣叫屈原。他倡导举贤授能，富国强兵，主张联齐抗秦，但遭到了贵族子兰等人的强烈反对，并向楚怀王诬陷屈原。屈原被革职，赶出都城，流放到沅、湘一带。屈原在流放中，写下了忧国忧民的《离骚》《天问》《九歌》等独具特色、影响深远的诗篇。公元前278年，秦军攻破了楚国都城。屈原眼看自己的祖国被侵略，心如刀割，但是始终不忍舍弃自己的祖国，写下了绝笔作《怀沙》之后，抱石投汨罗江身死，以自己的生命谱写了一曲壮丽的爱国乐章。

楚国的老百姓听到屈原的死讯后，非常悲痛，纷纷赶到汨罗江边悼念屈原。船夫们划起船只，在江上来回打捞屈原的真身。其中有一位渔夫拿出为屈原准备的饭团、鸡蛋等食物投到江里，说是让鱼虾龟蟹吃饱了，就不会去咬屈原的身体了。人们见后纷纷效仿。有位老医师则拿来一坛雄黄酒倒进江里，说是要药晕蛟龙水兽，以免伤害屈原。后来，为怕饭团为蛟龙所食，人们想出用楝树叶包饭，外缠彩丝的办法，后来这种食物发展成了现在的粽子。

从此以后，人们在每年的阴历五月初五，就有了赛龙舟、吃粽子、喝雄黄酒的习俗，大家以此来纪念这位伟大的爱国诗人——屈原。

怀孕 040 天

# 品读《三字经》

朗朗上口的《三字经》非常适合准妈妈给胎宝宝诵读，哪怕是反复诵读一小部分，你也会发现你的收获是无限的。

## 三字经

人之初，性本善。性相近，习相远。
苟不教，性乃迁。教之道，贵以专。
昔孟母，择邻处，子不学，断机杼。
窦燕山，有义方，教五子，名俱扬。
养不教，父之过。教不严，师之惰。
子不学，非所宜。幼不学，老何为。
玉不琢，不成器。人不学，不知义。
为人子，方少时。亲师友，习礼仪。
……
人不学，不如物。幼而学，壮而行，
上致君，下泽民。扬名声，显父母，
光于前，裕于后。人遗子，金满籝。
我教子，惟一经。勤有功，戏无益。
戒之哉，宜勉力。

### 心灵驿站

每个人降临到这个世界，原本都是一样的善良。但从小成长的环境不同，所受的教育不同，人从小就要好好学习，学会区分善恶，才能成为一个对社会有用的人才。

怀孕 041 天

# 欣赏电影：《音乐之声》

准爸爸与准妈妈欣赏电影《音乐之声》，享受电影中优美的音乐、温馨的画面，感受人与人之间的爱与被爱。相信对胎宝宝会有潜移默化的影响。

有人说：一个好女人是一粒火种，是一本好书，是一首温馨的音乐，是耐人寻味、引人追随的一股力量。而影片《音乐之声》中的玛利亚正是这样的一个充满爱心、快乐、活泼，勇于接受挑战，同时聪明、大度，富有智慧、多才多艺的女人。她让一个本来了无生机的家庭逐渐散发出生气和活力，她让天真的孩子们打开心扉回归天性，并逐渐地喜欢她、依赖她、不能离开她；她还将一个冷酷的男人的激情也重新点燃，最终放弃荣华富贵而选择她作为孩子们的母亲。这是为什么呢？原因很简单，玛利亚凭借发自内心对孩子们的爱，去理解孩子们，去引导孩子，从而赢得了孩子们和上校的心。

这部电影清新有致，雅俗共赏。既有风趣幽默的语言对白，又有深沉凝重的感情，是全世界票房最高的电影之一。

此外，音乐是这部片子的灵魂，它是推动故事情节发展的重要因素。电影在音乐声中拉开帷幕，又在音乐声中圆满收场，音乐的旋律始终伴随着影片剧情的发展。

影片中的许多插曲都成为脍炙人口的儿童歌曲，如《音乐之声》《孤独的牧羊人》《雪绒花》《哆来咪》《晚安，再见！》等，在世界各地广泛传唱。

**心灵驿站**

影片中热爱自由、善良美丽、热情奔放的修女玛利亚，美丽的阿尔卑斯山，清澈的湖泊，活泼可爱的孩子以及贯穿整个电影的优美音乐，都能让准妈妈产生积极的情绪。

怀孕 042 天

# 欣赏郑板桥的诗和画

郑板桥是一个卓越的艺术家，他在绘画、书法、篆刻等诸方面都有很大的成就。准妈妈在欣赏诗画的过程中，也会带给胎宝宝美的感受。

郑板桥在艺术方面有着独特的天赋，加上他的勤奋努力、不断探索，使他在诗、词、书、画诸方面皆旷世独立，自成一家。他的艺术成就突出地表现在继承并丰富了中国画特有的民族形式和传统风格，把诗、书、画、印惟妙惟肖地结合起来，使之更加完美、更加绚烂多彩的综合性艺术。

郑板桥的书画博采众长，自成风格。他一生最喜画竹、兰、石，兼画梅、松、菊等，效法“四时不谢之兰、百节长春之竹、万古不移之石”，做“千秋不变之人”。竹、兰、石代表着作者顽强不屈、坚韧不拔、正直无私、虚心向上的精神品质，是他“倔强不驯之气”的象征。

## 竹石

咬定青山不放松，
立根原在破岩中。
千磨万击还坚劲，
任尔东西南北风。

怀孕
043
天

# 准妈妈练书法

准妈妈练书法不仅会使烦躁的心情平静下来，更能陶冶情操，增加修养，使胎宝宝受到潜移默化的影响。

书法是中华民族传统的文化瑰宝，今天仍生机勃勃。书法内涵丰富、博大精深，蕴自然的性灵、溢美的芬芳、凝智的妙趣，准妈妈在欣赏书法中可以得到审美的享受、哲思的启迪、心灵的美化。

学书法能使人变“静”，培养人的专心、细心、耐心和毅力，从而提高人的整体素质，这是其他学科无法替代的。常言道：宁静致远，静能生智。当一个人的心灵处于宁静状态时，其思维质量和办事效率是最高的；反之则心浮气躁、思绪混乱或语无伦次。

王羲之说：“凝神静思，预想字形大小、平直、振动，令筋脉相连，意在笔先，然后作字。”这样才能进入冥想，顿觉心旷神怡，气力强健。

好的作品可以赏心悦目。练书法是很好的修身养性之法，可以从自己的创作中得到满足感，心境也随之得到净化，心绪舒畅。练字时一般要求站立，对平常总是坐着或躺着的准妈妈来讲，是个不错的锻炼，但要注意掌握练习时间，不要久站。

**今日提醒**

有些准妈妈闻不惯墨汁的味道，有的也担心墨汁对胎宝宝会有影响。准妈妈可以选择水写字帖，既达到了练字的目的，还很环保。字帖有很多种，准妈妈可以根据自己喜好选择。

怀孕044天

# 准爸爸讲故事：盘古开天辟地

《盘古开天辟地》这个故事是人们智慧结晶，反映了人与自然的密切关系。准爸爸浑厚的声音将会给胎宝宝以智慧与勇敢的感染。

传说，在很早很早以前，没有天也没有地，到处是混混沌沌的漆黑一团，可就在这黑暗之中，经过了漫长的一万八千年，孕育出一个力大无穷的神，他的名字叫盘古。

盘古醒来睁开双眼，发现一片漆黑，什么也看不见。于是，他拿起一把神斧，怒喊着向四周猛劈过去。结果，那轻而清的东西都向上飘去，形成了天；重而浊的东西向下沉去，形成了地。

盘古站在天地中间，不让天地重合在一起。天每日都在增高，地每日都在增厚，盘古也随之长得极高。如此，年复一年，日复一日，盘古顶天立地的生活着。这样又过了一万八千年，天变得极高，地变得极厚，可是盘古也累倒了。

在他倒下去的刹那间，他的左眼飞上天空变成了太阳，给大地带来光明和希望；他的右眼飞上天空变成了月亮，两眼中的液体撒向天空，变成夜里的万点繁星。他的汗珠变成了地面的湖泊，他的血液变成了奔腾的江河，他的毛发变成了草原和森林。他呼出的气体变成了清风和云雾，发出的声音变成了雷鸣。

盘古创造了天地，又把一切都献给了天地，让世界变得丰富多彩。盘古成为了最伟大的神。

怀孕
045
天

# 准妈妈讲故事：三只小猪盖房子

准妈妈要用充满深情的语气给胎宝宝讲这个故事，同时，也要将故事中的正能量传达给胎宝宝，只有勤劳的付出，才能收获幸福。

在树林里，住着猪妈妈和她三个可爱的小猪。有一天，猪妈妈对它们说："你们都长大了，应该独立生活了，等你们盖好自己的房后就搬出去住吧。"

三只小猪谁也不想离开妈妈，可又不能不听妈妈的话。于是，猪老大先动起了手。它选择了一片空地，扛来一些稻草，搭了一个简易的稻草屋。"哈哈！我有自己的房子了！"猪老大搬进了自己的新家。

猪老二和猪老三前来参观。老二说："老三，你看大哥的房子，实在是太简陋了，我要盖一座漂亮、舒适的房子！"

猪老二跑到山上砍了许多木头，锯成木板、木条，叮叮当当地干了起来。不久，猪老二也盖好了自己的木房子。比老大的漂亮、结实得多。猪老二也搬到了自己的新家。

猪老大和猪老三过来参观。老大感到自己的房子盖得过于简陋，远不如老二盖得好。猪老三看后说："我要盖得比大哥、二哥的都好。"

于是，猪老三回到家后左思右想，决定建造一栋用砖石砌成的坚固的、不怕风吹雨打的房子。猪老三每天起早贪黑，搬回来一块块的石头，再将石头砌成墙。哥哥们在一旁取笑道："只有傻瓜才会这么做！"猪老三毫不理会。这样，整整过了三个月，猪老三漂亮、结实的新房子终于盖好了！

有一天，突然来了一只大野狼。猪老大惊慌地躲进了它的稻草屋。野狼狠狠吹了口气就把稻草屋吹倒了。猪老大撒腿就往猪老二家跑，边跑边喊：“二弟！快开门！救命啊！”二弟打开门一看，一只大野狼追了过来，赶紧让大哥进了屋，将门关好。

大野狼向大门撞去。只听“哗啦”一声，老二的木头房子也被撞倒了。兄弟俩见状拼命逃到猪老三家，气喘吁吁地告诉老三所发生的一切。老三先关紧了门窗，然后胸有成竹地说：“别怕！狼是进不来的！”

大野狼站在大门前，他知道房子里有三只小猪，可怎么也进不去。野狼有点急了，用力去撞门，只撞得野狼两眼直冒金星，门纹丝不动。

大野狼实在没有招了，但还是不甘心，它看到房顶上有一个大烟囱，就爬上房顶，想从烟囱里钻进去。

三只小猪看到后急忙在炉膛里添了许多柴，烧了一锅的开水。大野狼好不容易从烟囱里钻进去，没想到跌进热锅里，被活活烫死了。三只小猪高兴得又蹦又跳。

猪老大和猪老二难过地对弟弟说：“我们不该只图省力盖了很不结实的草房和木头房。不如我们一起盖一座大的砖房，把妈妈接来，大家一起住吧！”

三只小猪齐心协力盖起了漂亮、宽敞、结实的大房子，与妈妈幸福地一起生活着。

**心语音画**

我的孩子，妈妈希望你将来无论做什么事都要认真负责，精益求精，不要马马虎虎，得过且过，这样受伤害的只有自己。

怀孕 046 天

# 视觉挑战：连线涂色

画画也是美学胎教的一部分。通过画画，准妈妈的视觉受到色彩的刺激，从而训练胎宝宝的感性能力。

有些准妈妈以前很少画画，既想不起来画些什么，又担心自己画得不好，这时可以采用黑白数字连线“视觉卡”，先给数字连线，然后再涂上各种漂亮的颜色，从而完成一幅美丽的图画。

准妈妈在制作卡片时可以让胎宝宝一起参与，可以一边画，一边给肚子里的胎宝宝描述图片上的内容，比如讲讲小公鸡涂什么颜色？太阳和小草涂什么颜色？这样就可以在不知不觉中，增加腹中胎宝宝对大自然的认知和了解了。

此外，准妈妈亲手制作的这些图片，要记得保留起来哟！因为这些图片在宝宝出生不久后用到，到时候准妈妈可以和宝宝一起拿着这些图片一边画一边讨论，并观察一下，他是不是对你在孕期画过的图片最感兴趣。

怀孕 047 天

# 准妈妈动脑：猜成语

现在，请准妈妈来换个思维，积极开动脑筋，从字面意思猜猜与下面这一系列“最”对应的成语。

1 最爱学习，像饿了和渴了要吃喝一样迫切地学习
2 最爱工作，忘记吃饭和睡觉
3 最昂贵的稿费
4 最贫瘠的土地
5 最贵重的诺言
6 最宝贵的话语
7 最宝贵的时间
8 最长的时间
9 最快速度一下子升高
10 最长的寿命
（答案在本页下方，本书后同）

**今日提醒**

成语的来源有五个方面：一是神话传说，如夸父逐日和精卫填海；二是寓言故事，如刻舟求剑和狐假虎威；三是历史故事，如负荆请罪和破釜沉舟；四是文人作品，如老骥伏枥和青出于蓝；五是外来文化，如功德无量和火中取栗。

参考答案：1 如饥似渴 2 废寝忘食 3 一字千金 4 寸草不生 5 一诺千金 6 金玉良言 7 一刻千金 8 千秋万代 9 一步登天 10 万寿无疆

怀孕 048 天

# 倾听班得瑞的灵动音乐

班得瑞，是20世纪瑞士的一个音乐团体。它创作的音乐唯美、宁静，让人仿佛身处仙境。听到这样音乐，会让准妈妈真正享受到那生命最原始的幸福。

## 仙境

这张专辑收集了14首充满新世纪风格的乐曲。乐曲以简单流畅的旋律，加入大自然意象与流行元素，使人悠然神往仙境的美丽景象。从呼啸的风声中听见悠扬的排笛，加上恬静的钢琴、吉他仿佛置身仙境之中。

1. 变幻之风
2. 安妮的仙境
3. 巴格达之星
4. 曙光
5. 安妮之歌
6. 魔幻时刻
7. 阿迪玛斯
8. 你的笑靥
9. 普罗旺斯
10. 小美人鱼
11. 三部曲
12. 钟爱一生
13. 曼蒂之歌
14. 挚友

## 寂静山林

在《寂静山林》乐曲中，我们可以听到阿尔卑斯山的鸟鸣声，罗亚尔河的溪流声。曲中寂静的山林，静静地、没有任何干扰，让我们仿佛置身于青山绿水之中！

1. 老鹰之歌
2. 寂静之音
3. 誓言
4. 想象
5. 烈火战车
6. 牺牲
7. 真爱时光
8. 上帝颂
9. 红丝绒
10. 你若离去
11. 爱的真谛
12. 摇篮曲
13. 白日梦
14. 空灵之声

### 心灵驿站

准妈妈在这柔美如歌的旋律中，好像进入了美丽的梦境，在梦幻中仿佛看见了那期待许久的胎宝宝已经向你走来。随着《寂静山林》旋律的变化，准妈妈在梦幻中又仿佛看到了宝宝长大后调皮的模样。

怀孕 049 天

# 微笑是最好的胎教

准爸爸和准妈妈的微笑是最好的胎教。微笑是开在嘴角的两朵花，胎宝宝虽然看不见却能感受到准妈妈的喜怒哀乐。

## 不要吝啬你的微笑

人的情绪变化与内分泌有关，在情绪紧张或应激状态下，体内一种叫乙酰胆碱的化学物质释放增加，促使肾上腺皮质激素分泌增多。这种激素会随着母体血液经胎盘进入胎宝宝体内，而肾上腺皮质激素对胚胎有明显破坏作用，影响某些组织的联合。特别是前 3 个月，正是胎宝宝各器官形成的重要时期，如准妈妈长期情绪波动，就可能造成胎宝宝畸形。所以，准妈妈每天都开心一点吧，不要吝啬你的微笑。

## 每天给自己一个微笑

每天清晨，准妈妈对着镜子，先给自己一个微笑，让一脸惺忪转为光华润泽，让沉睡的细胞苏醒，让自己充满朝气与活力。良好的心态，融洽的感情，是家庭幸福美满的一个重要条件，也是优孕、优生的重要因素。一个充满欢声笑语的家庭必然是幸福的。

## 将微笑传递给胎宝宝

怀孕期间，不仅准妈妈要常常微笑，准爸爸也要常常微笑，因为准爸爸的快乐与微笑会影响准妈妈的情绪，准妈妈再将良好的心态，传递给腹中的胎宝宝。胎宝宝接受了这种影响，会在生理、心理各方面健康发育。

怀孕 050 天

# 书法欣赏：《兰亭序》

准爸爸可以利用周末时间，陪准妈妈去参观一些书画展览，欣赏书画艺术的美，让胎宝宝尽早接触书法艺术吧。

王羲之是我国东晋时期的书法家，其书法技艺博采众长，被誉为“书圣”，其作品代表了中国书法艺术的最高水平。他的经典佳作《兰亭序》被称作“天下第一行书”，与颜真卿《祭侄季明文稿》、苏轼《寒食帖》并称三大行书书法帖，深受广大书法爱好者的喜爱。

《兰亭序》又名《兰亭宴集序》《兰亭集序》，诞生于一次浪漫的聚会。东晋穆帝永和九年三月三日，王羲之与好友谢安、孙绰等几人，在会稽山阴兰亭举行了一次聚会，大家纷纷饮酒赋诗，并请王羲之来作序。王羲之乘着酒兴，展蚕茧纸，提鼠须笔，乘兴而书，一气呵成，写完之后便酒醉鼾睡。醒来后再看这篇奇文，自己也深感惊异。

《兰亭序》的语言清新优美。为人们描绘了一幅如画的景致：“群贤毕至，少长咸集。此地有崇山峻岭，茂林修竹，又有清流激湍，映带左右，引以为流畅曲水。列坐其次，虽无丝竹管弦之盛，一觞一咏，亦足以畅叙幽情。”这些如诗如歌的语言，成为了千古绝唱，吟来如沐春风之清新，似饮甘泉之甜美。

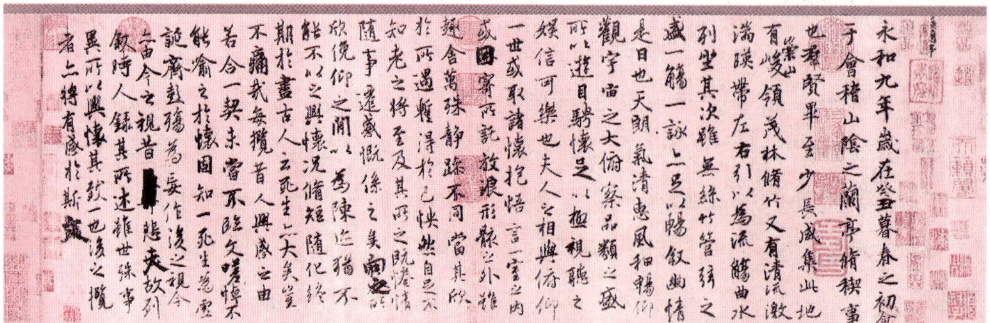

怀孕 051 天

# 名画欣赏：《蒙娜丽莎》

为了提高自身的艺术修养，准妈妈可以欣赏一些世界名画，如《蒙娜丽莎》。在欣赏的同时，也带给胎宝宝美的艺术享受。

《蒙娜丽莎》是一幅享有盛誉的肖像画杰作。它代表达·芬奇的最高艺术成就，成功地塑造了资本主义上升时期一位城市有产阶级的妇女形象。画中人物坐姿优雅，笑容微妙，背景山水幽深茫茫，淋漓尽致地发挥了画家那奇特的烟雾状“无界渐变着色法”般的笔法。

达·芬奇力图使人物的丰富内心感情和美丽的外形达到巧妙的结合，人像面容中眼角唇边等表露感情的关键部位，那神奇而专注的目光，那柔润而微红的面颊，那由内心牵动着的双唇，那含蓄、模棱两可的微笑，极富神韵，从而使蒙娜丽莎的微笑具有一种神秘莫测的千古奇韵，那如梦的妩媚的微笑，被不少美术史家称为“神秘的微笑”。

达·芬奇是意大利“文艺复兴三杰”之一，以毕生精力用于科学研究和艺术实践，《蒙娜丽莎》体现了画家以科学的精神观察自然的思想，是西方绘画史上最负盛名的肖像杰作。在构图上，达·芬奇改变了以往画肖像画时采用侧面半身或截至胸部的习惯，代之以正面的胸像构图，透视点略微上升，使构图呈金字塔形，蒙娜丽莎就显得更加端庄、稳重。另外，蒙娜丽莎的一双手，柔嫩、精确、丰满，展示了她的温柔、身份和阶级地位，显示出达·芬奇的精湛画技和他观察的敏锐。

怀孕 052 天

# 民间艺术：剪窗花

窗花是中国古老的民间艺术之一，深受国内外人士所喜爱。准妈妈今天可以来试一试。在剪纸的过程中，别忘了向胎宝宝传递美的信息。

## 动动手，剪窗花

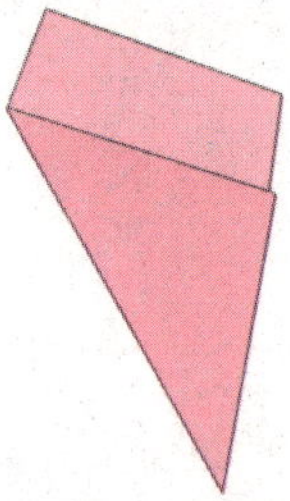

1 把纸裁成正方形。

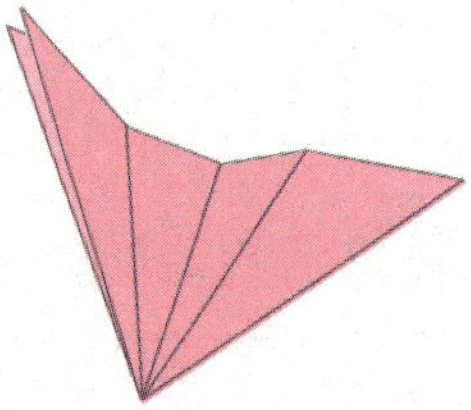

2 将纸分成三等份。

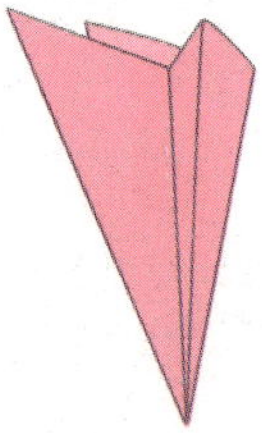

3 将纸折叠。

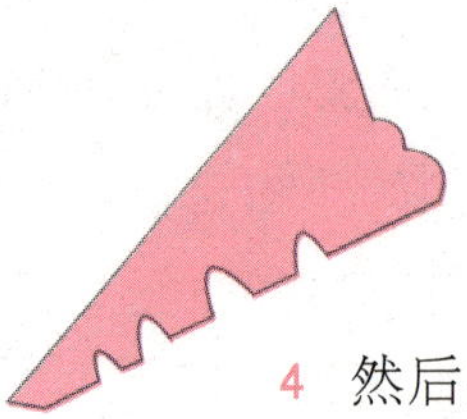

4 然后剪下如图所示纹路（也可以自己创新，会有不一样的发现）。

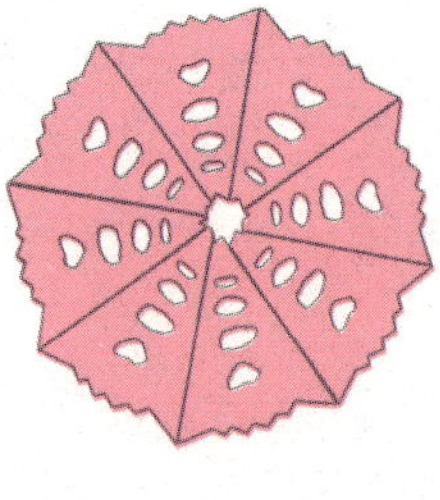

5 最后逐层打开，一幅圆形的漂亮纸花就呈现出来了。

# 怀孕053天 谜语猜猜猜

这个时期的准妈妈常常会有疲惫的感觉，也会莫名其妙的烦躁。试试猜谜语吧，它既能稳定情绪，又能勾起准妈妈的兴趣。

1 上边毛，下边毛，中间加着个黑葡萄。（打一个五官）

2 两间房子一样宽，大门常开也常关，房里可容千万人，难容沙粒在里面。（打一个五官）

3 日日开箱子，夜夜关箱子，箱里一面小镜子，镜里一个小影子。（打一个五官）

4 黑线球，白线球，猜不着，看着我。 （打一个五官）

5 紫色树，开紫花，开过紫花结紫瓜，紫瓜里面装芝麻。(打一蔬菜名称)

6 瘦长的身材，翠绿的皮肤，全身是疙瘩，丑了自己美了别人。(打一蔬菜名称)

7 红漆桶，地下埋，绿的叶子顶上栽，切开红漆桶，清甜又可口。(打一蔬菜名称)

8 红口袋，绿口袋，有人怕，有人爱。(打一蔬菜名称)

**心灵驿站**

常言道：“眼睛是心灵的窗户。”宝贝，妈妈希望你拥有一双美丽、明亮的眼睛，可以欣赏这多姿多彩的美好世界。

参考答案：1 眼睛 2 眼睛 3 眼睛 4 眼睛 5 茄子 6 黄瓜 7 红皮萝卜 8 辣椒

怀孕054天

# 准妈妈讲故事：小蝌蚪找妈妈

准妈妈给胎宝宝讲一个风趣幽默的小故事《小蝌蚪找妈妈》，丰富一下孕期生活，增添一些欢乐的氛围，相信胎宝宝也会非常高兴的。

暖和的春天来了，池塘里的冰融化了，青蛙妈妈睡了一个冬天，也醒来了。它从泥洞里爬出来，扑通一声跳进池塘里，在水草上生下了很多黑黑的圆圆的卵。

春风轻轻地吹过，太阳光照着，池塘里的水越来越暖和了。青蛙妈妈下的卵慢慢地都活动起来，变成一群大脑袋长尾巴的蝌蚪，它们在水里游来游去，非常快乐。

有一天，鸭妈妈带着它的孩子到池塘中游水。小蝌蚪看见小鸭子跟着妈妈在水里划来划去，就想起自己的妈妈来了。小蝌蚪你问我，我问你，可是谁也不知道。

“我们的妈妈在哪里呢？”

它们一起游到鸭妈妈身边，问鸭妈妈：

“鸭妈妈，鸭妈妈，您看见过我们的妈妈吗？请您告诉我们，我们的妈妈是什么样的呀？”

鸭妈妈回答说：“看见过。你们的妈妈头顶上有两只大眼睛，嘴巴又阔又大。你们自己去找吧。”

“谢谢您，鸭妈妈！”小蝌蚪高高兴兴地向前游去。

一条大鱼游过来了。小蝌蚪看见它头顶上有两只大眼睛，嘴巴又阔又大，想一定是妈妈来了，追上去喊妈妈：“妈妈！妈妈！”

大鱼笑着说：“我不是你们的妈妈。我是小鱼的妈妈。你们的妈妈有四条腿，到前面去找吧。”

“谢谢您啦！鱼妈妈！”小蝌蚪再向前游去。

一只大乌龟游过来了，小蝌蚪看见大乌龟有四条腿，心里想，这回真的是妈妈来了，就追上去喊：“妈妈！妈妈！”

大乌龟笑着说：“我不是你们的妈妈。我是小乌龟的妈妈。你们的妈妈肚皮是白的，到前面去找吧。”“谢谢您啦！乌龟妈妈！”小蝌蚪再向前游去。

一只大白鹅游了过来。小蝌蚪看见大白鹅的白肚皮，高兴地想：这回可真的找到妈妈了。它们追了上去，连声大喊：“妈妈！妈妈！”

大白鹅笑着说：“你们认错了，我不是你们的妈妈，我是小鹅的妈妈。你们的妈妈穿着绿衣服，唱起歌来‘咯咯咯’的，你们到前面去找吧。”

“谢谢您啦！鹅妈妈！”小蝌蚪再向前游去。

小蝌蚪游呀、游呀，游到池塘边，看见一只青蛙坐在圆荷叶上“咯咯咯”地唱歌，它们赶快游过去，小声地问：“请问您，您看见了我们的妈妈吗？它头顶上有两只大眼睛，嘴巴又阔又大，有四条腿，白白的肚皮，穿着绿衣服，唱起来‘咯咯咯’的……”

青蛙一听笑了起来，它说：“傻孩子，我就是你们的妈妈呀。”

小蝌蚪听了，一齐摇摇尾巴说：“奇怪！奇怪！我们的样子为什么跟您不一样呢？”

青蛙妈妈笑着说：“你们还小呢。过几天你们会长出两条后腿来；再过几天，你们又会长出两条前腿来，四条腿长齐了，穿上了绿衣服，就跟妈妈一样了，就可以跟妈妈跳到岸上去捉虫吃了。”

小蝌蚪听了，高兴得在水里翻起跟头来：“啊！我们找到妈妈了！我们找到妈妈了！”青蛙妈妈扑通一声跳进水里，和它的孩子蝌蚪一块儿游玩去了。

**心灵驿站**

小蝌蚪通过坚持不懈的努力，终于找到了自己的妈妈。亲爱的宝宝，希望你以后要学习小蝌蚪执着的精神，做一个勇敢的好孩子。

怀孕055天

# 美文欣赏：《麻雀》（节选）

俄国作家伊凡·谢尔盖耶维奇·屠格涅夫的《麻雀》，是一篇寓意深刻的美文。读了这篇散文，准妈妈的内心必然会涌动一片爱心，感到母爱的伟大。

……

我的狗慢慢地逼近它。忽然，从附近一棵树上扑下一只黑胸脯的老麻雀，像一颗石子似的落在狗的嘴前——它全身倒竖着羽毛，惊惶万状，发出绝望、凄惨的叽叽喳喳叫声，两次向露出牙齿、大张着的狗嘴跳扑过去。

它是猛扑下来的，它以自己的躯体掩护着自己的幼儿……可是，由于恐怖，它整个小小的躯体都在颤抖，它那小小的叫声变得粗暴嘶哑了，它吓呆了，它在牺牲自己了！

在它看来，狗该是个多么庞大的怪物啊！然而，它还是不愿站定在自己高高的、安全的树枝上……一种比它的意志更强大的力量，使它从那儿扑下身来……

屠格涅夫的《麻雀》着重表现了母爱的伟大。作者详细描写了老麻雀和小麻雀之间的感人故事，作者把野麻雀描写得生动形象，语言运用极其巧妙，如“势如飞石一般”描摹了老麻雀“飞”的情态，有力而迅猛，把老麻雀的勇敢描写得淋漓尽致。又如“倒竖了全身的羽毛”“绝望而哀求的叫声”是对老麻雀惊惶万状而又不惜一切的具体描述，充分表现出老麻雀爱子心切，为救小麻雀不顾一切，愿意牺牲自己的崇高境界。

正因为这样，才让我们对这场惊心动魄的“战争”有了更加深刻的认识。生命因为有了爱才有价值。由于爱的永恒，才有生命的存在和生命的延续。

**今日提醒**

从胎儿在身体里“扎根”那一天起，准妈妈就需要付出爱心与耐心。你可以用爱的语言，怀着充满爱的心情，将爱的信息传递给胎宝宝。

怀孕 056 天

# 思维练习：填字游戏

准爸爸和准妈妈在闲下来的时候，可以做几个填字游戏，不但能丰富词汇，还能在方格中体验乐趣，全方位地锻炼大脑，实在是一举多得。

## 1. 成语连接

请在下面的圈中填上适当的字，使它们组成的 6 条成语。

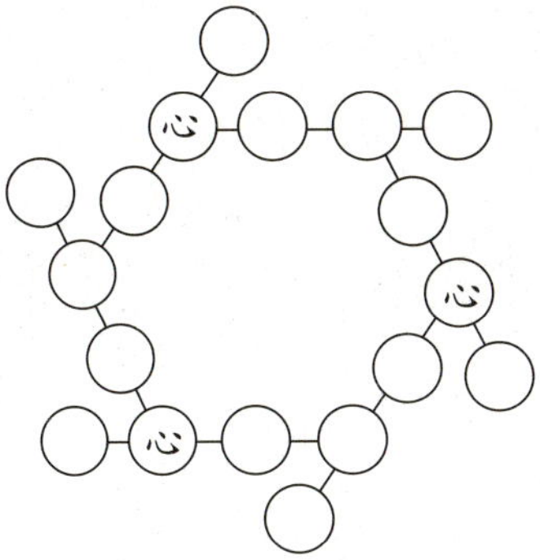


## 2. 成语接龙

请在空格内填上适当的字，使其从左上角开始按顺时针方向读起，前一个成语末尾的字，是后一个成语的首字，如此使图上的方阵成为一条有趣的成语之“龙”。

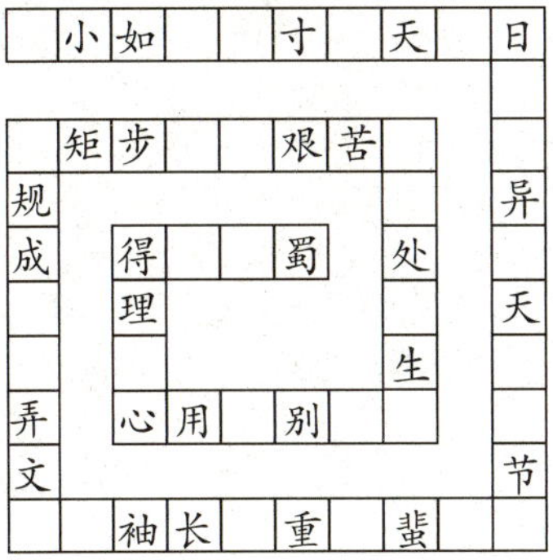


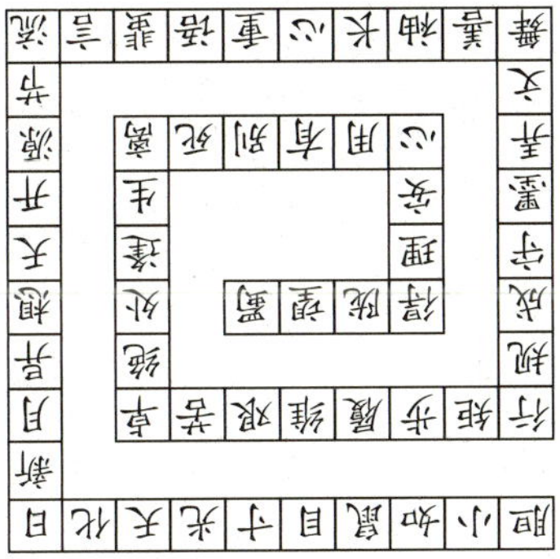

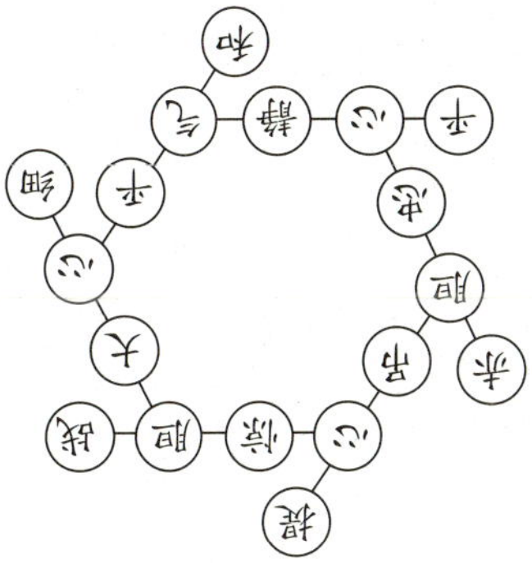

参考答案：1

2

# Part 03

# 孕3月 神经系统快速发育

怀孕第3个月，胎宝宝正处于器官分化发育和神经系统快速发育的关键时期。这时候，由于准妈妈的情绪会影响胎宝宝的发育，因此，准妈妈应积极稳定自己的情绪，乐观面对每一天。同时，应利用一切条件，充分发挥自己的想象，科学实施每项胎教。

怀孕 057 天

# 轻轻吟唱：《虫儿飞》

在美丽夜晚，准妈妈可以轻轻地给心爱的胎宝宝吟唱这首《虫儿飞》，并向胎宝宝传达你浓浓的爱意。

**虫儿飞**（作者 林夕）

黑黑的天空低垂，
亮亮的繁星相随；
虫儿飞，
虫儿飞，
你在思念谁？
天上的星星流泪，
地上的玫瑰枯萎；
冷风吹，
冷风吹，
只要有你陪。
虫儿飞，
花儿睡，
一双又一对才美。
不怕天黑，
只怕心碎；
不管累不累，
也不管东南西北。

**心灵驿站**

每个人的生命中总有一些不可预知的事情发生。正如有的人离开，新的人加入，或多或少地改变了你的心境。星星的流泪，玫瑰的枯萎，是谁一直陪伴着你不离不弃？是亲人，是朋友，或是恋人？不管是谁，都是最值得你珍惜，值得你付出的人。

怀孕 058 天

# 胎教名曲：《摇篮曲》

准妈妈轻柔、优美的歌声，会使胎宝宝倍感亲切。在吟唱的过程中，准妈妈也会心情愉悦。这首舒伯特的《摇篮曲》非常优美安宁。

## 摇篮曲

1=G 3 5 2·3 4 | 3 3 2171 2 5 | 3 5 2·3 4
睡吧睡吧，我亲爱的宝贝，妈妈的双手
睡吧睡吧，我亲爱的宝贝，妈妈的手臂
睡吧睡吧，我亲爱的宝贝，妈妈爱你
3 3 2342 1 0 | 2. 2 3. 2 1 | 5 65 43 2 5
轻轻摇着你。摇篮摇你快快安睡，
永远保护你。世上一切美好的祝愿，
妈妈喜欢你。一束百合一束玫瑰，
3 5 2· 3 4 | 3 3 2341 1 0
安睡在摇篮里，温暖又安逸。
一切幸福，全都属于你。
等你醒来，妈妈都给你。

怀孕 059 天

# 准妈妈讲故事：小壁虎借尾巴

准妈妈给胎宝宝讲一个《小壁虎借尾巴》的故事吧，看看可爱的小壁虎是怎样做的。

小壁虎正在墙角专心地捉蚊子，突然，一条蛇咬住了它的尾巴。小壁虎使劲一挣，挣断尾巴逃走了。

小壁虎很难过，没有尾巴多难看啊！于是，小壁虎想去借一条尾巴。

小壁虎爬呀爬，爬到小河边。它看见小鱼在河里摇着尾巴游来游去。小壁虎对小鱼说："小鱼姐姐，您的尾巴可以借给我吗？"小鱼说："不行啊，我要用尾巴拨水呢。"小壁虎告别了小鱼，又继续向前爬去。

小壁虎爬呀爬，爬到了一棵大树上往下看，它看见一头老黄牛在树下甩着尾巴吃草。小壁虎对老黄牛说："黄牛伯伯，您的尾巴借给我行吗？"老黄牛说："不行啊，我要用尾巴赶蝇子呢。"小壁虎只好告别了老黄牛，又向前爬去。

小壁虎爬呀爬，爬到屋檐下，它看见一只燕子在空中摆着尾巴飞来飞去。小壁虎对燕子说："燕子阿姨，您的尾巴借给我可以吗？"燕子说："不行啊，我飞的时候，要用尾巴掌握方向呢。"

小壁虎没有借到尾巴，心里更很难过了。它爬呀爬，爬回家里见到了妈妈。于是，小壁虎把借尾巴的事告诉了妈妈。妈妈听后笑着说："傻孩子，你转过身子看看。"小壁虎转身一看，便高兴地叫起来："我长出一条新尾巴啦！"

从此，小壁虎又开始快乐地捉蚊子了。

怀孕 060 天

# 孟浩然名诗欣赏

轻轻地给胎宝宝吟诵几首孟浩然的古诗，从中感受大自然的清新与美好。

## 春晓

春眠不觉晓，处处闻啼鸟。
夜来风雨声，花落知多少。

## 留别王维

寂寂竟何待，朝朝空自归。
欲寻芳草去，惜与故人违。
当路谁相假，知音世所稀。
只应守寂寞，还掩故园扉。

## 过故人庄

故人具鸡黍，邀我至田家。
绿树村边合，青山郭外斜。
开筵面场圃，把酒话桑麻。
待到重阳日，还来就菊花。

## 秦中寄远上人

一丘常欲卧，三径苦无资。
北土非吾愿，东林怀我师。
黄金燃桂尽，壮志逐年衰。
日夕凉风至，闻蝉但益悲。

### 今日提醒

在读古诗的同时再播放一些轻柔的背景音乐，可以营造一个优雅闲逸的氛围，将自己带入诗歌的诗情画意之中。

怀孕 061 天

# 听故事：一串快乐的音符

美妙、动听的音乐，总能带给人们快乐、美好的感受，胎宝宝听完这个故事，也会为小音符们选择留在老奶奶身边而高兴。

有一串快乐的音符，它们是从哪里来的，又要去向哪里，连它们自己也搞不清楚。

也许是个初学钢琴的小女孩在键盘上弹出了它们，也许是一位音乐家用小提琴奏出了它们，也许是骑在牛背上的小牧童用短笛吹出了它们，更可能是个小男孩走在上学的小路上，用愉快的心情唱出了它们……

反正，它们刚刚获得生命的那一刻，就串联在一起，快乐地飞奔在美丽的田野上，它们甚至来不及回头看一看，是谁奏出了它们。它们一个拉着一个的手，像轻风一样轻盈地在田野上跑着、唱着。

它们从快乐的小鸟身边跑过，小鸟没有它们唱得动听。

它们从清澈的小溪身边跳过，小溪没有它们唱得深情。

它们跑过森林，跑过草丛，跑过群山间的峡谷……

小音符们不愿意停留下来，它们到处奔跑，十分快活。

有一天，小音符们来到了学校的课堂。它们看着孩子们专心地听老师弹钢琴，便手舞足蹈地跟着老师的指缝蹦出来。当孩子们用洪亮的嗓音唱出心中的爱时，这一串可爱又开朗的音符，情不自禁地跟着孩子们唱了起来。

在田野旁有一座木屋，小木屋有一扇开着的小窗，对着星星闪烁的夜空。

小音符们感到很好奇，于是就钻了进去。哦，原来里面有个白发苍苍的老奶奶，她的老伴是一位挺温和、幽默的老爷爷，不幸去世了，老奶奶感到非常的孤独，她在思念着老爷爷。

突然，老奶奶听到了从窗外飞进的小音符的歌，啊！多么熟悉的歌，这是老爷爷在年轻时就爱哼唱的歌曲。还在老爷爷和老奶奶初次相识时，老爷爷就经常为老奶奶哼唱这支快乐的曲子。后来这曲子陪伴着老爷爷和老奶奶生活了几十年的岁月……

现在，老爷爷虽然离去了，可这段快乐的歌还在，如今歌声又飞进来了，就像当年老爷爷在柔和、明亮的月光下，给老奶奶轻轻地哼唱着。

这时，老奶奶眼里含着晶莹的泪花，她笑了，笑得那么的动情。

不知为什么，小音符们再也跑不动了，它们也不想再跑了。小音符们手拉手地钻进了老奶奶的心里，它们愿意留在那里，陪伴老奶奶。

当老奶奶寂寞时，它们就轻轻地哼唱着那首曲子。

唱着这支老奶奶熟悉的老爷爷年轻时曾经哼唱过的曲子……

**心灵驿站**

这是一个充满阳光的故事，借助小小的音符，传递人们心中的美好愿望，它们快乐地在一起，飞快地奔跑，快乐地歌唱，伴随着孤独的老奶奶，唤起了老奶奶心中的幸福时光，它们轻轻地哼唱，哼唱着一首真诚的歌曲。通过这个故事感受快乐的音符们的善良与爱心；感受快乐在生活中的特殊含义，体会人与人之间真诚的爱。

# 怀孕062天 读故事：爱和时间的故事

准妈妈在情绪不好的时候，可以读一些故事、散文等，让情绪在不知不觉中平静。

一个岛上住着人类的各种情感: 快乐、悲伤、知识、富裕、虚荣还有爱等。有一天，传言这个小岛就要沉入大海。于是大家都开始忙着给自己造船，只有爱没动静。眼看着小岛就要被海水吞没了，爱决定求救。

富裕乘着一艘大船从旁边经过。爱说：“富裕，能带上我一起走吗？”富裕回答道：“不行啊，我的船装满了金银，没你的地方啊。”

虚荣正坐着一艘漂亮的船经过。爱说：“虚荣，请救救我！”“你看看自己，浑身湿淋淋的，会把我的船弄坏的。”虚荣拒绝了。

然后悲伤划着船过来了。爱说：“悲伤，让我和你一起走吧。”“哦……爱，我太悲伤了，别理我，让我一个人待着吧！”

快乐也驾着船经过小岛，但她实在是太快乐了，根本没听见爱在向她求救。

突然，响起一个声音：“来啊，爱。上船吧！”原来是一位老者。爱满心欢喜地上了船，激动得甚至忘了问老者姓甚名谁。等爱上了陆地以后，老者又默默地驾着小舟独自离开了。这时爱才回过神来，他忙问另一位长辈知识：“刚才谁救了我啊？

“是时间救了你。”知识回答道。“时间？”爱问，“时间为什么要救我呢？”知识高深地微微一笑：“因为只有时间才懂得爱是多么宝贵！

**心灵驿站**

没有人能丈量脚下的路有多长，更没有人能够测试出心中爱有多深，唯有时间，只有经过时间的流逝，人们才渐渐体会到爱的伟大。

怀孕 063 天

# 增进情感的游戏：五子棋

棋类运动非常适合准爸爸和准妈妈一起来玩，在动脑子的过程中让自己情绪归于平静，促进胎宝宝大脑发育，让夫妻关系更和谐。

## 传统五子棋

传统五子棋的棋具与围棋大致相同，棋子分为黑白两色，棋盘为15×15，棋子放置于棋盘线交叉点上。两人对局，各执一色，轮流下一子，先将横、竖或斜线的5个或5个以上同色棋子连成不间断的一排者为胜。因为传统五子棋在落子后不能移动或拿掉，所以，也可以用纸和笔来进行游戏。

## 五子兵法

中国现代五子棋的开拓者那威荣誉九段，多年钻研五子棋，潜心发掘五子棋的中国民间阵法，他总结了五子棋行棋的要领和临阵对局的经验，得出一套“秘诀”，谓之《那氏五子兵法》：

先手要攻，后手要守，以攻为守，以守待攻。
攻守转换，慎思变化，先行争夺，地破天惊。
守取外势，攻聚内力，八卦易守，成角易攻。
阻断分隔，稳如泰山，不思争先，胜如登天。
初盘争二，终局抢三，留三不冲，变化万千。
多个先手，细算次先，五子要点，次序在前。
斜线为阴，直线为阳，阴阳结合，防不胜防。
连三连四，易见为明，跳三跳四，暗剑深藏。
己落一子，敌增一兵，攻其要点，守其必争。
势已形成，败即降临，五子精华，一子输赢。

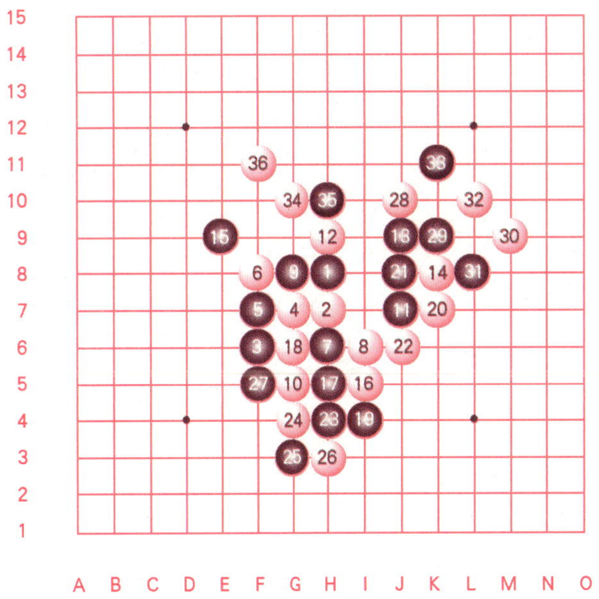

# 怀孕 064 天 准爸爸讲笑话：小白兔钓鱼

准爸爸除了在生活上体谅辛苦怀孕的准妈妈，也可以和准妈妈适度开开玩笑，给她讲几个有趣的笑话，定会使准妈妈心情愉悦。

第一天，小白兔去河边钓鱼，结果什么也没钓到……

1

第二天，小白兔又去河边钓鱼，还是什么也没钓到……

2

第三天，小白兔又去河边钓鱼，还是没钓到……

3

第四天，一条大鱼从河里跳出来，冲着小白兔大叫：“你再敢拿胡萝卜当诱饵，我就跟你急！”

4

怀孕065天

# 成语故事：持之以恒

做任何事情都需要有锲而不舍、孜孜不倦、坚持不懈的精神。准爸爸给准妈妈和胎宝宝读一读下面的故事。

小时候的李白非常的贪玩，对学习不感兴趣。他的父亲为了让他将来成为栋梁之才，便把他送到学堂去读书，可是，那些经史、诸子百家的书对不爱学习的李白来说，很是无趣、乏味，李白更加不愿意学习了，有时候还偷偷跑出去玩。

有一天，李白又没有上学，独自跑到一条小河边去玩耍。忽然，他看见一位白发苍苍的老婆婆蹲在小河边的一块磨石边，一下一下地磨一根很粗的铁棍。

李白向前好奇地问道："老婆婆，您在干什么？""我在磨针。"老婆婆一边磨一边回答。"磨针！用这么粗的铁棍磨成细细的秀花针。这什么时候才能磨成啊！"李白不假思索地脱口而出。这时老婆婆抬起头，停下手，亲切地对李白说："孩子，铁棒虽粗，可挡不住我坚持天天磨，滴水都能穿石，难道铁棒就不能磨成针吗。"

李白听了老婆婆的话，觉得很有道理，深受感动，心想：是呀，做一件事只要有恒心，不怕困难，天天坚持做，什么事都能做好。读书不也是一样的道理吗？

于是，李白告别了老婆婆，迅速转身跑回学堂。从此以后，他孜孜不倦地刻苦读书，终于成为一名著名的诗人。

**今日提醒**

这个故事让我们明白了一个道理，世上无难事，只怕有心人。只要有信心、有热情、有目标，能够持之以恒，坚持付出努力，成功就会一步一步靠近。胎教也是这个道理，要想使胎教有个好的效果，也必须要坚持下去。

怀孕 066 天

# 朱自清散文：《荷塘月色》

夏日炎炎，准妈妈静下心来读读朱自清的散文《荷塘月色》，会有一种心静如水、轻快凉爽的感觉。

这几天心里颇不宁静。今晚在院子里坐着乘凉，忽然想起日日走过的荷塘，在这满月的光里，总该另有一番样子吧。月亮渐渐的升高了，墙外马路上孩子们的欢笑，已经听不见了；妻在屋里拍着闰儿，模模糊糊地哼着眠歌。我悄悄地披上大衫，带上门出去。

沿着荷塘，是一条曲折的小煤屑路。这是一条幽僻的路；白天也少人走，夜晚更加寂寞。荷塘四面，长着许多树，蓊蓊郁郁的。路的一旁，是些杨柳，和一些不知道名字的树。没有月光的晚上，这路上阴森森的，有些怕人。今晚却很好，虽然月光也还是淡淡的。

路上只我一人，背着手踱着。这一片天地好像是我的；我也像超出了平常的自己，到了另一个世界里。我爱热闹，也爱冷静；爱群居，也爱独处。像今晚上，一个人在这苍茫的月下，什么都可以想，什么都可以不想，便觉是个自由的人。白天里一定要做的事，一定要说的话，现在都可以不理。这是独处的妙处；我且受用这无边的荷香月色好了。

曲曲折折的荷塘上面，弥望的是田田的叶子。叶子出水很高，像亭亭的舞女的裙。层层的叶子中间，零星地点缀着些白花，有袅娜地开着的，有羞涩地打着朵的；正如一粒粒的明珠，又如天里的星星。微风过处，送来缕缕清香，仿佛远处高楼上渺茫的歌声似的。

这时候叶子与花也有一丝的颤动，像闪电般，霎时传过荷塘的那边去了。叶子本是肩并肩密密地挨着，这便宛然有一了道凝碧的波痕。叶子底下是脉脉的流水，遮住了，不能见一些颜色；而叶子却更见风致了。

月光如流水一般，静静地泻在这一片叶子和花上。薄薄的青雾浮起在荷塘里。叶子和花仿佛在牛乳中洗过一样；又像笼着轻纱的梦。虽然是满月，天上却有一层淡淡的云，所以不能朗照；但我以为这恰是到了好处——酣眠固不可少，小睡也是别有风味的。月光是隔了树照过来的，高处丛生的灌木，落下参差的斑驳的黑影；弯弯的杨柳的稀疏的倩影，像是画在荷叶上。塘中的月色并不均匀；但光与影有着和谐的旋律，如梵婀玲上奏着的名曲。

荷塘的四面，远远近近，高高低低都是树，而杨柳最多。这些树将一片荷塘重重围住；只在小路一旁，漏着几段空隙，像是特为月光留下的。树色一例是阴阴的，乍看像一团烟雾；但杨柳的丰姿，便在烟雾里也辨得出。树梢上隐隐约约的是一带远山，只有些大意罢了。树缝里也漏着一两点路灯光，没精打采的，是渴睡人的眼。这时候最热闹的，要数树上的蝉声和水里的蛙声；但热闹是他们的！我什么也没有。忽然想起采莲的事情来了。采莲是江南的旧俗，似乎很早就有，而六朝时为盛；从诗歌里可以约略知道。

于是又记起《西洲曲》里的句子：采莲南塘秋，莲花过人头；低头弄莲子，莲子青如水。

今晚若有人采莲，这儿的莲花也算是“过人头”了；只不见一些流水的影子，是不行的。这令我到底惦着江南了。这样想着，猛一抬头，不觉已是自己的门前；轻轻地推门进去，什么声音也没有，妻已睡熟好久了。

**心灵驿站**

月光下荷塘的特有风韵，在蝉声与蛙声的衬托下，显得格外幽深清净，很自然地把人引向远古的遐想。

怀孕 067 天

# 趣味折纸：漂亮的纸衣服

折纸是一门手工艺术，既新鲜又有趣，准妈妈可以动动手。这对胎宝宝也是一种有益的胎教。今天就来教准妈妈如何折漂亮的纸衣服。

1 准备一张正方形的纸，将纸张左右对折，两边再对折。然后下面两侧向外翻折。

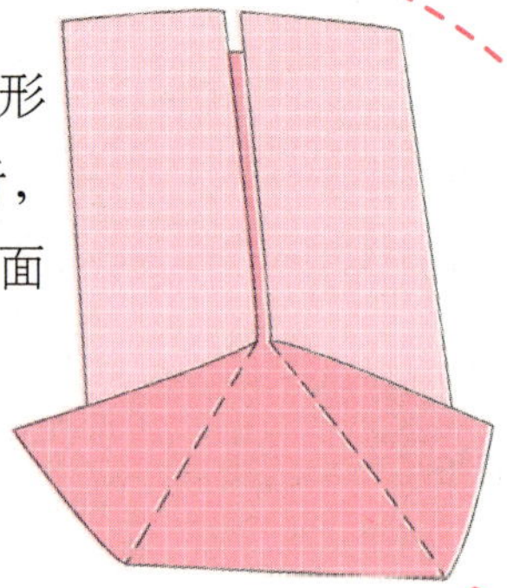

2 将纸张上部分展开，下面的纸张再向内折两个三角形。

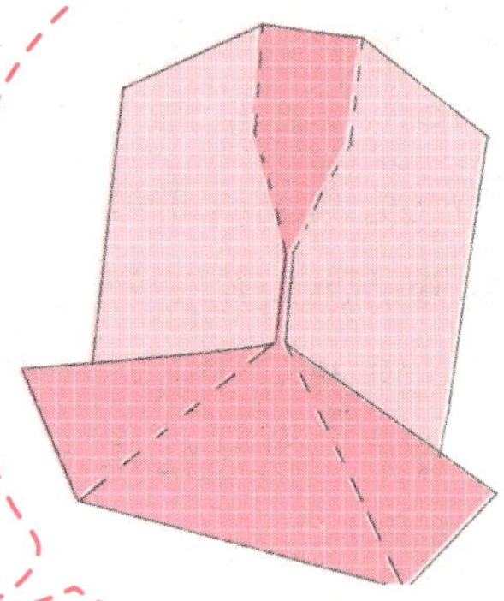

3 将纸张向后对折，简单的上衣就完成啦。

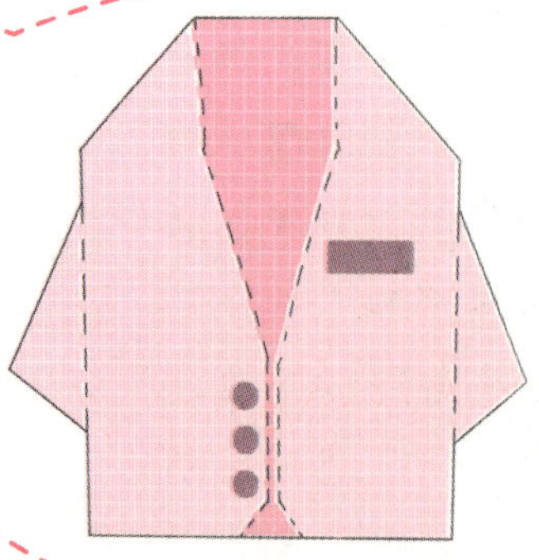

怀孕 068 天

# 幽默笑话：童言无忌

准妈妈读一些有趣的童言笑话，可以更激发母爱的天性，也能让准妈妈感到愉快，将快乐传递给胎宝宝。

## 不要吃陌生人给的东西

4岁的宝宝养了一只狗，宝宝非常喜欢它，每天跟它说话，有时候还带它去楼下散步。一天他们要出门了，出门前妈妈叮嘱宝宝："要注意安全。"宝宝认真地说："放心吧，妈妈。我已经告诉它，不要吃陌生人给的东西。"

## 我要手电筒

儿子入睡前对妈妈说："妈妈，把手电筒给我，好吗？"妈妈说："睡觉玩手电干啥？"儿子委屈地说："不是玩，是我最近做梦老走黑路，什么都看不见。"

## 怕你打我

父亲：咱们家你最喜欢谁？

儿子：爸爸。

父亲：咱们家谁最疼你？

儿子：爸爸。

父亲：你跟咱们家谁最好？

儿子：爸爸。

父亲：你怎么总是说我好？

儿子：怕你打我。

## 3个"笨蛋"

爸爸问儿子："你说，一加二等于几？"

儿子答："我不知道。"

爸爸有些生气："我和你妈妈，再加上你，一共等于几个？笨蛋！"

儿子马上回答："爸爸，是三个笨蛋。"

怀孕 069 天

# 故事：手捧空花盆的孩子

准爸爸妈妈讲述下面这个生动的故事，告诉胎宝宝诚实的品质是多么的可贵。

从前，有一个国王年纪大了，想要找一个诚实的孩子继承他的王位。于是，他吩咐大臣们给全国的孩子发花种子，并且宣布：“谁能用这些花种子培育出最美丽的花朵，谁便是我的继承人。”

其中有一个叫雄日的孩子，将花种种在花盆后，每天都用心地呵护、培育、观察花种的情况。就这样，好多天过去了，雄日仍然不见花盆里的种子发芽。雄日很担心，妈妈便出主意让他把花盆里的土换一换。雄日按妈妈说的做了，可仍不见种子发芽。

国王规定的日子到了，无数个穿着漂亮衣服的孩子，捧着盛开着鲜花的花盆来到国王面前，只有雄日捧着个空花盆在一旁流泪。

国王来到他面前，问道：“你的花盆为什么是空的，没有花呢？”雄日把自己种花的经过告诉了国王，国王听了，高兴地拉着他的双手，大声地对大家说：“这就是我要找的王位继承人！

别的孩子都不解地问国王：“他的花盆是空的，为什么要选他为继承人呢？”

国王说：“因为，他是一个诚实的孩子，我发给你们的花种子都是煮熟的，根本发不了芽，开不了花。”

原来其他孩子都换了另外的种子来种花，不是诚实的孩子。

怀孕 070 天

# 古人的智慧：田忌赛马

准妈妈临睡前给胎宝宝讲一个充满智慧的故事，同时，感受一下变换思维方式，会得到完全不同的结果。

齐国有一名大将，名叫田忌。他和齐威王约定，要赛一次马。他们约定把各自的马分为上、中、下三等。比赛的时候，上马对上马，中马对中马，下马对下马。由于齐威王每个等级的马都比田忌的马强一些，所以，几个回合田忌都以失败告终。田忌很扫兴。

而在一旁观战的好朋友孙膑对田忌说：“我有办法准能让你赢。你就按我说的安排就好。”田忌疑惑地看着孙膑。

得胜的齐威王正在洋洋得意地夸耀自己马匹，看见田忌与孙膑迎面走来， 便讥讽地说：“怎么，你还不服气？”

田忌说：“当然不服气，咱们再赛一次！”齐威王欣然同意。

一声锣响，比赛开始了。孙膑让田忌先以下等马对齐威王的上等马，第一局田忌输了。齐威王站起来说：“想不到赫赫有名的孙膑先生，竟然想出这样拙劣的对策。”

孙膑不去理他。接着进行第二场比赛。孙膑拿上等马对齐威王的中等马，获胜了一局。

第三局比赛，孙膑拿中等马对齐威王的下等马，又战胜了一局。这下，齐威王目瞪口呆了。

比赛的结果是三局两胜，田忌赢了齐威王。还是同样的马匹，由于调换一下比赛的出场顺序，最后取得了不同于以前的结果。

**心灵驿站**

通常很多事情变换一种方式往往能起到意想不到的效果。人生道路上，改善心智模式和思维方式是很重要的。

怀孕 071 天

# 手语胎教：欢迎你，小宝贝

准妈妈使用手语与胎宝宝交流时，如同一种手指舞蹈，准妈妈的情绪平静，心情愉快，这对胎宝宝也是一种良性刺激。

**欢迎**：这是两个分解动作。

第一步，双手鼓掌。

第二步，双手掌心向上，往旁移动一下，如邀请动作。

**你**：一手食指指向对方。正确的手语表达“你”的时候是指向对方，但是，在这里，准妈妈可以指向腹部，并温柔地注视。

**小**：一手拇指捏小指指尖。

**宝贝**：这个词也是分解动作，分三步。

第一步，右手虚握，然后甩腕，五指张开，掌心向下。

第二步，左手伸出拇指，手背向外。

第三步，右手轻拍几下左手背。

准妈妈千万不要忽略手语胎教的重要性。准妈妈轻柔地舞动着手指，与胎宝宝心灵相通地“对话”，是不是感觉很美好？每天早晨用手语与胎宝宝打个招呼，快乐的一天就此开始，直到晚上甜甜的入睡。

**今日提醒**

手语也是语言的一种，是一种交流方式。将手语学习提前到胎儿期，对胎宝宝的大脑发育有一定的辅助作用，而且无论对于准妈妈还是胎宝宝，都有着很好的“安抚”作用。

怀孕 072 天

# 准妈妈画水果

准妈妈可以试着画一些简单的图画。如果以前没有画画的基础，不如从学画简笔画开始，学会了，将来还可以教宝宝画画。

## 简单的水果

下图是最简单的简笔画，准妈妈可以先试着画一画。

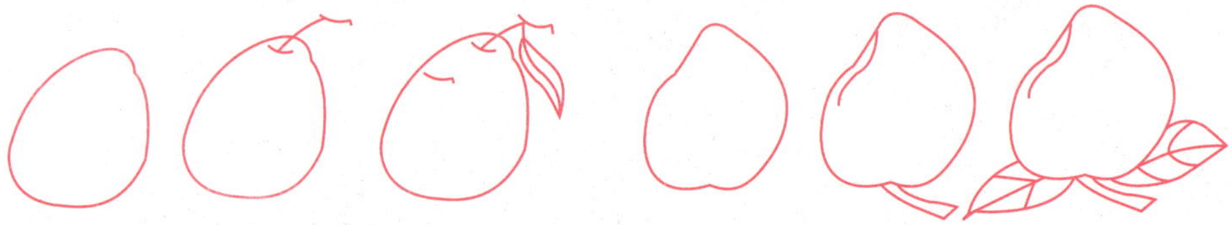

## 大串的香蕉

上面的图是个热身，聪明的准妈妈一看就会。下面再来看看香蕉的画法。

1 先在白纸上画一个椭圆，最好是从右向左的斜椭圆，否则下一步不好画。

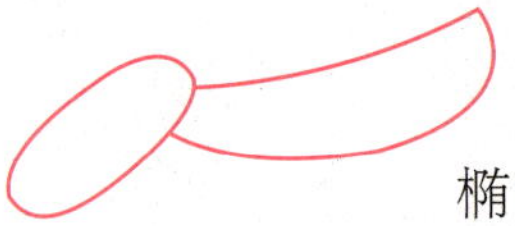

2 在椭圆右侧，挨着椭圆画一个弯弯的“月亮”。

3 接下来，挨着这个“月亮”再画三个差不多的“月牙”。

4 看，一大串大香蕉跃然纸上了。

# 怀孕073天 准爸爸讲故事：伯乐与千里马

准爸爸利用周末时光给胎宝宝讲一个故事吧，那浑厚的嗓音胎宝宝一定喜欢。

楚王派伯乐去购买能日行千里的骏马。一天，一匹马吃力地拉着盐车在陡坡上行进，累得呼呼喘气。伯乐见状走到跟前，马见到伯乐，突然昂起头大声嘶鸣，伯乐立即从这声音中判断出，这是一匹难得的骏马。

伯乐对驾车的人说："你将这匹马卖给我好吗？"

驾车人觉得这匹马没气力，吃得又多，骨瘦如柴，毫不犹豫地同意了。

伯乐牵马回到楚王宫，拍拍马的脖颈说："我给你找到了好主人。"千里马像明白了伯乐的意思，引颈长嘶，声音洪亮，如大钟石磬，直上云霄。楚王听到马嘶声，快步走出宫外，伯乐指着马说："大王，我把千里马给您带来了。"

楚王一见伯乐牵的马瘦得不成样子，认为伯乐愚弄他，不高兴地说："我相信你会看马，才让你买马，可你买的马连走路都很困难，能上战场吗？"

伯乐说："这的确是匹千里马，以前的主人喂养不精心，所以看起来很瘦。只要精心喂养，不出半个月，一定会恢复体力。"

楚王将信将疑，便命马夫精心喂养这匹马。果然不出伯乐所言，马变得精壮神骏。楚王跨马扬鞭，只觉两耳生风，喘息功夫，已跑出百里之外。后来千里马为楚王驰骋沙场，立下不少战功。楚王对伯乐更是敬重有加。

**心灵驿站**

千里马常有，而伯乐却不常有。机会永远是留给有准备的人的。只有有准备的千里马才能赢得伯乐的赏识。

怀孕 074 天

# 比比谁的绕口令说得好

准爸爸和准妈妈比一比，说说开心的绕口令，看看谁的功夫更高。胎宝宝听了也会非常快乐的。

## 喇嘛与哑巴

打南边来了个哑巴，腰里别了个喇叭；

打北边来了个喇嘛，手里提了个獭犸。

提着獭犸的喇嘛要拿獭犸换别着喇叭的哑巴的喇叭；

别着喇叭的哑巴不愿拿喇叭换提着獭犸的喇嘛的獭犸。

不知是别着喇叭的哑巴打了提着獭犸的喇嘛一喇叭；

还是提着獭犸的喇嘛打了别着喇叭的哑巴一獭犸。

喇嘛回家炖獭犸；哑巴嘀嘀哒哒吹喇叭。

## 天上一颗星

天上一颗星，地下一块冰， 屋上一只鹰，墙上一排钉。

抬头不见天上的星，乒乓乒乓踏碎地下的冰，

啊嘘啊嘘赶走了屋上的鹰，唏哩唏哩拔掉了墙上的钉。

## 八十八岁公公

八十八岁公公门前有八十八棵竹，

八十八只八哥要到八十八岁公公门前的八十八棵竹上来借宿。

八十八岁公公不许八十八只八哥到八十八棵竹上来借宿，

八十八岁公公打发八十八个金弓银弹手去射杀八十八只八哥，

不许八十八只八哥到八十八岁公公门前的八十八棵竹上来借宿。

怀孕 075 天

# 准妈妈猜字谜

准妈妈动动脑，猜猜好玩的字谜，自己转动脑筋的同时，也会促进胎宝宝大脑发育。

1 重点支援大西北
2 一勾心月伴三星
3 千里挑一，百里挑
4 一撇一竖一点
5 4个人搬个木头
6 一人挑两小人
7 一人一张口，口下长只手
8 一人在内，猜一字
9 一人腰上挂把弓
10 一口吃掉牛尾巴
11 一口咬定
12 一斗米
13 一加一
14 一边是水，一边是山
15 七人八只眼
16 七人头上长了草
17 七十二小时
18 二兄弟，各自立
19 人不在其位
20 人有他则变大
21 人都到了
22 人无寸铁
23 人无信不立

（答案在本页下方）

**今日提醒**

准妈妈可以让准爸爸一起参与猜字谜，比一比，看谁猜得对，一家人其乐融融做游戏。

参考答案：1 头 2 心 3 伯 4 压 5 杰 6 夹 7 拿 8 肉 9 夷 10 告 11 交 12 料 13 王 14 汕 15 货 16 花 17 晶 18 竞 19 立 20 一 21 倒 22 控 23 言

怀孕
076
天

# 了解风筝的起源

美丽的风筝在天空飞翔，带给人们无限的遐想。准妈妈是否希望宝宝将来无论飞的多高，飞的多远，那根连接风筝的线永远在自己的手中。

风筝起源于中国，最早的风筝是由古代哲学家墨翟用木头制造的。

唐宋时期，由于造纸业的出现，风筝改由纸糊，很快传入民间，成为人们的娱乐工具。

宋朝风筝已在民间广泛流行。随着国际交往的增加，中国的风筝流传到世界各地。

山东潍坊是我国著名风筝产地，明代就已在民间出现扎制风筝的艺人。清代，随着放风筝习俗的流行，风筝艺术亦达到鼎盛阶段。道光年间，郭麟吟清明的一首竹枝词描绘道：“一百四日小寒食，冶游争上白浪河，纸鸢儿子秋千女，乱比新来春燕多。”郑板桥有诗曰：“纸花如雪满天飞，娇女秋千打四围，飞彩罗裙风摆动，好将蝴蝶斗春归。”

潍坊风筝主要有三种基本造型：串、硬翅和筒形，其中以龙头蜈蚣最突出。现在已发展成许多品种，小的可放在掌上，大的有几百米长，造型、色彩也各不相同，从很简单的白纸糊身，红纸糊头，不画一笔，不染一色的蜈蚣风筝，到色彩缤纷，绘金描银的九头神龙风筝。真是千变万化，奇巧百出。

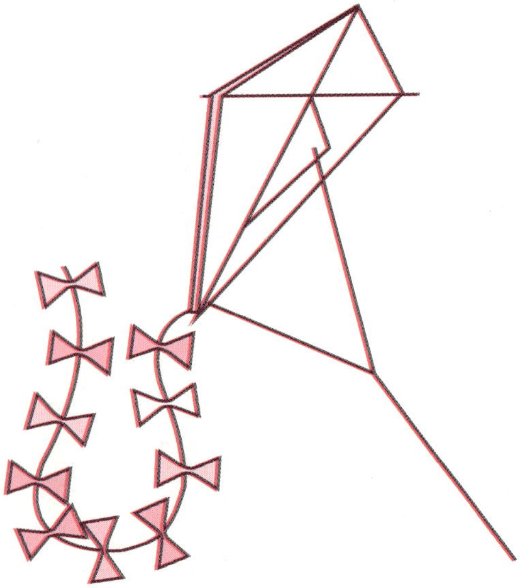

现在潍坊已成为国际风筝节的固定举办地。现代风筝在继承传统精华的基础上，不断花样翻新，赢得了“风筝艺术，潍坊第一”的美誉。

怀孕
# 077天 准妈妈唱儿歌：《小星星》

儿歌很适合用来做胎教。准妈妈一定听过英国儿歌《小星星》（王雨然填入中文歌词），现在，让我们一起唱起来吧！

## 小星星

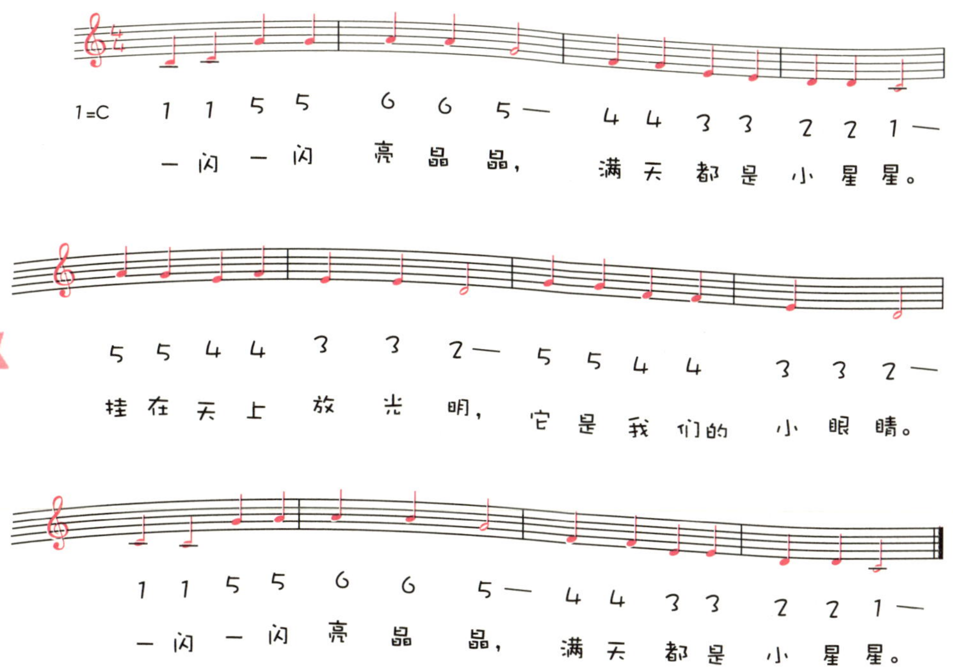
1=C
1 1 5 5 6 6 5— 4 4 3 3 2 2 1—
一闪一闪亮晶晶，满天都是小星星。
5 5 4 4 3 3 2— 5 5 4 4 3 3 2—
挂在天上放光明，它是我们的小眼睛。
1 1 5 5 6 6 5— 4 4 3 3 2 2 1—
一闪一闪亮晶晶，满天都是小星星。

怀孕 078 天

# 画出心中宝宝的模样

准爸爸妈妈想知道未来宝宝的模样吗？发挥自己丰富的想象力，为腹中的胎宝宝画张可爱的像吧。

**第一步：画脸的轮廓**

如果妈妈脸形是圆形、爸爸是长方形，就按照两者取中的程度来画宝宝的脸形。

**要点：**一般来说，宝宝的脸形会略呈圆形。所以即使妈妈或爸爸的脸形是国字形或细长形，也可以适度画得丰满些。只要抓住两人脸形中的特点，就可以画出长相相似的宝宝的脸形了。

**第二步：画出头发**

可以根据想象和希望画一个男宝宝或女宝宝。头发的特征是细细软软的、比大人头发的颜色要浅一些。重点是要用细线。

**要点：**尽可能画出轻飘飘的感觉，要能加上妈妈或爸爸的头发生长位置以及额头等的特点就更好了。

**第三步：画出五官**

在脸的中间用十字线分割，以十字线为基准，来画。在横线下方，竖线两侧的位置要用虚线画出眼睛；眉毛最好画得不要太显眼，才更显可爱；在十字线的竖线上画出鼻子。与眼睛一样用虚线小小地勾画出鼻子的轮廓；然后是画嘴，即在下颚附近的竖线上小小画出嘴部轮廓，从而能加强可爱的印象。

怀孕 079 天

# 名画欣赏：《倒牛奶的女人》

准妈妈静下心来欣赏一幅维米尔的《倒牛奶的女人》，画中人物宁静自然的神情，也会让胎宝宝真切感受到那种清新、安详。

画面上描绘了简陋厨房的一角，早晨的阳光透过窗子照射进来。穿着黄色上衣，系着蓝色围裙的淳朴妇人正在把陶罐里的牛奶缓缓倒下。她神态平静、安详，流露出一种庄重肃穆的神态。铺着桌布的桌子静静地放在那里，上面还摆放着粗糙的面包和一个水壶。墙壁上挂着一个竹筐和一个老式的油灯。

整个画面统一在清新静谧的氛围中，妇人倒着的牛奶似乎永远都在流着，时间仿佛都停止了，在这透明的宁静和谐中，人被一种淡泊平静的东西感动，人的灵魂不自觉中得到了净化。

画家有着敏锐和精细的观察力，运笔细腻，妇人围裙的一角绾在了上面，围裙显出褶皱的线条，红罐子上的小亮点，甚至桌布磨平的一角都被画家刻画得具体、形象。

画面上的光线处理得很柔和，窗外的晨光清清淡淡地照在室内的物体上，自然、平静。色彩的处理也很到位，妇人衣服的白色、黄色、蓝色构成了主色调，三种颜色互相映衬、对比而又调和适中，让人感到柔和、明快。桌子上黄色的面包、蓝色的台布、白色的牛奶与妇人衣服的颜色一一对应。整个画面的色彩和谐而温暖，洋溢着浓厚的生活气息。

怀孕080天

# 幽默绕口令准妈妈说

准妈妈午睡后，吃点水果、点心。然后，坐在舒适的沙发上，给胎宝宝说一说幽默、有趣的绕口令，让胎宝宝在快乐中得到良好的发育、成长。

## 六十六头牛

六十六岁的陆老头，
盖了六十六间楼，
买了六十六篓油，
养了六十六头牛，
栽了六十六棵垂杨柳。
六十六篓油，堆在六十六间楼；
六十六头牛，扣在六十六棵垂杨柳。
忽然一阵狂风起，
吹倒了六十六间楼，
翻倒了六十六篓油，
折断了六十六棵垂杨柳，
砸死了六十六头牛，
急煞了六十六岁的陆老头。

## 八座屋

八只小白兔，
住在八棱八角八座屋。
八个小孩要逮八只小白兔，
吓得小白兔，
不敢再住八棱八角八座屋。

**今日提醒**

每段绕口令准妈妈可以反复地给胎宝宝说，一方面加深自己的印象，另外，也会在胎宝宝的大脑中留下记忆。

怀孕 081 天

# 欣赏世界风光：荷兰

准妈妈与胎宝宝一同欣赏荷兰的美丽风光吧，悉心感受风车、郁金香带来的美。

荷兰全称尼德兰王国，位于欧洲西偏北部，是著名的欧亚大陆桥的欧洲始发点，是世界有名的“低地之国”。该国的围海造田工程享有盛誉。荷兰以海堤、风车、郁金香和宽容的社会风气而闻名。

人们常把荷兰称为“风车之国”，由于荷兰坐落在地球的西风带，一年四季盛吹西风。同时它濒临大西洋，又是典型的海洋性气候国家，海陆风长年不息。这就给缺乏水力、动力资源的荷兰，提供了利用风力的优厚补偿。

目前，荷兰大约有两千多架各式各样的风车。荷兰人很喜爱他们的风车，在民歌和谚语中常常赞美风车。风车的建筑物总是被打扮得漂漂亮亮的。每逢盛大节日，人们会在风车上围上花环，悬挂国旗和硬纸板做的太阳和星星。

有一种风景，静静地竖立在地平线上，远远望见，仿佛童话世界一般，那一刻便注定你不能忘记，不能忘记她底衬的国度：这就是风车，荷兰的风车。

郁金香是荷兰种植最广泛的花卉，也是荷兰的国花。它象征着美好、庄严、华贵和成功。在荷兰有一个关于郁金香来历的传说：古代有位美丽的少女住在雄伟的城堡里，三位勇士同时爱上了她，一个送她一顶皇冠，一个送给她一把宝剑，另一个送了一块金子。但她对谁都不钟情，只好向花神祷告。花神深感爱情不能勉强，便将皇冠变为鲜花，宝剑变成绿叶，金子变球茎根，这样合起来便成了一朵美丽的郁金香。

怀孕082天

# 泰戈尔诗歌欣赏：《仙人世界》

今天，给准妈妈推荐一篇泰戈尔的诗歌《仙人世界》，与胎宝宝一起欣赏吧。

泰戈尔是具有巨大世界影响的作家。他共写了50多部诗集，被称为“诗圣”。写了12部中长篇小说，100多篇短篇小说，20多部剧本及大量文学、哲学、政治论著，并创作了1500多幅画，谱写了很多的歌曲。1913年荣获诺贝尔文学奖。

他的作品反映了印度人民在帝国主义和封建种姓制度压迫下要求改变自己命运的强烈愿望，描写了他们不屈不挠的反抗斗争，充满了鲜明的爱国主义和民主主义精神，同时又富有民族风格和民族特色，具有很高的艺术价值，深受人民群众喜爱。

其创作多取材于印度现实生活，反映出印度人民在殖民主义、封建制度、愚昧落后思想的重重压迫下的悲惨命运，描绘出在新思想的冲击下印度社会的变化及新一代的觉醒，同时也记载着他个人的精神探索历程。在创作技巧上，他既吸收民族文学的营养，又借鉴西方文化的优点，艺术成就颇高。特别是他的诗歌格调清新、诗句秀丽、想象奇特、韵律优美、抒情气息浓郁，同时又饱含深邃的哲学与宗教思想、社会与人生理想，扣动着读者的心弦。

## 仙人世界

如果人们知道了我的国王的宫殿在哪里，它就会消失在空气中的。

墙壁是白色的银，屋顶是耀眼的黄金。

王后住在有七个庭院的宫苑里，她戴的一串珠宝，值得整整七个王国的全部财富。

不过，让我悄悄地告诉你，妈妈，我的国王的宫殿究竟在哪里。

它就在我们阳台的角上，在那栽着杜尔茜花的花盆放着的地方。

公主躺在远远的隔着七个不可逾越的重洋的那一岸沉睡着。

除了我自己，世界上便没有人能够找到她。

她臂上有镯子，她耳上挂着珍珠，她的头发拖到地板上。

当我用我的魔杖点触她的时候，她就会醒过来，而当她微笑时，珠玉将会从她唇边落下来。

不过，让我在我的耳朵边悄悄地告诉你，妈妈，她就住在我们阳台的角上，在那栽着杜尔茜花的花盆放着的地方。

当你要到河里洗澡的时候，你走上屋顶的那座阳台来罢。

我就坐在墙的阴影所聚会的一个角落里。

我只让小猫儿跟我在一起，因为它知道那故事里的理发匠住的地方。

不过，让我在你的耳朵边悄悄地告诉你，那故事里的理发匠到底住在哪里。

他住的地方，就在阳台的角上，在那栽着杜尔茜花的花盆放着的地方。

**心灵驿站**

作者想象出了王宫中的国王、皇后、公主、理发匠以及宫殿的模样和施展的魔法。那句：“在那栽着杜尔茜花的花盆放着的地方。”的话是贯穿全文的线索，给文章增添了一种神秘感，更能吸引人的注意力，增强了文章的可读性。每每阅读泰戈尔的作品，总有一种舒畅无比的感觉，似乎一股清新的风拂过我们的脸。

怀孕 083 天

# 成语故事：悬梁刺股

做任何事情都要付出勤奋和努力。准妈妈通过讲悬梁刺股的故事，传递给胎宝宝一种学习的精神和意志。

东汉时期，有一个著名的政治家，名叫孙敬。孙敬年轻时勤奋好学，经常关起门来，独自一人孜孜不倦地读书，每天从早到晚，常常是废寝忘食。读书时间一长，非常劳累了，他还不休息。时间久了，疲倦的孙敬直打瞌睡，他怕影响自己的读书学习，就想出了一个特别的办法。古时候，男子的头发很长。于是，他找一根绳子，一头牢牢地绑在房梁上，另一头绑在自己的头发上。当他读书疲劳打盹时，头一低，绳子就会牵住头发，这样会把头皮扯痛，人马上就会清醒，然后，再继续读书学习。这就是孙敬“悬梁”的故事。

战国时期，也有一个著名的政治家，名叫苏秦。年轻时，由于学问不够深厚，他到好多地方做事，都不受重视。回家后，家人对他也很冷淡，瞧不起他。这对他的刺激很大。此后，苏秦下定决心，发奋读书。他常常读书到深夜，非常疲倦，常打盹。于是，他也想出了一个方法，准备了一把锥子，一打瞌睡，就用锥子往自己的大腿上刺一下。这样，猛然间感到疼痛，会使自己马上清醒起来，再坚持读书。这就使苏秦“刺股”的故事。

**心灵驿站**

任何一个人的成功都离不开勤奋。自古以来，多少仁人志士，因为勤奋学习而成才，留下许多千古佳话。这些故事都告诉我们一个道理，一个人要想成功，必须有超乎常人的意志，发奋读书，勤奋学习。

怀孕 084 天

# 民间艺术：布贴画

布贴画是我国民间常见的手工艺术。准妈妈可以根据以下方法，动手制作一幅布贴画送给宝宝。

布贴画原名宫廷补绣，俗称布贴画，又叫布堆画、布贴花、布摞花，还叫拨花。底子多用白色，也可用其他颜色，视所要表现的内容而定。布贴画自然流畅、工艺精美、情趣各异、风格独特，适合装饰不同居室、场所。它作为室内装饰品和艺术礼品，在国内外备受欢迎。

**布贴画的制作方法：**

- 描图：选一幅自己喜欢的画，临摹下来，再把这幅画用复写纸翻印到硬纸板上。
- 剪纸板：沿画的轮廓线把硬纸板剪成形状各异的纸板片，注意要剪得光滑圆顺不走样，剪一块做一块。
- 剪布料：先把布料熨平，把剪好的纸板片正面涂上乳胶，粘在布料上，再把布料沿着硬纸片的形状剪下来，注意剪的时候要在纸板片周边留下2～3毫米的包边布。

- 包边：把乳胶涂抹在包边上，把留边包住纸板的边缘，捏实。留边有转弯的地方要预先剪口，弯度大的地方 剪口也要多一些。但是，被其他纸板片所叠压遮盖的部分不要包边。
- 组合：把包好的纸板片在没有包边的那面涂抹乳胶，对照图稿放到原位，叠压组合。完成后用玻璃板 等重物压平，就可以装裱了。

# Part 04

# 孕4月
# 让宝宝感受父母的爱抚

当隔着母体触摸胎宝宝的头部、臀部和身体的其他部位时，胎宝宝会做出相应的反应。胎宝宝受到准妈妈双手轻轻地抚摸之后，会有一定的条件反射，从而激发胎宝宝活动的积极性，形成良好的触觉刺激。有规律的抚摸胎教，就像准妈妈与胎宝宝对话一样，可以与宝宝形成良好的反应与互动。

怀孕 085 天

# 建筑艺术：悉尼歌剧院

悉尼歌剧院是世界艺术的殿堂，是无数艺术家向往的地方。准妈妈带胎宝宝欣赏这座建筑艺术的魅力吧！

悉尼歌剧院位于澳大利亚悉尼，是20世纪最具特色的建筑之一，也是世界著名的表演艺术中心，已成为悉尼市的标志性建筑。该歌剧院1973年正式落成，2007年6月28日被联合国教科文组织评为世界文化遗产，该剧院设计者为丹麦设计师约恩·乌松。

悉尼歌剧院不仅是悉尼艺术文化的殿堂，更是悉尼的魂魄，清晨、黄昏或夜晚，不论徒步缓行或出海遨游，悉尼歌剧院随时为游客展现不同的迷人风采。从远处看，悉尼歌剧院就好像一艘正要起航的帆船，带着所有人的音乐梦想，驶向蔚蓝的海洋。

歌剧院整个分为三个部分：歌剧厅、音乐厅和贝尼朗餐厅。歌剧厅、音乐厅及休息厅并排而立，建在巨型花岗岩石基座上，各由4块巍峨的大壳顶组成。这些“贝壳”依次排列，前三个一个盖着一个，面向海湾依抱，最后一个则背向海湾侍立，看上去很像是两组打开盖倒放着的蚌。高低不一的尖顶壳，外表用白格子釉瓷铺盖，在阳光照映下，远远望去，既像竖立着的贝壳，又像两艘巨型白色帆船，飘扬在蔚蓝色的海面上，故有“船帆屋顶剧院”之称。

约恩·乌松晚年时说，他当年的创意其实是来源于橙子。正是那些剥去了一半皮的橙子启发了他。人们将这一创意来源刻成小型模型放在悉尼歌剧院前，供游人们观赏，纪念这一平凡事物引起的伟大构想。

**心语音画**

悉尼歌剧院犹如一簇簇盛开的花朵，在蓝天、碧海、绿树的衬映下，婀娜多姿，轻盈皎洁。真美啊！

怀孕086天

# 准爸爸深情的抚摸

轻柔的抚摸，是准爸爸和准妈妈与胎宝宝最早的触觉交流。准爸爸通过手可以感受胎动的美妙，胎宝宝也可以通过温柔的爱抚感受到准爸爸的爱。

## 给予爱的抚摸

准爸爸和准妈妈一起做抚摸胎教，既可增加夫妻感情，又能与胎宝宝建立亲密关系。准爸爸亲切、温厚的大手让胎宝宝感觉到爸爸离他更近了，父亲与孩子之间的感情自然也就更深了。每天选择固定一个时间，一边听音乐，或者准妈妈讲故事，准爸爸一边给胎宝宝做按摩。真是其乐融融。

一般准爸爸的手有点粗糙，在给胎宝宝按摩前要先洗干净手，涂上润滑油再开始，开始之前，准妈妈要小解一下，避免在过程中出现不舒服，然后找一个舒服的姿势，身心愉悦地接受准爸爸的爱抚。

准爸爸用双手抚摸准妈妈的腹部，从上到下，从左至右，反复按摩，一定注意，不要太用力，否则胎宝宝会感觉不舒服。按摩5分钟休息一下。

抚摸胎宝宝的时候，要随时注意他的反应，如果胎宝宝对你的抚摸不高兴，你能感觉到他用力地蹬腿或者挣扎，这时候要马上停止。如果受到抚摸之后，过一会儿他温柔地蠕动，动作不激烈，这说明他喜欢你的表现了，持续几分钟之后可以停止。一般，胎宝宝在晚上胎动最频繁，晚饭半小时之后，抚摸就可以开始了。

在按摩过程中准爸爸慢慢感受胎宝宝有何反应，也可以幻想一下将来你的大手就要牵着一个小手，他将跟在你的身后，与你共享一场足球比赛，一种作为父亲的责任感是不是油然而生？那种饱满的喜悦感和幸福感，让准爸爸也显露出温柔的一面。而准妈妈注视着这一切，一定非常感动。

怀孕087天

# 儿歌：《世上只有妈妈好》

这是一首电影插曲（李隽青词，刘宏远曲），当年不知有多少人为电影中的主人公流下了感动的眼泪。准妈妈哼唱这首歌会让胎宝宝感受到妈妈深深的母爱。

## 世上只有妈妈好

1=C
世上只有妈妈好，有妈的孩子像块宝，
世上只有妈妈好，没妈的孩子像根草，
投进妈妈的怀抱，幸福享不了。
离开妈妈的怀抱，幸福哪里找？

怀孕 088 天

# 准妈妈跳肚皮舞

能让人们热血沸腾的肚皮舞，在准妈妈中间也是很受欢迎的，而且对准妈妈和胎宝宝都非常有益。

## 跳肚皮舞的益处

• 增强体力：通过腿部运动带动腹部活动，可以锻炼上下肢的肌肉，同时增强体力。

• 消除便秘：腹部、骨盆和括约肌充分运动，自然地刺激肠道，达到消除便秘的效果。

• 有助于自然分娩：肚皮舞可以让平时不太活动的骨盆得到锻炼，特别是随着腿部的抖动可以减缓腰部的转动，不仅锻炼到了腿部肌肉，还可以自然而然地活动括约肌，减少分娩时的腰痛和腹痛。另外，肚皮舞里有很多活动骨盆肌肉的动作，反复练习双脚并拢，脚尖向外的站立动作，或打开髋关节的平衡动作，会帮助分娩时顺利地打开关节，完成自然分娩。

## 肚皮舞音乐

对准妈妈来说，想要跳好肚皮舞，舞蹈伴随的音乐是不可缺少的，肚皮舞音乐同时也是非常好的胎教音乐，这里给准妈妈们推荐一些好听的肚皮舞音乐。

• Macarena：一首节奏偏快的舞曲，舞蹈中多结合胯部肩部的摇摆和 shimmy 等，非常能带动气氛。

• mere naseeb mein：节奏偏快，编舞的话重复的动作应该是比较多，音乐部分有女生的唱歌加上男生的说唱，是现代肚皮舞音乐的经典。

• Hatshepsut：全名是《埃及艳后》，是典型的埃及式肚皮舞音乐，节奏较慢，听音乐就能感觉到这首是配合多绕胸绕跨动作的肚皮舞音乐，妩媚妖娆。

怀孕 089 天

# 可爱的动物笑话

小动物们每天快乐地生活在森林里，有时也会闹出笑话。今天，准妈妈给胎宝宝讲几个小动物的笑话吧，让胎宝宝也感受一下动物们欢乐的世界。

## 忘交电费了

一群萤火虫在空中飞呀飞，其中有一只不发光！

另一只就好奇地问它："你怎么不亮啊？"

不发光的萤火虫幽默地答道："唉，上月忘交电费了！"

## 你跑什么

一只鸡问猪："主人呢？"猪回答："出去买蘑菇了。"鸡听后撒丫子就跑。猪说："你跑什么？"鸡说："有本事主人买粉条的时候你别跑！"

## 森林交警队

森林里最近交通经常堵塞，大家商量后组建了一个交警队。黑猫就是其中的一员，这一上路，可把它给忙坏了，看见兔子开车过来，它马上吹哨，训斥道："兔子，看你眼睛红红的，你酒后驾车？"

螃蟹的车也开过来了，它又吹哨："螃蟹，你又横穿马路！"

骑电动车的袋鼠路过，又被它拦住了："袋鼠，你以后不许骑车带小孩！"

它一瞧见乌龟，更是气不打一处来，怒道："乌龟，谁让你上快车道的？"

## 好歹有自己的房子

蜜蜂狂追蝴蝶，蝴蝶却嫁给了蜗牛。蜜蜂不解地说："蜗牛哪里比我好？" 蝴蝶回答："人家好歹有自己的房子，哪像你住在集体宿舍。"

怀孕 090 天

# 脑力锻炼：走迷宫

走迷宫有助于培养观察、思考能力以及集中注意能力，还可以提高专注力，以及加强耐心和毅力。准妈妈在锻炼自身脑力的同时，也能在潜移默化中使胎宝宝受益。

## 1. 找钥匙

粗心的小明不慎将钥匙丢了，请快来帮助他找回丢失的钥匙吧！

## 2. 小狗吃骨头

一条聪明的小狗，仅用两分钟就吃到了迷宫那头的骨头，你知道它是怎么找到的吗？

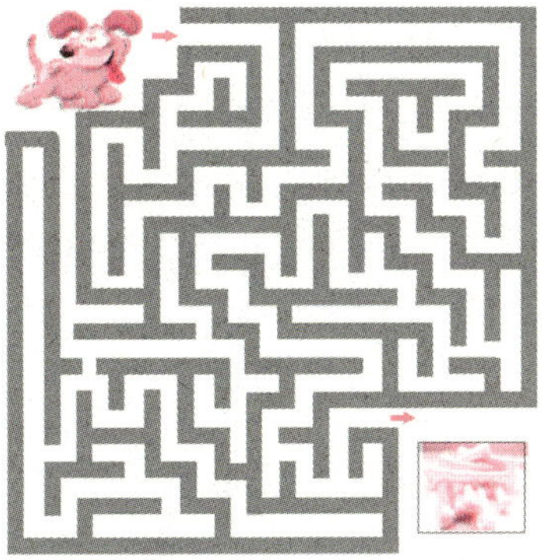

答案：1

2

怀孕 091 天

# 故事：爱迪生智救火车

准妈妈知道爱迪生是著名的科学家，但你知道他小时候智救火车的故事吗？与胎宝宝一起分享吧。

爱迪生有一个小名叫汤姆，他的邻居彼得是他的同学，因为不好好学习，上拼音课时，总是拼得牛头不对马嘴。

于是，小汤姆就教彼得“电报术”。学了一段时间后，当教师再叫彼得起立读拼音时，小汤姆就用铅笔敲击桌面，发长短音，彼得从此没有答错过。老师也没有觉察到其中的奥秘。

有一年一个冬日，小汤姆的爸爸和妹妹到外地串亲戚，打算乘这天下午五点到达的火车回家。到下午两点左右，突然狂风呼啸，大雪纷飞。小汤姆对妈妈说：“这样大的风雪，郊外的路桥会不会被风雪破坏呢？我去看看情况吧。”

小汤姆冒着特大的风雪，到郊外桥边一看，不好！桥果然断了。这时，时间已过四点半，回车站报告已经来不及了。那时还没有发明电话，这可怎么办？急得小汤姆在桥边团团打转。

他抬头一看，离桥边不远有一座小工厂。他忽然想出办法。小汤姆来到工厂，对厂长讲明原

因，向他借工厂的汽笛用。

小汤姆拉响了汽笛，那清脆的长短音就像在发电报。如果懂得电报用语的人，就会听出这样的话：“玛丽，玛丽，我是汤姆，我是汤姆，前面铁桥断了，前面铁桥断了，快请列车长停车，快请列车长停车。”

那汽笛反反复复地传播着这样的“电报”。

再说小汤姆的妹妹玛丽，平时经常和哥哥玩电报游戏，所以非常熟悉电报的收发。这时，她坐在火车上，忽然听到汽笛中带有电报的内容，就仔细地听起来。

玛丽听完后大吃一惊，忙把这“电报”的内容翻译给爸爸听。父女俩忙找到列车长。列车长虽然不懂电报用语，但事关整个列车人员的生命安全，所以他马上命令火车司机紧急刹车。火车完全停下来时，距离断桥不到一百米。

一场惊心动魄的车祸终于避免了。

**心语音画**

从小智勇双全的爱迪生，利用自己学到的知识，临危不惧，急中生智，挽救了列车和列车上所有乘客的生命，真的很了不起！我亲爱的宝宝，其实，科学就在我们每个人的身边，只要我们善于观察、开动脑筋，问题和困难会迎刃而解，一定要记住妈妈的话啊！

怀孕 092 天

# 神话故事：精卫填海

准妈妈放松一下心情，给胎宝宝讲一个“精卫填海”的故事吧。

女娃是太阳神炎帝最小的女儿，她聪明、美丽，也是炎帝最喜爱的一个孩子。这一天，女娃独自一个人驾驶着一只小船，到东海太阳升起的地方玩耍。不料，海上掀起了狂风大浪，将小船打翻了，女娃被无情的大海吞没了。

女娃死后，她的灵魂变成了一只漂亮的小鸟，每天发出“精卫、精卫”的悲鸣，所以，人们称她为“精卫鸟”。为了不让大海再夺去其他无辜的生命，精卫发誓要把大海填平。因此，她不停地从发鸠山上衔了石子、树枝，飞到东海投下去，填充大海。

大海咆哮着对精卫说：“就凭你这小小的鸟儿，也想把我填平，不是做梦吗？”

精卫回答：“哪怕是干上一千万年，一万万年，我也要将你填平！”

精卫衔呀，扔呀，成年累月，往复飞翔，从不停息。为了壮大自己填海的力量，精卫与海燕结为夫妻，不断繁衍后代，小精卫和爸爸、妈妈一样，也去衔石填海。

功夫不负有心人，通过精卫和子子孙孙的努力，泥沙在岸边沉淀下来，被人们围起来，改造成了良田。

怀孕 093 天

# 配乐诗歌诵读：《海燕》

准妈妈还记得上学时课文中的那篇高尔基的散文诗《海燕》吗？准妈妈给胎宝宝朗诵时，再配上贝多芬的《命运》交响曲，一定会有不错的胎教效果。

在苍茫的大海上，狂风卷集着乌云。在乌云和大海之间，海燕像黑色的闪电，在高傲地飞翔。

一会儿翅膀碰着波浪，一会儿箭一般地直冲向乌云，它叫喊着，——就在这鸟儿勇敢的叫喊声里，乌云听出了欢乐。

在这叫喊声里——充满着对暴风雨的渴望！在这叫喊声里，乌云听出了愤怒的力量，热情的火焰和胜利的信心。

……

狂风吼，雷声轰响

一堆堆乌云，像青色的火焰，在无底的大海上燃烧。大海抓住闪电的箭光，把它们熄灭在自己的深渊里。这些闪电的影子，活像一条条火蛇，在大海里蜿蜒游动，一晃就消失了。

——暴风雨！暴风雨就要来啦！

这是勇敢的海燕，在怒吼的大海上，在闪电中间，高傲地飞翔；这是胜利的预言家在叫喊：——让暴风雨来得更猛烈些吧！

**心灵驿站**

《海燕》既是一首色彩鲜明的抒情诗，又是一幅富有音乐节律和流动感的油画。它把诗和散文的特点结合起来，表现出诗的音乐美和绘画美，文笔粗犷、气势磅礴、色彩厚重，情感激越，给人以很强的艺术感染力。

怀孕094天

# 童话故事：海的女儿

准妈妈在柔和的灯光下，给胎宝宝讲一个脍炙人口、美丽动人的童话故事吧，在故事中领略安徒生童话艺术的魅力。

在海的远处，水是那么的蓝，像最美丽的矢车菊花瓣，同时，又是那么清澈，像明亮的玻璃。然而它又很深很深，深得任何锚链都达不到底。要想从海底一直达到水面，必须有许多许多教堂尖塔一个接着一个地联起来才可以。海底的人就住在这下面。

在一片铺满了白砂的海底，生长着好多好多奇异的树木和植物。它们的枝干和叶子是那么的柔软，只要水轻微地流动一下，它们就摇动起来。所有的大、小鱼儿在这些枝干和叶子中间游来游去，就像是天空的飞鸟，自由自在。

海里最深的地方是用珊瑚砌成的海王宫殿，那些尖顶的高窗子是用最亮的琥珀做成的，它的屋顶上铺着黑色的蚌壳，它们会随着水的流动自动地开合，非常的好看，因为每一颗蚌壳里面含有一颗颗亮晶晶的珍珠，随便哪一颗珍珠都可以成为皇后帽子上最主要的装饰品。

海王的老母亲是一个非常聪明的女人，亲自为他管理家务。她非常疼爱她的那些可爱的小孙女，她们是六个美丽的海公主，而在她们之中，那个最小的公主最美丽。她的皮肤光滑粉嫩，像玫瑰的花瓣，她的眼睛是蔚蓝色的，像最深的湖水。不过，与其他的公主一样没有腿，她们身体的下部是一条漂亮的鱼尾。

小公主对海面上的人和事充满了好奇心。终于在她十五岁的那一天，她浮上海面，看到一艘大船上人们唱歌、跳舞，正举杯为英俊潇洒的王子祝贺生日。小公主对王子一见钟情。

突然，海面上刮起了一阵狂风，把大船掀翻，王子也掉落海中，非常危险。小公主见状急忙把王子救到岸上。

这时，小公主听见脚步声，迅速躲到岩石后面。一位漂亮的姑娘看见王子躺在沙滩上便走向前去细心照顾。王子醒来后，误认为是姑娘救了自己，便微笑着说："谢谢你救了我。"躲在岩石后面小公主听后非常难过。

回到海王宫后，小公主一直思念王子。心想："我能变成人该多好啊！"于是去求助海魔女。

海魔女说：变成人可以，但如果王子和别的姑娘结了婚，你会变成泡泡而消失；另外，鱼尾变成双脚，你走路时会像走在刀尖上一样的痛；还有，就是你从此不能说话了。为了能在王子的身边，小公主喝下了魔女的药昏过去。

当小公主慢慢地睁开双眼，看见王子站在眼前。小公主想对王子说些什么，但是无法说话。王子便把小公主带回了城堡，对小公主照顾得无微不至。

不久，王子和那个他以为救了自己的姑娘举行了盛大的婚礼。小公主看到心爱的人和别的姑娘结了婚，又无法说出事情的真相，伤心地哭了。这时，从海中传来姐姐们的声音：小妹，你用这把宝剑杀死王子，用王子的血涂在你脚上，就会变回人鱼。否则明天一早，你将变成泡沫。

小公主进入王子的寝宫，看到王子熟睡的样子，怎么也下不了手。

第二天早晨，红彤彤的太阳出来了，小公主的身体慢慢地化做了许多五彩缤纷的泡泡。她看了看王子，向云彩的深处飞去！

**心灵驿站**

《海的女儿》通过美人鱼对爱情的执著追求和为爱而不惜牺牲自己生命的感人故事，表现了美人鱼对爱情的渴望和美好善良的心灵。

怀孕 095 天

# 一起猜动物

准妈妈和准爸爸的脑子转起来吧，猜猜可爱的小动物谜语，比一比谁猜对的多。

1 耳朵长，尾巴短。只吃菜，不吃饭。
2 粽子脸，梅花脚。前面喊叫，后面舞刀。
3 小姑娘，夜纳凉。带灯笼，闪闪亮。
4 一支香，地里钻。弯身走，不会断。
5 一样物，花花绿。扑下台，跳上屋。
6 沟里走，沟里串。背了针，忘了线。
7 肥腿子，尖鼻子。穿裙子，背屋子。
8 船板硬，船面高。四把桨，慢慢摇。
9 一把刀，顺水漂。有眼睛，没眉毛。
10 一星星，一点点。走大路，钻小洞。
11 脚儿小，腿儿高。戴红帽，穿白袍。
12 小小船，白布篷。头也红，桨也红。

参考答案：1兔子 2狗 3萤火虫 4蚯蚓 5猫 6刺猬 7鳖 8乌龟 9鱼 10蚂蚁 11丹顶鹤 12鹅

怀孕096天

# 问答歌童谣：什么上山吱扭扭

空气清新的公园里，准爸爸妈妈坐在长椅上，来说说有趣的问答歌童谣，胎宝宝一定会喜欢哦！

什么上山吱扭扭，车子上山吱扭扭。
什么下山乱点头，毛驴下山乱点头。
什么有头无有尾，蛤蟆有头无有尾。
什么有尾无有头，蝎子有尾无有头。
什么有腿家中坐，有腿儿的板凳家中坐。
什么没腿游汴州，没腿儿的粮船游汴州。
赵州桥什么人修，赵州桥，鲁班修。
玉石栏杆什么人留，玉石栏杆圣人留。
什么人骑驴桥上走，张果老骑驴桥上走。
什么人推车轧道沟，柴王爷推车轧了一道沟。
什么人扛刀桥上站，周仓扛刀桥上站。
什么人勒马看春秋，关公勒马看春秋。
什么人胡子一大堆，张飞的胡子一大堆。
什么圆圆在天边，月亮圆圆在天边。
什么圆圆在眼前，眼镜圆圆在眼前。
什么圆圆长街卖，烧饼圆圆长街卖。
什么圆圆道两边，车轱辘圆圆道两边。
什么开花节节高，芝麻开花节节高。
什么开花毛着腰，米树开花毛着腰。
什么开花无人见，藤子开花无人见。
什么开花一嘴毛，玉米开花一嘴毛。
什么鸟穿青又穿白，喜鹊穿青又穿白。
什么鸟穿出皂靴来，乌鸦穿出皂靴来。
什么鸟身披十样锦，野鸡身披十样锦。
什么鸟身披麻布口袋，鹦丽儿身披麻布口袋。

**今日提醒**

可以采取准妈妈问，准爸爸答的方式。再配上一首轻柔的乐曲。准爸爸妈妈有节奏的问答，效果会更好。

怀孕097天

# 美文赏析：《纸船——寄母亲》

母亲是伟大的，古往今来有很多歌颂母亲的诗文。准妈妈在即将成为母亲的时候，给胎宝宝朗读这首赞美母亲的美文吧。

## 纸船——寄母亲（作者 冰心）

我从来不肯妄弃了一张纸，
总是留着——留着，
叠成一只一只很小的船儿，
从舟上抛下在海里。
有的被天风吹卷到舟中的窗里，
有的被海浪打湿，沾在船头上。
我仍是不灰心的每天的叠着，
总希望有一只能流到我要他到的地方去。
母亲，倘若你梦中看见一只很小的白船儿，
不要惊讶他无端入梦。
这是你至爱的女儿含着泪叠的，万水千山
求他载着她的爱和悲哀归去。

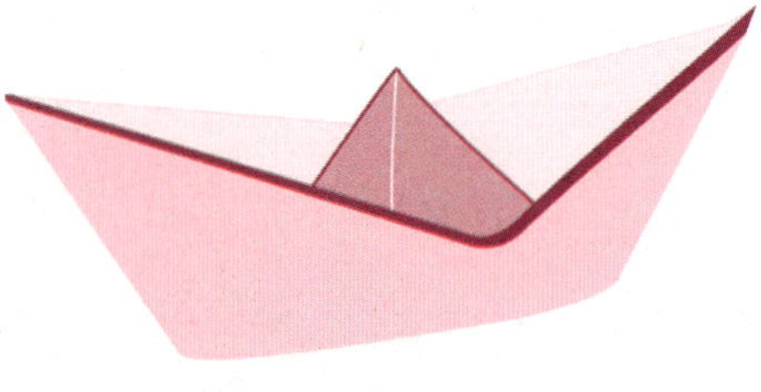

### 心灵驿站

这首诗通过“叠纸船”这充满童趣的游戏，寄托对母亲的深深思念。儿童的心灵最单纯，儿童的期冀最单一，然而，这单纯的心灵、单一的希冀所包容的孩子对母亲的情感，却是最为深厚的。多少年来，千千万万儿童、千千万万母亲为这首小诗所感动，正因为诗中“载着”那无尽的深情。

怀孕098天

# 准爸爸说开心绕口令

该轮到准爸爸给准妈妈和胎宝宝说说绕口令了，准爸爸努力吧。

## 多少罐

一个半罐是半罐，两个半罐是一罐；
三个半罐是一罐半，四个半罐是两罐；
五个半罐是两罐半，六个半罐是三满罐；
七个、八个、九个半罐，请你算算是多少罐。

## 两个排

营房里出来两个排，直奔正北菜园来，
一排浇菠菜，二排砍白菜。
剩下八百八十八棵大白菜没有掰。
一排浇完了菠菜，
又把八百八十八棵大白菜掰下来；
二排砍完白菜，把一排掰下来的八百八十八棵大白菜背回来。

## 酸枣子

山上住着三老子，山下住着三小子，山腰住着三哥三嫂子。

山下三小子，找山当腰三哥三嫂子，借三斗三升酸枣子，

山当腰三哥三嫂子，借给山下三小子三斗三升酸枣子。

山下三小子，又找山上三老子，借三斗三升酸枣子，

山上三老子，还没有三斗三升酸枣子，
只好到山当腰找三哥三嫂子，
给山下三小子借了三斗三升酸枣子。
过年山下三小子打下酸枣子，
还了山当腰三哥三嫂子，
两个三斗三升酸枣子。

怀孕 099 天

# 讲故事：阿基米德的智慧

胎宝宝你睡醒了吗？打起精神来，听妈妈给你讲一个科学家阿基米德的故事吧。

阿基米德，诞生于希腊叙拉古附近的一个小村庄。他出身名门贵族，与叙拉古的赫农王是亲戚，家庭十分富裕。阿基米德的父亲是著名的天文学家、数学家，学识渊博，为人谦逊。阿基米德从小受父亲的熏陶和影响，对数学、天文学、特别是古希腊的几何学产生了浓厚的兴趣。

阿基米德说："给我一个支点，我就能撬动地球。"赫农王一直对阿基米德的理论半信半疑。

赫农王有一条为埃及国王制造的船，体积很大，相当重，因为没有办法挪动，已经在海岸上搁浅很多天了。赫农王心想："何不让阿基米德来试一试。"

有一天，赫农王对阿基米德说："用你的智慧帮我把搁浅在海岸上的那条大船拖到大海里去吧。"

阿基米德不假思索地满口答应下来。为此，他专门设计了一套复杂的杠杆滑轮系统安装在船上，然后将绳索的一端交到赫农王手上。他让赫农王轻轻拉动绳索，奇迹出现了，大船缓缓地挪动起来，最终下到海里。

赫农王看到奇迹出现，非常惊讶，感慨地说："小小的年纪，居然有超人的智慧！"并对阿基米德十分佩服。于是，他派人在当地贴出告示："今后，无论阿基米德说什么，大家都要相信他。"

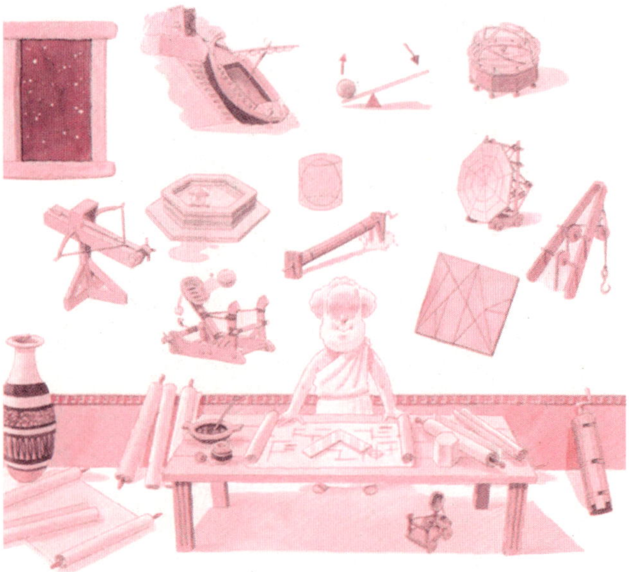

从此，赫农王对聪明、智慧的阿基米德刮目相看，疼爱有加。

又有一次，赫农王让金匠替他制作了一顶纯金的王冠，做好后，国王疑心工匠在金冠中掺了银子，但这顶金冠确实与当初交给金匠的纯金一样重，到底工匠有没有捣鬼呢？用什么办法才能检验出真假，又不破坏王冠呢？

于是，赫农王将这个难题交给了阿基米德。阿基米德绞尽脑汁、苦思冥想，用了很多的方法，但最终都失败了。

有一天，阿基米德去澡堂洗澡，当他坐进澡盆里，看到澡盆里的水往外溢，同时感到身体被轻轻托起。他突然领悟到什么，跳出澡盆，连衣服都顾不得穿好就直向王宫奔去。

阿基米德拿一块金块和一块重量相等的银块，分别放入一个盛满水的容器中，发现银块排出的水多得多。于是，阿基米德拿了与王冠重量相等的金块，放入盛满水的容器里，测出排出的水量；再把王冠放入盛满水的容器里，看看排出的水量是否一样。经过一番试验，他断定金冠中掺了银了。当他宣布他的发现时，金匠目瞪口呆。

这就是有名的浮力定律——浸在液体中的物体受到向上的浮力，其大小等于物体所排出液体的重量。后来，该定律就被命名为阿基米德定律。

**心灵驿站**

勤于动脑的阿基米德用自己的智慧为后人留下了宝贵的财富。我的宝贝，妈妈相信你也是一个聪明、智慧的孩子。

怀孕100天

# 贺知章名诗欣赏

今天，准妈妈给胎宝宝吟诵几首贺知章的诗词，体会一下其中的韵味是否与前段时间阅读的诗词有所不同。

## 回乡偶书

少小离家老大回，
乡音无改鬓毛衰。
儿童相见不相识，
笑问客从何处来。

## 望人家桃李花

山源夜雨度仙家，朝发东园桃李花。
桃花红兮李花白，照灼城隅复南陌。
南陌青楼十二重，春风桃李为谁容。
弃置千金轻不顾，踟蹰五马谢相逢。
徒言南国容华晚，遂叹西家飘落远。
的皪长奉明光殿，氛氲半入披香苑。
苑中珍木元自奇，黄金作叶白银枝。
千年万岁不凋落，还将桃李更相宜。
桃李从来露井傍，成蹊结影矜艳阳。
莫道春花不可树，会持仙实荐君王。

## 咏柳

碧玉妆成一树高，
万条垂下绿丝绦。
不知细叶谁裁出，
二月春风似剪刀。

### 心灵驿站

贺知章属于盛唐前期诗人，又是著名书法家。诗文以绝句见长，其写景、抒怀之作风格独特，清新潇洒，诗词脍炙人口，千古传诵。

怀孕101天

# 动动脑找规律

一切事物都是有规律可循的。准妈妈动脑的同时，也动动手，找出图形的规律。

1　把1～9这九个数字填入下列圆圈内，使每条横线、竖线、斜线连接起来的三个圆圈内的数之和都等于15。

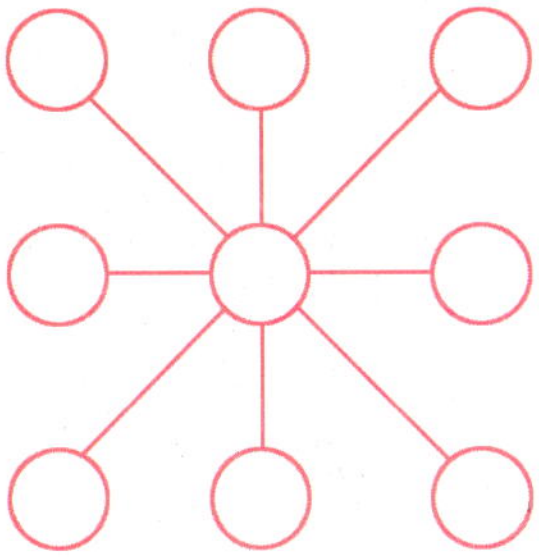

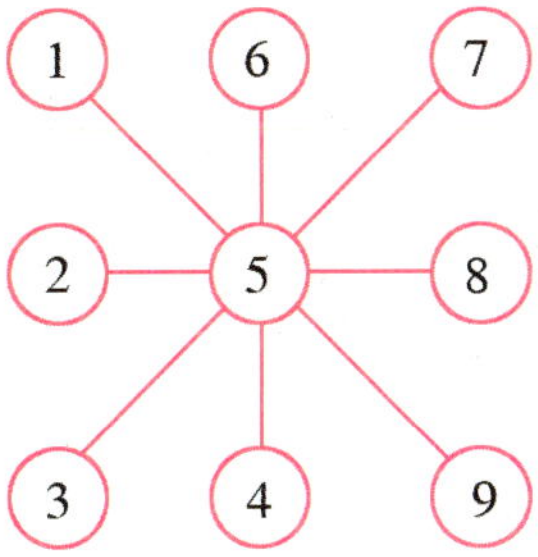


这些数中1+9=2+8=3+7=4+6=10，那么可以判断中间的公共数填5，这样每行、每列、每一斜行的数相加都是15。

2　试一试，把图中的形状继续画下去

○△□□□○△□□□

通过观察可以发现，图中的图形由○△□□□五个一组循环的不停出现，因此在后面应该继续是这五个图形交替出现，所以接下来的四个图形为○△□□

怀孕 102 天

# 名画欣赏：《圣母子》

伟大的母亲赋予了我们生命，教我们说话、走路、做人，心甘情愿地为我们付出她们的一生。今天，准妈妈和胎宝宝就来欣赏这幅《圣母子》名画吧。

拉斐尔赋予了古代美以新的生命。在他的画中，古代艺术获得了再生，并发展成一种新的不同的完美形式，拉斐尔的成就，代表了文艺复兴时期绘画的最高水平。

画中，我们看到圣母子坐在凳子上，背后是一片温柔的景色。这天，风和日丽，我们可以看到远处的山峦融进浅蓝色的天空。右边的几簇矮树丛，把我们的目光引向了山上的那座小教堂。这使我们想到年轻的母亲与她的婴儿属于宗教的世界。母亲与孩子头上环绕的两道光环，是他们圣洁的标志。拉斐尔把年轻的母亲绘得那样甜蜜，梦幻般的脸画得如此温柔，当我们看着她时，我们想到的只能是圣母。

她那双大大的眼睛好像没看任何东西，因为它们追随着她的思绪。她正在沉思，似乎没有注意到婴儿耶稣把他的小脚放在她那只搁在膝盖的手上。当我们把她的双手与脸放在一起理解的时候，我们感到她似乎已经忘记了婴儿的存在，她在想着耶稣与他的未来前程。

拉斐尔把圣母的脸画得更加温柔，看圣母子那柔和的轮廓、大大的眼睛、挺拔的鼻子和小嘴。他把古代女神的神态画得更精致、更柔和，赋予了作品以宗教的含义。

怀孕 103 天

# 古诗赏析：《春江花月夜》

《春江花月夜》是我国唐代诗人张若虚的代表作，世人称其为千古绝唱，是一篇脍炙人口的名作。今天，准妈妈就给胎宝宝吟诵一会儿吧。

## 春江花月夜

春江潮水连海平，　海上明月共潮生。
滟滟随波千万里，　何处春江无月明。
江流宛转绕芳甸，　月照花林皆似霰。
空里流霜不觉飞，　汀上白沙看不见。
江天一色无纤尘，　皎皎空中孤月轮。
江畔何人初见月？　江月何年初照人？
人生代代无穷已，　江月年年只相似。
不知江月待何人，　但见长江送流水。
白云一片去悠悠，　青枫浦上不胜愁。
谁家今夜扁舟子？　何处相思明月楼？
可怜楼上月徘徊，　应照离人妆镜台。
玉户帘中卷不去，　捣衣砧上拂还来。
此时相望不相闻，　愿逐月华流照君。
鸿雁长飞光不度，　鱼龙潜跃水成文。
昨夜闲潭梦落花，　可怜春半不还家。
江水流春去欲尽，　江潭落月复西斜。
斜月沉沉藏海雾，　碣石潇湘无限路。
不知乘月几人归，　落月摇情满江树。

**心灵驿站**

月光是一条贯穿性的线索，在诗中形成了一个情、景、理的完整境界。在这个境界中，情是升华了的情，景是奇妙的景，理是深邃的理。

怀孕 104 天

# 国学经典：《满江红》

这是一首气壮山河的词作。准爸爸用他那浑厚的声音来诵读，更能抒发岳飞扫荡敌寇、还我河山的坚定意志和必胜信念。

## 满江红·怒发冲冠

怒发冲冠，凭阑处、潇潇雨歇。抬望眼、仰天长啸，壮怀激烈。三十功名尘与土，八千里路云和月。莫等闲，白了少年头，空悲切。

靖康耻，犹未雪；臣子恨，何时灭。驾长车，踏破贺兰山缺。壮志饥餐胡虏肉，笑谈渴饮匈奴血。待从头、收拾旧山河，朝天阙。

古典诗词是我国文学遗产的重要组成部分，作为中华民族的优秀文化，汲取了古代的智慧。这首《满江红》英勇而悲壮，代表了岳飞“精忠报国”的英雄之志，表现出一种浩然正气、英雄气质，体现了岳飞报国立功的信心和乐观主义精神。

**今日提醒**

《满江红·怒发冲冠》词中“三十功名尘与土，八千里路云和月”及“莫等闲，白了少年头，空悲切”是经典词句。另外，苏轼、毛泽东、辛弃疾等大家的《满江红》词也非常著名，也可以进行诵读。

怀孕105天

# 瑜伽让准妈妈更健康

准妈妈练习瑜伽可以增强体力和肌肉张力，增强身体的平衡感，提高整个肌肉组织的柔韧度和灵活度。此外，瑜伽还有益于准妈妈改善睡眠。

## 束角式

**坐姿**：双腿弯曲，双脚脚心相对，靠近大腿根，膝盖下沉，挺直脊柱，双眼注视前方或内视鼻尖，保持稳定呼吸。

**呼气**：身体向前弯曲，尽量放低身体靠近地面，保持30～60秒吸气，还原身体，放松双腿。重复2～3遍。

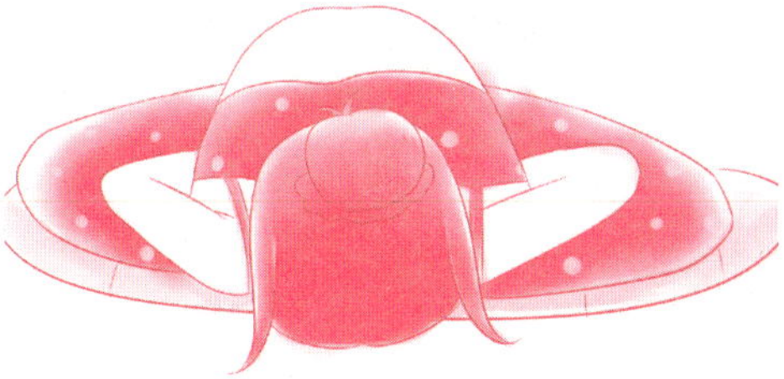

**益处**：供给骨盆、腹部、背部足够的新鲜血液，使肾脏、膀胱保持健康，促进卵巢功能。正常怀孕时每天做几次，可以减少分娩时的痛苦，还能够避免静脉曲张。

## 坐角式

坐在地面上，双腿尽量向两边打开并伸直，膝盖向下用力，脚趾向上用力保持脊柱挺直，扩展肋骨，横膈膜向上拉伸，双手放在地面上，深长呼吸呼气，身体尽量向前向下弯曲到极限，向下看，保持腰背下沉，正常呼吸保持30～60秒，还原到开始姿势，放松双腿，重复2～3遍。

**益处**：此姿势伸展腿部韧带，促进骨盆区域的血液循环，缓解坐骨神经痛，对女性很有益处。

怀孕106天

# 简笔画：画动物

准妈妈进行画画不仅能提高审美能力，使人产生美的感受，还能通过笔触和线条，释放内心情感，调节心绪平衡。

画画的时候，不要在意自己是否画得好，你可以持笔临摹美术作品，也可随心所欲地涂鸦，只要你感到快乐和满足。在绘画的过程中，你还可以向胎宝宝解释你画的内容。看看自己的笔下有没有童趣和稚拙感，你会通过笔触进入胎宝宝的世界。

可先用铅笔画，整个完成了再用彩笔或勾线笔把画画好。

## 几笔画个游动的鱼

## 几笔画个漂亮的小鹿

怀孕107天

# 豫剧名唱段：谁说女子不如男

《花木兰》是豫剧的代表剧目，这段脍炙人口的唱段，几十年来一直回响在人们耳边。准妈妈与胎宝宝一起欣赏这段经久不衰的经典唱段吧。

## 谁说女子不如男

刘大哥讲话理太偏，
谁说女子享清闲？
男子打仗到边关，
女子纺织在家园，
白天去种地，
夜晚来纺棉，
不分昼夜辛勤把活干，
将士们才有这吃和穿。
你要不相信那就往那身上看，
咱们的鞋和袜还有衣和衫，
千针万线都是她们连呐。
有许多女英雄也把功劳建，
为国杀敌是代代出英贤，
这女子们哪一点不如儿男。

### 心灵驿站

这是一段著名的豫剧唱段，表现出了女性勤劳的特点，整段唱腔富有河南的乡土气息，流畅豪迈，表现出了木兰那种女子不比男儿差的好强精神。

怀孕108天

# 书写中求得"安"心

随着时间的推移，准妈妈可能有时候会有莫名的烦恼，希望孕期尽快结束。不过，为了宝宝，一定不要心急。让我们写写大字，在书写中摒弃杂念，让自己安心。

## 书法赏"安"字

在《说文解字》中说，"安：静也，从女在宀下"。

在甲骨文中的"安"字是表示：在一间静静的小屋子里，有一个女子把手放在胸前，安详地坐着（古时候人的习惯在地上跪坐），平静而安宁，端庄而安稳。

篆体字"安"，从女在宀下，宀音为绵音，其像有如四面有墙，而上有覆盖之屋舍形，本义作"交覆深屋"解，乃交相覆盖之屋，有堂有室是为深屋。

在古时候一般都是大家族，主张"男主外，女主内"。在一家之中，女人可能是婆婆，妻子、女儿等多种角色，如果每个角色都能做到位，那么整个家族必然是繁荣的。所以在古时女性确实有维系一家安定的力量。家安国才能强盛，所以古人造"安"字有着深远意义。

虽然现在社会在发展，人类在进步，但安字依然是宀下一个女字，体现了女性在家庭幸福、社会安定中非常重要的地位。写好这个字，也会让准妈妈更好地体会字中的深远意义。

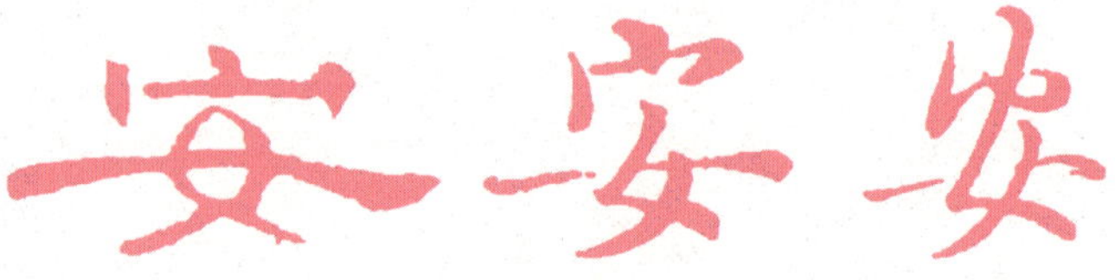

怀孕109天

# 牛顿的奇思妙想

今天，准妈妈给胎宝宝讲一讲科学家牛顿是怎样发现“万有引力”的。

牛顿出生在英国北部一个村庄的农民家庭里，他的父亲在他出生前就去世了，母亲生下他后不久就改嫁了。年幼的牛顿只好和年迈的外祖母生活在一起。虽然日子过得非常的苦，不论多难，外婆坚持供牛顿上学。喜欢动脑、动手的牛顿，没有辜负外婆的苦心，他勤奋学习，成绩非常优秀。

在牛顿住的村庄里有一个大水车，牛顿每天都要在边上看上一会儿。有一次，牛顿放学回家，想做一个小水车，于是，便一边琢磨、一边动手做起来，一阵敲敲打打之后，一个有模有样的小水车做好了。

牛顿高兴极了，拿着小水车去找小伙伴。有个伙伴说：“既然是水车，就应该放到水里让它转起来啊！”其他人拍手赞同。于是牛顿便将小水车放到水里，结果水车在水里转起来了！

牛顿在上剑桥大学时，一场可怕的瘟疫使剑桥大学被迫停课，然而在躲瘟疫的这两年里，牛顿从未放弃过读书、学习。

有一天，牛顿正坐在一棵苹果树下看书，突然“砰”的一声，一个熟透了的苹果掉下来砸到了牛顿的腿，牛顿顾不上痛，抬头呆呆地看着树上的苹果，想：为什么苹果不往天上掉，而掉到地下呢？牛顿经过不懈的努力研究终于发现了“万有引力。”由于这一重大的研究、发现，牛顿成为了举世闻名的物理学家。

**心语音画**

我亲爱的宝宝，希望你也向牛顿学习，多动脑、勤思考，在生活中看到新鲜事物，要学会多问几个为什么，没准宝宝将来也会成为一个科学家呢！

怀孕110天

# 准爸爸讲故事：狐假虎威

这是一则寓言故事。准爸爸给胎宝宝讲故事时，也要将故事中的道理讲给胎宝宝，让胎宝宝做一个能分辨真假、是非的聪明孩子。

楚国最强盛的时候，楚宣王为当时北方各国都惧怕其手下大将昭奚恤而感到奇怪。因此，他问朝中大臣，这究竟是为什么？

当时，有一位名叫江乙的大臣，向楚宣王讲述了下面这段故事：

“从前，在大山的山洞中有一只老虎，因为肚子饿了，便跑到外面寻找食物。当它走到一片茂密的森林时，忽然看到前面有只狐狸正在散步。它觉得这是个千载难逢的好机会，于是，便跃身扑过去，毫不费力地擒到了狐狸。

老虎张开嘴巴正准备把狐狸吃进肚子里，狡黠的狐狸突然说话了：‘哼！你不要以为自己是百兽之王，就敢将我吃掉，你要知道，天帝已经令我为王中之王，无论谁吃了我，都将遭到天帝极严厉的制裁与惩罚。’老虎听了狐狸的话，半信半疑，它斜过头去，看到狐狸傲慢镇定的样子，心里不觉一惊，原先那股嚣张的气焰和盛气凌人的态势，竟不知何时已经消失了大半。它仍然想：我因为是百兽之王，所以天底下任何野兽见了我都会害怕。而它，竟然是奉天帝之命来统治我们的！

这时，狐狸见老虎迟疑着不敢吃自己，知道它对自己的那一番说辞已经有几分相信了，于是，便更加神气十足地挺起胸膛，指着老虎的鼻子说：‘怎么，难道你不相信我说的话吗？那么你现在就跟我来，走在我后面，看看所有野兽见了我，是不是都吓得魂不附体，抱头鼠窜。’老虎觉得这个主意不错，便照着做了。

于是，狐狸大摇大摆地在前面开路，而老虎则小心翼翼地在后面跟着。它们没走多久，就看见森林深处有许多小动物正在那儿争相觅食，它们发现走在狐狸后面的老虎，不禁大惊失色，狂奔四散。

狐狸得意地掉过头去看老虎。老虎目睹这种情形，不禁也有一些奇怪，但它并不知道野兽怕的是自己，以为它们真的是怕狐狸呢！

最终，老虎相信了狐狸的话。狐狸的计谋得逞了，它完全是假借老虎之威，凭着一时有利的形势去威胁群兽，那只可怜的老虎被狐狸愚弄了，自己还不知道呢！

北方人民之所以畏惧昭奚恤，完全是因为大王的兵权掌握在他的手里，那也就是说，他们畏惧的其实是大王的权势呀！”

**今日提醒**

讲故事时吐字要清楚，声音要和缓，要防止平淡乏味的读书，应以极大的兴趣绘声绘色地讲述故事的内容。

怀孕111天

# 胎教手语：早上好，宝贝

准妈妈早晨起床后，与胎宝宝打招呼时加上一些手语，效果一定非同一般。

**早上：**一手四指与拇指相捏，手背向上横放胸前，缓缓向上抬起，五指逐渐张开，象征天色由暗转明。

**好：**一手握拳，向上伸出拇指。

**宝贝：**宝贝这个词也是分解动作，

第一步：右手虚握，然后甩腕，五指张开，掌心向下。

第二步：左手伸出拇指，手背向外；

第三步：右手轻拍几下左手背。

# 怀孕112天 准爸爸的歌：《一只哈巴狗》（部分）

准爸爸对准妈妈的体贴与关心，对胎宝宝的抚摸与“交谈”，都是生动有效的胎教。

## 一只哈巴狗

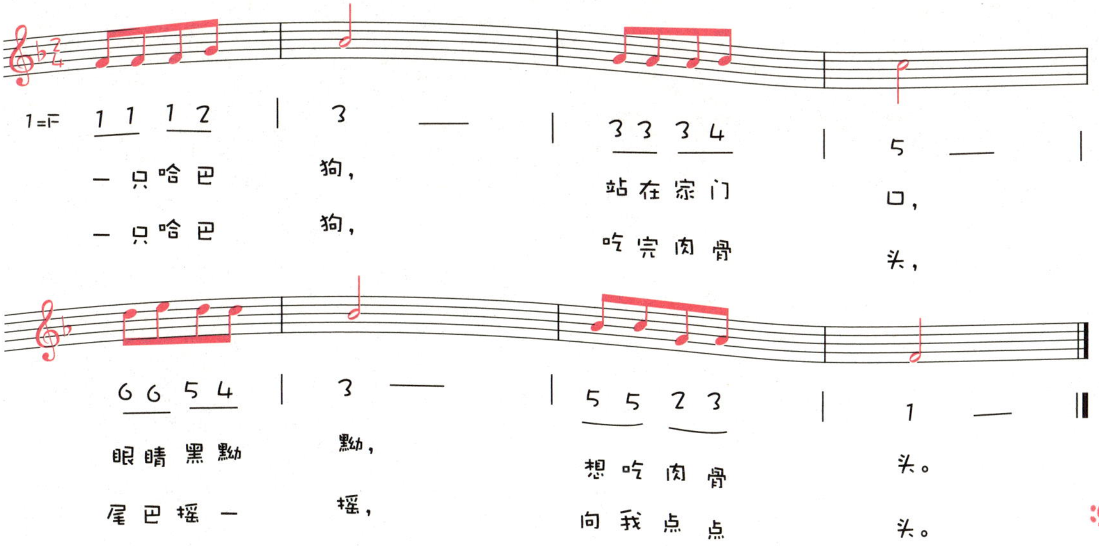
1=F
1 1 1 2 | 3 — | 3 3 3 4 | 5 — |
一只哈巴 狗， 站在宗门 口，
一只哈巴 狗， 吃完肉骨 头，
6 6 5 4 | 3 — | 5 5 2 3 | 1 — ||
眼睛黑黝 黝， 想吃肉骨 头。
尾巴摇一 摇， 向我点点 头。

# Part 05

# 孕5月
# 宝宝有了听觉反应

5个月的胎宝宝，活动开始变得更加明显和频繁，大多数准妈妈已经可以清楚地感觉到胎动。在那一刻准妈妈是否觉得无比幸福。无论哪种胎教方式，都是准爸爸和准妈妈与胎宝宝最好的沟通方式，胎宝宝的小动作会越来越多，你的亲情爱抚，一定会让胎宝宝健康成长。

怀孕113天

# 民间艺术：扭秧歌

扭秧歌是中国民间艺术，流行于我国北方汉族地区。准妈妈晚饭后，由准爸爸陪同到附近广场观看中老年人们扭秧歌，是一件很开心的事。

秧歌在中国已有千年的历史，明清之际达到了鼎盛。“秧歌”的起源，民间有一种说法是古代农民在插秧、拔秧等农事劳动过程中，为了减轻面朝黄土，背朝天的劳作之苦，而唱歌曲，渐渐就形成了秧歌。另一种说法是“秧歌”起源于抗洪斗争。古代黄河岸边的百姓为了生存，奋力抗洪，最后取得胜利，大家拿抗洪的工具当道具，唱起来，跳起来，抒发高兴的心情，随着参加人数的增多，有了舞蹈动作和舞蹈组合，逐渐就形成了秧歌。第三种说法根据《延安府志》的“春闹社，俗名秧歌”推测而来，认为秧歌可能源于社日祭祀土地爷的活动。秧歌是一种载歌载舞的综合艺术，用锣鼓等伴奏，将舞蹈、歌唱融为一体。主要有唱秧歌、扭秧歌、戏曲秧歌、戏剧秧歌四种形式。

每逢重大节日，例如新年等，城乡都组织秧歌队，大家拜年问好，互相祝福。村邻之间还会扭起秧歌，比歌赛舞。扭秧歌时人们所穿的服装色彩对比强烈，有红蓝黄绿。大家在锣鼓的伴奏声中，边歌边舞，以此抒发愉悦的心情，表达对美好生活的憧憬。

怀孕114天

# 讲笑话：校园里的故事

有些准妈妈情绪不太稳定。准爸爸给准妈妈讲一些发生在校园里的笑话故事吧，让她在欢笑中忘掉不快。

## 数学问题

在一堂数学课上，老师问学生：“谁能出一道关于时间的问题？” 话音刚落，有一个学生举手站起来问：“老师，什么时候放学？”

## 椅子是什么做的

老师正在上认字课，明明走神没有听，老师叫明明起来，指着黑板上的“木”字，问明明“这是什么字”，明明摇头不认识。于是，老师问道：“明明，你看一下小椅子是什么做的呀？”明明马上回答：“椅子是屁股坐的。”

## 词语圈套

上学的时候，同学之间经常会设下一些“套”来开玩笑。记得学《岳阳楼记》的时候，小明突然指着课本上的“刻唐贤今人诗赋于其上”一句中的“诗赋”二字问小强：“这两个字怎么念？”

小强脱口而出：“‘诗赋’啊！”

小明马上答道：“哎，徒弟！”

小强知道上当了。当下沉思片刻，然后问：“那你说这两个字怎么念？”

小明：“我不认识。”

小强早知有此一答，于是笑着说：“你也太不像话了！你连‘师傅’都不认识了！”

怀孕 115 天

# 诗歌：《假如生活欺骗了你》

准妈妈午后心情不错时，坐在舒适的沙发上，给胎宝宝读一读这篇普希金著名的诗歌吧。

## 假如生活欺骗了你（作者 普希金 翻译 戈宝权）

假如生活欺骗了你，
不要悲伤，
不要心急！
忧郁的日子里须要镇静：
相信吧，
快乐的日子将会来临！
心儿永远向往着未来；
现在却常是忧郁。
一切都是瞬息，
一切都将会过去；
而那过去了的，
就会成为亲切的怀恋。

《假如生活欺骗了你》是普希金的经典诗作。诗中体现了普希金真诚博大的情怀和坚强乐观的人生态度：当生活欺骗了你时，不要悲伤，不要心急；在苦恼之时要善于忍耐，一切都会过去，未来是幸福、美好的。生活中不可能没有痛苦与悲伤，欢乐不会永远被忧伤所淹没，快乐的日子终将到来。这是诗人对自我人生经验的总结，也是生活的真谛。

诗歌非常简单，浅显易懂，告诉了我们一个对待生活的态度，务必要积极乐观地面对生活，即在面临挫折时，一定要坚信未来会变得更好，要对生活充满信心与勇气，应以豁达乐观的态度面对现实生活。

### 心灵驿站

生活中，谁都会遇到挫折、艰辛、苦楚，需要找到一种合理的解决方式，相信不愉快的事总会过去。让心中燃起一种不灭的希望，热爱生活、追逐理想、不怕挫折与艰辛。

怀孕116天

# 有趣的手影游戏

准爸爸和准妈妈闲下来时，可以一起做手影游戏，一起回想童年的快乐时光。

手影游戏是用手做出简单的形状，在灯光的照射下将影像投射在墙上或地面上，形成有趣的形象。手影游戏可一人或两人一起做。

用手影惟妙惟肖地演绎故事，能增加故事的趣味性，增进亲子之间的感情。多做手影游戏，既能训练准妈妈手的技能，还对开发胎宝宝的智力有好处。

**玩法：**两只手或张或合，或屈或展，摆成不同的造型。靠手部动作投影的改变创造出各种不同的形象。手动影动，给手影配上音，就能在墙上上演一幕有趣的手影戏。因手影主要给儿童看，兔子、狗、猫等小朋友喜欢的动物就成了最常见的手影形象。

怀孕117天

# 寓言故事：乌鸦学唱歌

准妈妈给胎宝宝讲一个乌鸦学唱歌的故事吧，告诉胎宝宝森林里的鸟儿也会唱好听的歌。

森林里住着好多的鸟儿，它们原来都不会唱歌。直到有一天，从很远的地方飞来了一只很会唱歌的云雀，它的歌声是那么的委婉动听，感动了森林里所有的鸟。所有的鸟儿一致要求云雀教它们唱歌。云雀只好答应了。

开始教歌的第一天，云雀首先教鸟儿音符。它教一声，大家就唱一声。教了一会儿，云雀为了检验学生们学习的情况，就点着名一个个地叫它们起来唱。

第一个被点名唱歌的是乌鸦。乌鸦红着脸，扭扭捏捏地站了起来，不好意思地低声唱了起来。由于羞涩，唱出的音符走了调，大家一下子哄堂大笑。这一来乌鸦更加羞涩了，它暗地里想：真是丢人呀！丑死了！

云雀制止了大家的笑，为了纠正乌鸦的发音，它鼓励乌鸦再放开嗓音大声唱一遍。乌鸦却想：这不是存心丢我的面子吗？我才不愿再出丑呢！它一声也不吭，头也不回地飞走了。

云雀见状，只好点其他的鸟来唱。其他的鸟儿开始唱时也走调，也同样闹笑话，但却都没有像乌鸦那样飞走，而是总结经验，耐心地跟着云雀学了下去。

经过不懈努力，所有的鸟都学会了唱歌，唯独飞走的乌鸦到现在还不会唱歌。

**心灵驿站**

因为爱面子，乌鸦没有坚持跟云雀学习，所以，到现在都没学会唱歌。这个故事告诉我们，在困难面前只有坚持不懈、付出努力，才会有收获。

怀孕118天

# 世界风光：普罗旺斯

普罗旺斯的美景令人迷醉。薰衣草在夏日的微风中舞动，一定会给准妈妈带来那种恬静的感受。

普罗旺斯是欧洲的“骑士之城”，位于法国东南部，毗邻地中海和意大利。

普罗旺斯最令人心旷神怡的是它的空气中总是充满了薰衣草、百里香、松树的香气。这种独特的自然香气是其他地方所没有的。当地人大都钟爱薰衣草。充足灿烂的阳光最适宜薰衣草的成长，加上当地人对薰衣草香气以及疗效的重视，在普罗旺斯可以看到紫色的薰衣草花海翻腾的迷人画面。旅行是为了摆脱生活的桎梏，普罗旺斯会让你忘掉一切。

除了看薰衣草外，普罗旺斯最有意思的是很多各有特色的古老小镇。阿尔勒小镇是非常值得游览的地方。古老的阿尔勒镇子虽然不大，但可观光的景点很多，如与意大利圆形竞技场齐名的古罗马剧场遗迹、具有古典式钟楼的圣特罗菲姆教堂、让人们了解阿尔勒风土人情的博物馆等。

普罗旺斯还是塞尚、凡·高、莫奈、毕加索、夏卡尔等艺术家曾驻足，并开创了自己艺术生命新篇章的地方。

在美食方面，普罗旺斯最大的优势在于农产品丰富，新鲜的蔬菜水果、橄榄油、大蒜、海鲜、香料组合成食客的天堂。

整个普罗旺斯地区因极富变化而拥有不同寻常的魅力——天气阴晴不定，时而暖风和煦，时而海风狂野，地势跌宕起伏，平原广阔，峰岭险峻，寂寞的峡谷，苍凉的古堡，蜿蜒的山脉都在这片土地上演绎万种风情。

**心语音画**

宝宝啊！在蓝天、白云、阳光、古堡、向日葵的映衬下，那一片片随风起伏的紫色熏衣草花田、一座座绿意浓浓的葡萄园……景色如此美丽，真是让人流连忘返。

怀孕 119 天

# 胎教百科：种子传播的奥秘

准爸爸准妈妈，你们知道植物是如何繁殖的吗？让我们与胎宝宝一起走进大自然，去观察植物的传播方式吧！

## 种子传播的途径

一般来说，种子的传播途径主要有四种：动物传播、风传播、水传播和弹射传播。

## 动物传播

人和动物的某些活动常常有意无意地帮助植物传播种子。比如，鬼针草、苍耳这种植物的果实会挂在你的衣裤上，仔细察看它的刺毛顶端，会发现上面带有倒钩，可以牢牢钩住人的衣物，不易脱落，让人在不知不觉中为它的种子传播尽义务。

还有些鸟爱吃的一些植物的果实，它们的种子皮都比较坚硬，不易被消化，当鸟排粪便时，种子也被排出来，在新的地方发芽生长。

秋天来啦！松树妈妈结满一树松果，它请来小松鼠，摘下它的小娃娃，把它们埋进土里，孩子们就迎着春风渐渐长大！

樱桃妈妈有一个好办法，它把自己的种子送给小鸟们，小樱桃子在小鸟的肚子里睡觉，小鸟儿们会为它们找好了崭新的家！

## 风传播

有些种子会长出翅膀状或羽毛状的附属物，乘风飞行。在植物园常见的有翅种子有青枫、印度紫檀等。具有羽毛状附属物种子的大多为草本植物。另外有些细小的种子，它的表面积与重量的相对比例较大，种子也能够随风飘散。

蒲公英是多年生草本植物。它的果实像一个个白色的绒球，当冠毛展开时，就像一把把降落伞，随风飘扬，将种子四处传播。

你知道柳絮飞扬的奥秘吗？抓一团柳絮仔细观察，会发现里面有些小颗粒，那就是柳树的种子。柳树就是靠柳絮的飞扬，把种子传播到四面八方的。

## 水传播

靠水传播的种子其表面有蜡质不易沾水，果皮含有气室，比重较水低，可以浮在水面上，经由溪流或是洋流传播。此类种子的种皮常具有丰厚的纤维质，可防止种子因浸泡、吸水而腐烂或下沉。海滨植物，如棋盘脚、莲叶桐、榄仁，就具有典型靠水传播的种子。

水流也是传播种子和果实的一种途径。大雨常常把许多果实和种子冲到别的地方。椰子不怕水浸，又能浮水，它能够漂洋过海，热带的岛屿和海岸都长有椰子。

## 弹射传播

有的植物靠机械方式将种子散播出去，酢浆草便是其中一例，它是一种很普通的野生杂草，开小黄花，花后结具五棱的蒴果，成熟时，果沿室背开裂，果壳卷缩将种子弹出，抛射至远处。

凤仙花的果实也会弹裂，把种子弹向四方，这是机械传播种子的又一例。

一些植物还具备自动播种的特殊装置，有一种名为“喷瓜”的植物，它会结出带有毛刺的其貌不扬的小瓜，你可知道它的奥秘？当瓜成熟时，只要稍有触动，它便会脱落，并在瞬间从顶端将瓜内的种子喷射出去，射程可达 6 米，“喷瓜”也因此得名。

**心灵驿站**

植物妈妈有神奇的本领，能让孩子们去四面八方旅行，并在新的土壤中生根、发芽、开花、结果。准妈妈也要像植物妈妈一样，不断学习，为培养宝宝打好基础。

# 怀孕120天 准妈妈吟唱：《找朋友》

日益增大的腹部会给准妈妈的日常生活和工作带来不便，使准妈妈出现烦躁情绪。让我们一起唱这首《找朋友》，赶走心中的不快。

## 找朋友

1=C 2/4
5 6 5 6 | 5 6 5 | 5 i i 6 |
找呀 找呀 找 朋 友，找 到 一 个
5 5 3 | 5 5 3 3 | 5 5 3 |
好 朋 友。敬 个 礼 呀，握 握 手，
2 4 3 2 | 1 1 1 | 0 0 ‖
你 是 我 的 好 朋 友！（喊）再 见！

怀孕121天

# 人间瑰宝——青花瓷

准爸爸妈妈经常与胎宝宝对话，能促进其出生以后语言能力的发展。今天，就让中华民族的传统文化给胎宝宝以美的熏陶吧。

中国是瓷器的故乡，瓷器的发明是中华民族对世界的伟大贡献。在英文中“瓷器（china）”与“中国（China）”同为一词。

人们都知道，青花瓷是景德镇四大传统名瓷之一，是典雅素静的人间瑰宝。古色古香的青花瓷，浓妆淡抹的釉色渲染，美得让人惊艳。青花瓷的由来还有着动人的故事呢：

相传镇上有个刻花的青年工匠，名叫赵小宝。小宝有个未婚妻名叫廖青花。青花为了找石料而牺牲了生命。从此，小宝潜心研制画料，他将青花采挖的石料研成粉末，配成颜料，用笔蘸饱，画到瓷坯上。经高温焙烧后，白中泛青的瓷器上出现了青翠欲滴的蓝色花纹，青花瓷便从此诞生。

青花瓷的出现，突破了我国瓷器以单色釉为主的框框，把瓷器装饰推进到釉下彩绘的新时代，形成了鲜明的景德镇瓷器之风格。后人为了纪念廖青花，遂把画在瓷器上的这种蓝花称为“青花”，把描绘这种蓝花的彩料称为“青花料（廖）”。这两种叫法，一直沿至今天。

**今日提醒**

在欣赏青花瓷时，准妈妈不要搬提那些过大或过重的青花瓷器皿，以免出现意外。

怀孕 122 天

# 胎教手语：你真可爱

准妈妈讲话的声音对胎宝宝有很好的安抚作用，因此，准妈妈要多和胎宝宝说话，通过有趣的胎教游戏，增加与胎宝宝的互动。

在日常生活中，准妈妈可以随时用温柔的声音向胎宝宝“介绍”亲朋好友，告诉他大家都很喜欢他。胎宝宝若经常听到准妈妈的声音，出生后，对妈妈所说的话会有安全感，准妈妈对胎宝宝的爱在孕期可以通过声音表达出来。所以，请准妈妈告诉胎宝宝：“你真可爱。”

**你**：一手食指指向腹部。

**真**：一手食指弹打一下另一手食指。

**可爱**：一手五指伸直，指尖向上，然后拇指不动，其余四指弯动几下；一手轻轻抚摸另一手拇指指背，表达“怜爱”的感情。

怀孕123天

# 一起说说顺口溜

为了更好的实施语言胎教，准爸爸准妈妈不妨选择一些有趣的话题通过语言传递给胎宝宝，以刺激他的思维和好奇心。

## 年糕，水饺

新年到，包水饺，家家户户做年糕。
蒸好年糕下水饺，吃着水饺瞧年糕。
年糕爽口吞下枣，牙齿咯噔差点掉。
水饺吃出金元宝，元宝红包买书包。
看灯猜谜放鞭炮，年糕年糕年年高。

## 小雪花

小雪花，飘呀飘，大地树枝披白袍，
我来扫出一条路，大家走路滑不倒。

## 长颈鹿

长颈鹿，个子高，细长脖子摇呀摇，
要吃树叶真方便，伸出脖子吃个饱。

## 小青蛙

小青蛙，呱呱呱，白白肚皮大嘴巴，
捉害虫，本领大，小朋友们爱护它。

### 今日提醒

胎宝宝在准妈妈的腹中是可以“学习”的，只是胎宝宝这时候的学习不同于出生后的学习，准爸爸准妈妈要通过语言给胎宝宝潜移默化的影响。经常和胎宝宝对话，对胎宝宝的成长具有非常重要的意义。

怀孕 124 天

# 成语故事：凿壁借光

阅读产生的愉悦感可以通过准妈妈的神经传递给胎宝宝，对胎宝宝的脑部发育产生积极的刺激。给胎宝宝讲讲《凿壁借光》的故事，激发胎宝宝学习的欲望。

汉朝时，有个少年叫匡衡，非常勤奋好学。由于家里很穷，他上不起学，还要帮家里干活，所以，白天根本没时间看书学习，想利用晚上的时间学习，又买不起蜡烛。他的邻居家非常富有，匡衡想借邻居家的一寸之地学习，可邻居瞧不起他这样的穷人，还挖苦他，匡衡很受打击，下定决心把书读好。

匡衡回到家中想了个晚上可以看书的办法，他悄悄地在墙壁上凿了个小洞，邻居家的烛光就从这洞中透过来了。他借着这微弱的光线，如饥似渴地读起书来，渐渐地把家中的书全都读完了。

匡衡读完家中的书，深感自己掌握的知识远远不够，便给一个大户人家做雇工，他对主人说，不要任何报酬，只要让他读他家的书。主人听后被匡衡渴望知识的精神所感动，于是答应了他的要求。后来，匡衡成了大文学家。

**心灵驿站**

宝宝，你将来一定要珍惜学习的机会，刻苦学习，努力发奋，学习匡衡持之以恒的精神，一定要取得好成绩，做一个对社会有用的人。

怀孕 125 天

# 准妈妈练练瑜伽

瑜伽是非常适合准妈妈的运动，能帮助准妈妈缓解孕期身体和心理的不适，促进胎宝宝运动神经的发育。

## 瑜伽体式：鱼式

体式作用：头部放松，放松颈椎，缓解胸部的胀痛。

1. 躺地，脚心相对，膝盖向旁边打开，手脚在臀部下方。

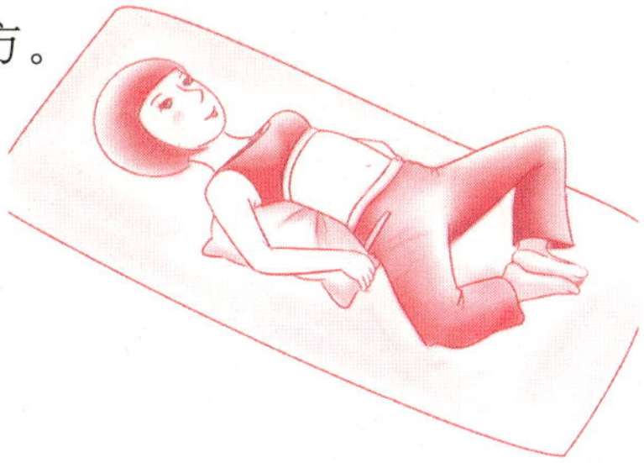

2. 呼气，把胸抬起，肘部撑地，颈椎向后拉长，头顶轻轻落地。

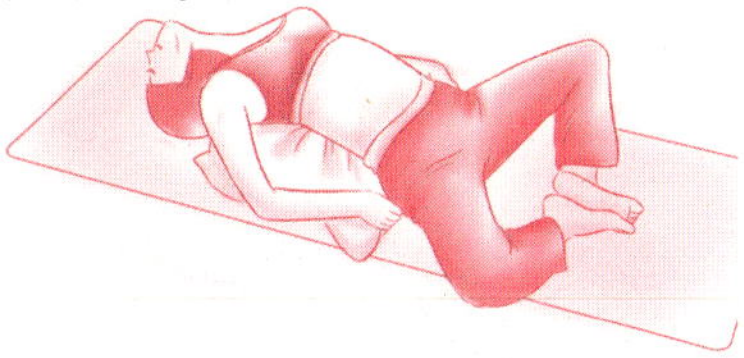

3. 呼气，头先抬高地面，放平，缓缓下落。

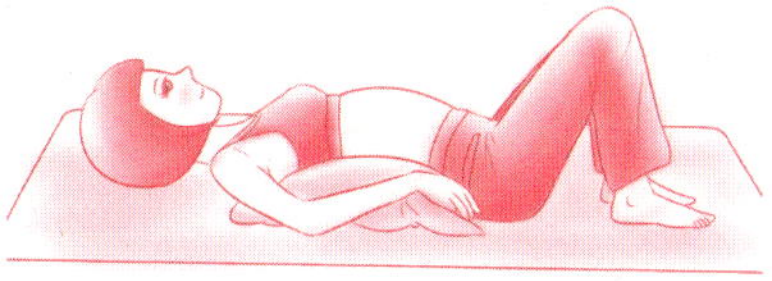

## 瑜伽体式：猫式

体式作用：柔软脊椎，减缓偏头疼，滋养生殖系统。

1. 两腿膝盖跪地，与肩同宽；两臂向前撑地，五指张开。

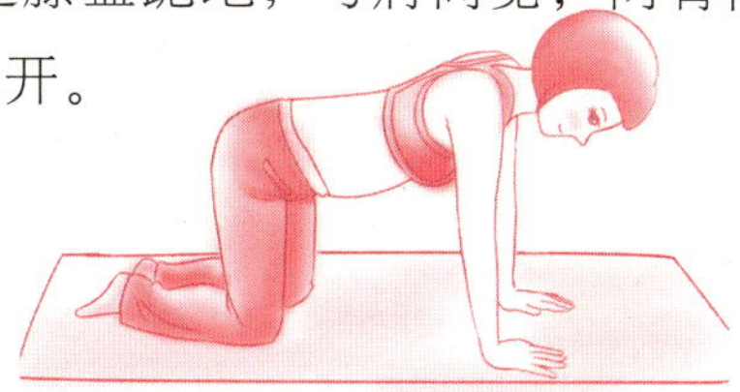

2. 吸气，伸展脊椎，抬头抬臀。

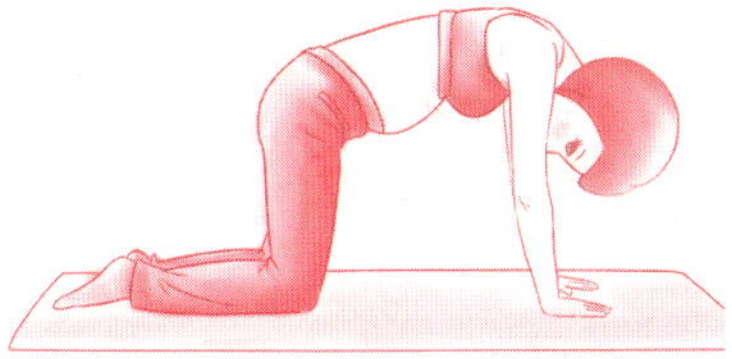

3. 呼气，弓起后背，低头，收尾骨。

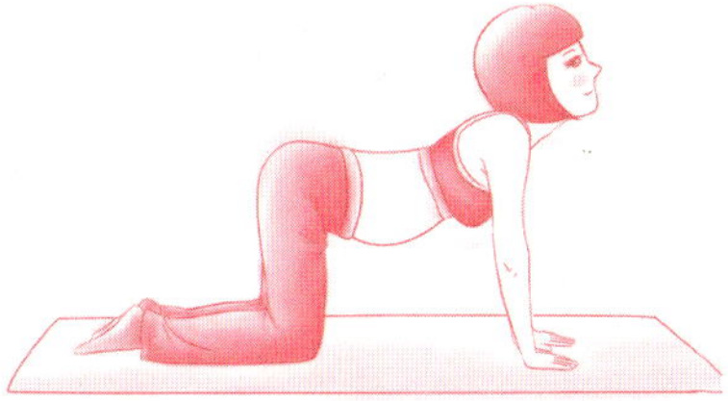

怀孕
126
天

# 童心童谣：可爱的小老鼠

在很多童谣里，老鼠是很可爱的小动物。准妈妈听听、唱唱这些童谣，让宝宝也感受一下这些可爱的小老鼠是怎样调皮的。

## 小老鼠，上灯台

小老鼠，上灯台，
偷油吃，下不来。
喵喵喵，猫咪来，
叽里咕噜滚下来。

## 一只小老鼠

一只小老鼠，瞪着小眼珠，
呲着两只小牙，长着八字胡，
一只小花猫，喵喵喵喵喵 ，
吓得老鼠赶快往回跑。

## 小老鼠打电话

小老鼠，打电话，
找个朋友过家家，
电话本呀手中拿。
5432678
小老鼠喂喂喂，请你快到我的家。
小花猫喵喵喵，马上就到你的家。
咦？朋友怎么会是他？
哦！原来号码拨错了！

怀孕127天

# 古筝名曲：《渔舟唱晚》

准妈妈在睡前，舒舒服服地躺在床上欣赏这首音乐，可让自己的思绪沉静到夜晚的水波上，仿佛在渔舟的摇曳中静静地入睡。

娄树华先生的《渔舟唱晚》，是中国古筝艺术史上划时代的作品，它是以古曲《归去来辞》为素材，发展编创而成的，它充分发挥了古筝的弹按技巧和声韵配合的妙用，诗情画意，切题发挥，是一首雅俗共赏的佳作。

《渔舟唱晚》是一首众所周知的优美绝伦的乐曲，用准确的音乐语言勾画出波光粼粼、白帆点点的生动画面。在我们的眼前展现了夕阳西下，湖光山色，风景如画的时刻，渔翁荡桨归舟的悠然低吟以及渔船满载丰收的喜悦、百舟竞归的欢乐场景都洋溢在乐曲中。作者以此表达对祖国大好山河的赞美和热爱。

乐曲开始，以优美典雅的曲调、舒缓的节奏，描绘出一幅夕阳映照万顷碧波的画面。接着，逐层递降，音乐活泼而富有情趣。采用五声音阶的回旋，环绕一段优美的旋律层层下落，此旋律不但风格性很强，且十分优美动听，确有“唱晚”之趣。最后先递升后递降的旋律接合成一个循环圈，并加以多次反复，速度逐次加快，表现了心情喜悦的渔民悠然自得，片片白帆随波逐流，渔舟满载而归的情景。

**今日提醒**

《渔舟唱晚》是一首著名的古筝名曲。古筝独特的古典婉约，不仅勾勒出夕阳西下水波荡漾的美景，还将渔民的满足、喜悦之情细致入微地传递给聆听音乐的人们。

怀孕 128 天

# 智慧故事：瓦特与蒸汽机

相信准妈妈对火车、轮船并不陌生，今天，给胎宝宝讲一个《瓦特与蒸汽机》的故事吧。

在英国，有一个叫格林诺克的小镇，镇上的每户人家都会生火烧水做饭。

镇上有一个叫瓦特的小男孩，在厨房里看祖母做饭。灶子上做着一壶开水，水慢慢沸腾，壶盖啪啪啪作响，不停地往上跳动。瓦特观察好半天，感到很奇怪，自言自语说："是什么原因使壶盖不停地跳动呢？"

祖母回答说："因为水开了，所以，壶盖就会跳动。"

瓦特对祖母的回答还是不满足，又追问："为什么水开了壶盖就跳动？是什么东西推动它呢？"

祖母实在是太忙了，没有工夫回答瓦特的问题，便不耐烦地说："不知道，小孩子刨根问底地干什么。"

瓦特在祖母那里没有找到答案，反而受到了祖母的批评，心里很不舒服，可他仍然不灰心。

连续几天，每当做饭时，他就蹲在火炉旁边细心地观察。他发现，起初壶盖很安稳，隔了一会儿，水要开了，就会发出哗哗的响声，壶里的水蒸气冒出来，推动壶盖跳动。蒸汽不住地往上冒，壶盖也不

停地上下跳动着。

瓦特高兴得几乎叫出声来，他把壶盖揭开盖上，盖上又揭开，反复验证。他还把杯子、调羹遮在水蒸气喷出的地方。

瓦特终于弄明白了，是水蒸气在推动壶盖跳动，这水蒸气的力量还真不小呢。

水蒸气推动壶盖跳动的物理现象，不正是瓦特发明蒸汽机的认识源泉吗?

1769 年，瓦特把蒸汽机改成发动力较大的单动式发动机。后来又经过多次研究，他完成了新的蒸汽机的试制工作。机器上有了联动装置，把单式改为旋转运动，完善的蒸汽机发明成功了。

由于蒸汽机的发明，加之英国当时煤铁工业的发达，所以英国就成为世界上最早利用蒸汽推动铁制“海轮”的国家。随之而来，煤矿、工厂、火车也全应用了蒸汽机。体力劳动解放了，经济发展了。这不能不说是蒸汽机发明的成果。当然也是蒸汽机的发明家瓦特的功劳。瓦特在世界上享有盛名。

**心语音画**

瓦特为人类前进开辟了新的里程。他的一生十分重视学习和实践。学习,丰富了他的智慧；实践,结出了丰硕的成果。我亲爱的宝宝，“世上无难事，只怕有心人。”你要学习瓦特打破砂锅问到底的精神，学好本领，造福人类。

怀孕129天

# 动脑对对联

准妈妈一边念，一边开动脑筋对下联。准妈妈勤动脑，胎宝宝更聪明，现在准妈妈就开动脑筋来试着对几个对联吧。

1. 上联：开口便笑，笑古笑今凡事付之一笑
2. 上联：开花芝麻——步步高
3. 上联：处处红花红处处
4. 上联：雪映梅花梅映雪
5. 上联：静泉山上山泉静
6. 上联：上海自来水来自海上
7. 上联：山羊上山，山碰山羊角
8. 上联：松叶竹叶叶叶翠
9. 上联：无锡锡山山无锡

今日提醒

对对联基本格律六要素，一般认为：字数相等，内容相关，词性相当，结构相称，节奏相应，平仄相谐。

下联参考答案：1 大肚能容，容天容地与己何所不容 2 出土甘蔗——节节甜 3 重重绿树绿重重 4 莺宜柳絮柳宜莺 5 清水塘里塘水清 6 山东落花生花落东山 7 水牛下水，水没水牛腰 8 秋声雁声声声寒 9 平湖湖水水平湖

怀孕130天

# 了解自然现象：极光

极光是怎样形成的？在何时、何地才能观赏到大自然中这独特的绚丽色彩？准妈妈和宝宝一起了解一下奇妙的极光。

极光是由于太阳的带电粒子（太阳风）进入地球磁场，在地球南北两极附近地区的高空，有时夜间出现的灿烂美丽的光辉。在南极称为南极光，在北极称为北极光。极光多种多样，五彩缤纷，形状不一，绮丽无比，在自然界中还没有哪种现象能与之媲美。任何彩笔都很难绘出在严寒的两极空气中嬉戏无常、变幻莫测的炫目之光。

极光有时出现时间极短，犹如节日的焰火在空中闪现一下就消失得无影无踪，有时却可以在苍穹之中辉映几个小时，有时像一条彩带，有时像一团火焰，有时像一张五光十色的巨大银幕，仿佛上映一场球幕电影，给人以美的享受。

极光是一种大自然的天文奇观，它没有固定的形态、颜色也不尽相同，以绿、白、黄、蓝居多，偶尔也会呈现艳丽的红紫色。只有在严寒的秋冬夜晚，高纬度的地区，才有机会目睹极光。一般来说，极光可分为弧状极光、带状极光、幕状极光、放射状极光等四种。

极光最常出没在南北纬度67°附近的两个环状区域内，分别称作南极光区和北极光区。北半球以阿拉斯加、加拿大北部、西伯利亚地区、格陵兰冰岛南端与挪威北海岸为主；而南半球则集中在南极洲附近。

怀孕131天

# 读读经典绕口令：青蛙

绕口令是一种锻炼口头表达能力和反应能力的方式，准妈妈经常练习能使口齿清晰，反应灵敏，对胎宝宝语言能力的发育很有益处。

## 数青蛙

一只青蛙一张嘴，
两只眼睛四条腿，
扑通一声跳下水。
两只青蛙两张嘴，
四只眼睛八条腿，
扑通扑通两声跳下水。
三只青蛙三张嘴，
六只眼睛十二条腿，
扑通扑通扑通三声跳下水。
四只青蛙四张嘴，
八只眼睛十六条腿，
扑通扑通扑通扑通四声跳下水。

## 花青蛙

花青蛙，叫呱呱，
西瓜地里看西瓜，
西瓜夸青蛙背背花，
青蛙夸西瓜长得大。

怀孕 132 天

# 中国传统节日：春节

春节是中国最隆重、最热闹的一个传统节日，也是中国人独有的节日。节日期间都有什么有意思的事情呢？准妈妈快来给胎宝宝讲一讲。

在千百年的历史发展中，庆贺春节形成了一些较为固定的风俗习惯，如贴对联、窗花、年画，扫尘，蒸年糕，守岁，放爆竹，拜年等。

有民谣曰：“二十三，祭灶官；二十四，扫房子；二十五，磨豆腐；二十六，去割肉；二十七，杀只鸡；二十八，蒸枣花；二十九，去打酒；年三十儿，捏造鼻儿（饺子）；大初一，撅着屁股乱作揖儿。”

春节在中国还代表辞旧迎新，也象征着未来命运的改变。除夕夜，全家人聚在一起吃饺子是一件充满趣味的事儿，因为人们常常将糖果、花生、枣、栗子和钱币等包进饺子里。吃到糖果的人，寓意来年的日子更甜美、幸福；吃到花生的人寓意将健康长寿；吃到枣和栗子的人寓意早生贵子；吃到钱币的人，则预示着来年财源滚滚。

在春节这一传统节日期间，我国的汉族和大多数少数民族都要举行庆祝活动，这些活动大多以祭祀神佛、祭奠祖先、除旧布新、迎禧接福、祈求丰年为主要内容。活动形式丰富多彩，带有浓郁的民族特色。2006 年 5 月 20 日，“春节”民俗经国务院批准列入第一批国家级非物质文化遗产名录。

**今日提醒**

硬币上会有很多细菌，有些细菌是冲不掉、煮不死的，也就是说常规化的清洗与加热对杀灭包在饺子中硬币上的细菌是没有效果的，所以，春节吃包着硬币的饺子是不卫生的。

怀孕 133 天

# 亲情吟唱：《小蜜蜂》

准妈妈可以边唱边想象漂亮的小蜜蜂，飞在美丽的山林里，唱着欢快的歌自由自在的场景，胎宝宝一定能感受到这种欢乐。

## 小蜜蜂

1=C
5 3 3 | 4 2 2 | 1 2 3 4 | 5 5 5 |
小蜜蜂 嗡嗡嗡，大家一起 来做工。
5 3 3 | 4 2 2 | 1 3 5 5 | 3 — |
来匆匆 去匆匆，做工兴味 浓。
2 2 2 2 | 2 3 4 | 3 3 3 3 | 3 4 5 |
天暖花开 不做工，将来哪里 能过冬？
5 3 3 | 4 2 2 | 1 3 5 5 | 1 — ‖
快做工 快做工，别学懒惰 虫。

怀孕 134 天

# 百科知识：有趣的大象

准妈妈应尽量广泛阅读各类书籍，轻轻抚摸胎宝宝，用你母性特有的温柔，给胎宝宝讲讲关于陆地上最大却很友善的动物——大象吧。

大象有着长长的象牙，脚掌上有厚厚的软垫，长长的鼻子除了闻气味，还可以捡东西。可是，你知道吗，大象妈妈的怀孕期是最长的，大约要22个月，很辛苦呢。小象胚胎需要大约16个星期才能长出象鼻子，光是长象鼻子，就要用近1年的时间。还有，小象出生后，一直吃母乳大约3～5年，直到它的弟弟或妹妹出生，它可真够幸福的。

刚出生的小象非常重，有100千克左右。在小象出生的时候，其他大象都会站在附近保护，直到它能够站起来走路为止。而且，当走到水深的地方时，成年大象会把小象举起来并且往前推，帮助小象过河。

大象生长得很慢，但是寿命也很长，可以活到60～80岁。小象有的时候会躺在地上睡觉，但成年后大多站着睡觉。一只成年大象每天排出的粪便重量可能比一个5岁的小朋友还要重。

大象的身体就像一堵墙，腿大得像柱子，耳朵就像芭蕉扇，但是，大象却长着一条小尾巴，不停的左右摇摆，给自己驱赶身上蚊虫，最有趣的是大象长着一条万能的鼻子，粗而不笨，灵活有力，几百斤的木头它能用鼻子轻轻举起，大象的鼻子比人类的手还要灵活。

**心灵驿站**

大象聪明、温顺，是人类的好朋友。大象既在物质上帮助了人类的生活，又在精神上成为人类的崇拜物，还给人们带来欢乐。

怀孕 135 天

# 准爸爸讲故事：小红帽

今天，轮到准爸爸给胎宝宝讲故事了，选一个《小红帽》的故事吧，胎宝宝一定喜欢。

从前，有个可爱的小姑娘，大家都很喜欢她，她的外婆更是喜欢的不得了，小姑娘要什么外婆就给她什么。一次，外婆送给小姑娘一顶用丝绒做的小红帽。帽子戴在她的头上非常漂亮，从此，大家便叫她“小红帽”。

一天，妈妈对小红帽说：“来，小红帽，外婆生病了，我做了一些好吃的，你快给外婆送去吧。路上要小心哟！”

小红帽对妈妈说：“放心吧妈妈，我会小心的。我去看外婆啦！”说完小红帽就高兴地走了。

外婆住在村子外面的森林里，离小红帽家有很长一段路。小红帽刚走进森林就碰到了一只狼。小红帽不知道狼是坏家伙，所以一点也不怕它。

狼说：“你好，小红帽！要到哪里去呀？”

小红帽说：“我要到外婆家去。外婆生病了，我给她带了好吃的东西。”

“你外婆住在哪里呀，小红帽？”狼问。

小红帽说：“外婆的房子就在三棵大树下，低处围着核桃树篱笆。”

狼想：这小东西细皮嫩肉的，味道肯定比那老太婆要好。我要讲究一下策略，让她们两个相信我。

于是它对小红帽说：“小红帽，你看周围这些花多么美丽啊！还有这些小鸟，它们唱得多么动听啊！采点花给你外婆带去吧，她一定会很开心的。”

小红帽想："是啊，这些花这么漂亮，也许我该摘一把鲜花给外婆，让她高兴高兴。现在天色还早，我不会去迟的。"她于是离开大路，走进林子去采花。她每采下一朵花，总觉得前面还有更美丽的花朵，便又向前走去，结果一直走到了林子深处。

这时候，狼跑到外婆家，假装小红帽敲开了外婆的房门。狼进屋后二话没说就冲到外婆的床前，把外婆吞进了肚子。然后穿上外婆的衣服，戴上她的帽子，躺在床上。

过了一会儿，小红帽拿着一大束漂亮的花来到了外婆家，走到外婆的床边，狼从被子里一下子扑起来，一口就把小红帽吞进了肚子，狼满足了食欲之后便重新躺到床上睡觉，而且鼾声震天。

一位猎人从外婆门前走过，看外婆家的门是打开的，觉得很奇怪，于是，便走进去查看，却看见狼躺在床上，肚子还在动，于是，猎人拿起一把剪刀，动手把呼呼大睡的狼的肚子剪了开来。他刚剪了两下，就看到了红色的小帽子。他又剪了两下，小姑娘便跳了出来，叫道："真把我吓坏了！狼肚子里黑漆漆的。"接着，外婆也活着出来了，

小红帽和外婆都被救了出来，这时候猎人搬来几块大石头，塞进狼的肚子。狼醒来之后想逃走，可是那些石头太重了，它刚站起来就跌倒在地。三个人高兴极了。

**心灵驿站**

漂亮的小红帽和外婆被花言巧语的狼欺骗、上当，差点断送了性命。我亲爱的宝贝，不管将来遇到什么事情，都要多动脑，三思而后行，避免上当受骗。

怀孕136天

# 静坐：简单有效的运动方式

静坐能缓解因怀孕带来的心理压力，进而使胎宝宝的身心更为健康。通过静坐，准妈妈和胎宝宝都能受益、改善身心。

**静坐的姿势：**可以把两腿自然交叉盘坐在一起，脊梁直竖，两手心向上，把右手背平放在左手心上面，两个大拇指轻轻相触；左右两肩稍微张开，使其平整适度，下腭内收，但不是低头，稍微压住颈部左右两条大动脉管的活动即可；双目微张，目光随意确定在座前两三米处，或者微闭；舌头轻微舔抵上腭。静坐时注意力要集中，可以集中想一件事，这件事情可以是一个很美的自然场景，如海边，草地上，花丛中，用五官充分去感受，找身临其境的感觉。也可以专注于呼吸，去聆听均匀呼吸所产生的韵律，或者凝视一点烛光，当持续专注于一件事物时便实现了静坐。每天睡前只需花十分钟就能完成这套静坐功课。

静坐时，尽可能解开身上所有的束缚，轻松舒坦地练习静坐，最好穿着舒适透气的衣服，不要穿紧身衣。还要注意静坐的环境，一般选择安静、空气流通的地方，房间灯光必须柔和，不宜太亮。留意不要让冷气或风直接吹到身上，同时特别注意身体的保暖。

静坐时，周围比较安静，因此，准妈妈的感觉会变得比较敏感，应该避免干扰，如电话、门铃声突然响起。

**今日提醒**

在静坐时，准妈妈要特别注意腿部和膝部的保暖。静坐时，腿部与膝部较易受寒，可以盖上一条毛毯或薄被，避免寒气侵入。

怀孕137天

# 准妈妈动手：拼图游戏

准妈妈可以购买一些可爱的拼图，回家后慢慢拼成美丽的图画送给出生后的宝宝，这是非常有意义的一件事。

拼图游戏变化多端，难度不一，让人百玩不厌。每一片拼图都有自己的位置，就像每段回忆都有它自己的故事，你要将它放在专属的地方，放对了就慢慢丰富起来，放错了就无法完整。

**拼图组合方法：**

- 事先准备好一张比拼后的图片尺寸略大的厚纸板，垫在拼图下面，防止拼图散落及遗失。
- 先找出一边及两边是直线的片数，将画面的四边组合起来，再逐步拼画面中心，可减少拼图的时间。
- 在拼图时，如果拼图与拼图无法紧密结合，或色调有差异（尤其在处理同色系画面时，更需注意），不要强行拼合，请准妈妈再花点功夫找出正确的拼图。

经过耐心、细致的拼合，一件作品就要完成了，准妈妈是不是很自豪呢？

准妈妈也可以以自然树叶为原料，发挥想象力，自由构图，拼出各种动物、人物等充满童趣的图画。由于树叶往往是就地取材，且每一片树叶都有不同的色彩、亮度、形状、透明度等，因此树叶拼图别有一番趣味，就算是相同的树叶，让不同的人来拼，100 个人就有 100 种拼法，可以说，树叶拼图就是一种自由发挥想象力的拼图游戏。

怀孕 138 天

# 经典诵读：《弟子规》（节选）

《弟子规》是一部广为流传的儿童启蒙读物。今天，准妈妈给胎宝宝朗诵其中的一段，让胎宝宝潜移默化地接受礼仪规范的教育。

## 入则孝

父母呼　应勿缓　父母命　行勿懒
父母教　须敬听　父母责　须顺承
冬则温　夏则凊　晨则省　昏则定
出必告　反必面　居有常　业无变
事虽小　勿擅为　苟擅为　子道亏
物虽小　勿私藏　苟私藏　亲心伤
亲所好　力为具　亲所恶　谨为去
身有伤　贻亲忧　德有伤　贻亲羞
亲爱我　孝何难　亲憎我　孝方贤
亲有过　谏使更　怡吾色　柔吾声
谏不入　悦复谏　号泣随　挞无怨
亲有疾　药先尝　昼夜侍　不离床
丧三年　常悲咽　居处变　酒肉绝
丧尽礼　祭尽诚　事死者　如事生

## 出则悌

兄道友　弟道恭　兄弟睦　孝在中
财物轻　怨何生　言语忍　忿自泯
或饮食　或坐走　长者先　幼者后
长呼人　即代叫　人不在　己即到
称尊长　勿呼名　对尊长　勿见能
路遇长　疾趋揖　长无言　退恭立
骑下马　乘下车　过犹待　百步余
长者立　幼勿坐　长者坐　命乃坐
尊长前　声要低　低不闻　却非宜
进必趋　退必迟　问起对　视勿移
事诸父　如事父　事诸兄　如事兄
……

## 信

凡出言　信为先　诈与妄　奚可焉
话说多　不如少　惟其是　勿佞巧
刻薄语　秽污词　市井气　切戒之
见未真　勿轻言　知未的　勿轻传
事非宜　勿轻诺　苟轻诺　进退错
凡道字　重且舒　勿急疾　勿模糊
彼说长　此说短　不关己　莫闲管
见人善　即思齐　纵去远　以渐跻
见人恶　即内省　有则改　无加警
惟德学　惟才艺　不如人　当自励
若衣服　若饮食　不如人　勿生戚
闻过怒　闻誉乐　损友来　益友却
闻誉恐　闻过欣　直谅士　渐相亲
无心非　名为错　有心非　名为恶
过能改　归于无　倘掩饰　增一辜

## 泛爱众

凡是人　皆须爱　天同覆　地同载
行高者　名自高　人所重　非貌高
才大者　望自大　人所服　非言大
己有能　勿自私　人所能　勿轻訾
勿谄富　勿骄贫　勿厌故　勿喜新
人不闲　勿事搅　人不安　勿话扰
人有短　切莫揭　人有私　切莫说
道人善　即是善　人知之　愈思勉
扬人恶　即是恶　疾之甚　祸且作
善相劝　德皆建　过不规　道两亏
凡取与　贵分晓　与宜多　取宜少
将加人　先问己　己不欲　即速已
恩欲报　怨欲忘　报怨短　报恩长
待婢仆　身贵端　虽贵端　慈而宽
势服人　心不然　理服人　方无言
……

### 心灵驿站

《弟子规》所讲的道理是圣人的训诲，每个人都要重德、崇德、立德、尚德、明德、修德、厚德。通过反复诵读《弟子规》，从中学会做人处事的道理。

怀孕139天

# 寓言故事：狼来了

诚实是良好的品质。在午后的阳光下，准妈妈给胎宝宝讲个《狼来了》的故事，教胎宝宝将来做一个诚实的好孩子。

从前，有个放羊的孩子，每天都去山上放羊。一天，他觉得十分无聊，就想了个捉弄大家寻开心的主意。他向着山下正在种田的农夫们大声喊：“狼来了！狼来了！快救命啊！”农夫们听到喊声放下手里的活，急忙拿着锄头和镰刀往山上跑，他们边跑边喊：“不要怕，孩子，我们来帮你打恶狼！”农夫们气喘吁吁地赶到山上，连狼的影子也没看到。放羊的孩子看到大家跑上山来，便哈哈大笑地说：“真好玩，你们都上当了，没有狼，我跟你们开玩笑呢！”农夫们听后生气地走了。

第二天，放羊的孩子在山上故伎重演，善良的农夫们又冲上来帮他打狼，可还是没有见到狼的影子。放羊的孩子笑得直不起腰：“哈哈！你们又上当了！哈哈！”大伙儿见放羊的孩子一再地说谎，十分生气，从此，再也没人相信他的话了。

过了几天，放羊的孩子照常在山上放羊，没想到这回狼真的来了，狼一下子闯进了羊群。放羊的孩子害怕极了，拼命地向山下种田的农夫们喊：“狼来了！狼来了！快救命呀！狼真的来了！”农夫们听到他的喊声，以为他又在说谎欺骗大家，谁也没有理睬，更没有人去帮他，结果放羊的孩子许多羊都被狼咬死了。

怀孕 140 天

# 读国学经典《论语》（节选）

《论语》主要记载孔子及其弟子的言行。它不仅是道德和文化的重要载体，而且是古代圣哲修身明德、体道悟道、天人合一的智慧结晶。

## 学而篇第一

子曰："学而时习之，不亦说乎？有朋自远方来，不亦乐乎？人不知而不愠，不亦君子乎？"

有子曰："其为人也孝弟，而好犯上者，鲜矣；不好犯上，而好作乱者，未之有也。君子务本，本立而道生。孝弟也者，其为仁之本与！"

## 译文

孔子说："学习知识而又经常温习和练习，不是很高兴吗？有志同道合的朋友从远方来，不是很令人快乐吗？人家不了解我，我并不恼怒，不也是一个有道德的君子吗？"

有子说："做人，孝顺父母，尊敬兄长，而喜好冒犯长辈和上级的人，是很少见的；不喜好冒犯长辈和上级，而喜好造反作乱的人，是没有的。君子要致力于根本，根本确立了，仁道也就在心里扎下了根。孝顺父母，敬爱兄长，这两种品德就是行仁道的根本吧！"

## 解析《论语》

《论语》一书，篇幅不长，却出现了很多重复的章节。其中有字句完全相同的，如"巧言令色鲜矣仁"一章，先见于《学而篇第一》，又重出于《阳货篇第十七》；"博学于文"一章，先见于《雍也篇第六》，又重出于《颜渊篇第十二》。又有基本上是重复只是详略不同的，如"君子不重"章，《学而篇第一》多出十一字，《子罕篇第九》只载"主忠信"以下的十四个字；"父在观其志"章，《学而篇第一》多出十字，《里仁篇第四》只载"三年"以下的十二字。这种现象只能作一个合理的推论：孔子的言论，当时弟子各有记载，后来才汇集成书。所以《论语》一书绝不能看成某一个人的著作。但《论语》中所记孔子循循善诱的教诲之言，或简单应答，或启发论辩，富于变化，娓娓动人，教给了后人许多为人处世的道理。

# Part 06

# 孕6月
# 与胎宝宝亲密接触

这一时期是胎宝宝大脑发育的关键时期，准妈妈一定要保持旺盛的求知欲，对胎宝宝实施多样化的胎教，使胎宝宝不断接受良好、有效的刺激，促进大脑神经和细胞的发育。准妈妈一定要勤于动脑，你的一举一动能对深居腹中的胎宝宝起到潜移默化的作用。

怀孕141天

# 电影欣赏：《欢乐满人间》

今天给准妈妈推荐一部电影——《欢乐满人间》，影片情节温馨、感人、有趣。生活中处处都有快乐的片段，准妈妈赶快与胎宝宝一起来欣赏吧。

故事发生在1910年的伦敦，班克斯先生是一名银行职员，而班克斯太太则醉心于女权运动，公务缠身的两人顾不上照料膝下的一双儿女麦克和珍妮，只有请保姆代劳，可是，夫妻两人并不知道的是，古灵精怪的兄妹俩，哪里是普通的保姆能够招架的了的！

一位名叫玛丽的漂亮姑娘来到了班克斯家应聘保姆的职位，她刚刚出场就给麦克和珍妮留下了深刻的印象。原来，玛丽是一位仙女，她的到来让两个孩子重新感受到了亲情和友情，这让班克斯先生和太太明白了什么才是生命中最重要的东西，如何向子女表达爱心，并开始了解除了钱以外，还有很多值得珍惜的东西。看到这个家庭的变化，玛丽感到十分欣慰。

本片对那些崇尚金钱至上的人具有极强的讽刺意义。片中演员将各自的角色表演得淋漓至尽，震撼人心。

**心灵驿站**

这是一部让心灵充满感动与力量的电影，其中的每个情节都透露出对生活的热爱和对人性的探讨，主人公的纯洁与善良一直在感动着我们。

怀孕 142 天

# 民间艺术：苏绣

苏绣以清新淡雅、秀丽巧妙著称。准妈妈欣赏这精美绝伦的民间艺术，是否为工匠们高超的技艺折服呢？

苏绣是指苏州刺绣，是中国四大名绣之一，已有2500多年历史。由于受江苏地区经济、文化、习俗、艺术的熏陶，具有独特的地域风格和不衰的艺术魅力，成为吴文化不可分割的一部分。伴随着社会的发展，苏州刺绣也经历了由民间绣到闺阁绣、由闺阁绣到宫廷绣、从日用品到艺术欣赏品、从单面绣到双面绣的演进过程。

苏绣的发源地在苏州吴县一带，该地临太湖，气候温和，盛产丝绸。当地妇女素来擅长绣花。优越的地理环境，绚丽丰富的锦缎，五光十色的花线，为苏绣发展创造了有利条件。在长期的历史发展过程中，被誉为“东方明珠”。

苏绣作品的主要特点为：山水能分远近之趣；楼阁具现深邃之体；人物能有瞻眺生动之情；花鸟能报绰约亲昵之态。苏绣具有图案秀丽、构思巧妙、绣工细致、针法活泼、色彩清雅的独特风格，地方特色浓郁。

苏绣按品种分，可分为双面绣、单面绣。按表现内容分，可分为人物、宠物、花鸟、风景、静物、特色建筑物。绣者需将一根头发粗细的绣花线分成多达四十八分之一的细线绣，并将千万个线头、线结藏匿得无影无踪，令整幅绣品无论从哪一面看，绣面始终平整光滑，图案始终栩栩如生。

怀孕143天

# 童话故事：卖火柴的小女孩

准爸爸利用周末时光，带着准妈妈和胎宝宝到环境优美、空气清新的郊外，在绿绿的草地上坐下来，讲一讲下面的故事。

这是一年的大年夜，鹅毛般的大雪纷纷扬扬地从天空中飘落下来，天气寒冷。一个卖火柴的小女孩穿着又旧又破、打着补丁的衣服，又冷又饿，风吹得她瑟瑟发抖。她的口袋里装着许多盒火柴，一路上不停地叫着："卖火柴呀，卖火柴呀！"人们都在买节日的食品和礼物，又有谁会理她呢？她没有卖掉一根火柴。

渐渐地街上的行人越来越少，最后只剩下小女孩一个人了。街边的房子里都亮起了灯光，窗子里还传出了笑声。食品铺里飘出了烤鹅的香味，小女孩饿得肚子咕咕直叫。她好想回家，可是没卖掉一根火柴，她拿什么去给妈妈买药呢？

小女孩一整天都没吃没喝，饿得实在走不动了。她靠在一个墙角坐下来。天气真冷啊，小姑娘快要冻僵了。她看着没卖出去的火柴，心想：要是点燃一根小小的火柴，也可以暖暖身子呀。于是抽出了一根火柴，在墙上一擦，小小的火苗冒了出来，多么温暖呀！她仿佛觉得自己坐在火炉旁。她刚想伸出脚暖和一下，火苗熄灭了，火炉不见了。

她又擦了一根，火苗发出亮亮的光。墙变得透明了，她仿佛看见房间里的桌上铺着雪白的台布，上面放满了各种各样好吃的东西。一只肚子里填满苹果和梅子的烧鹅突然从盘子里跳出来和几只面包摇摇晃晃地向她走来。然而就在这时，火柴又熄灭了。

她又擦了一根，一朵光明的火焰花开了出来，多么美丽的圣诞树呀，树上挂着许多彩色的圣诞卡。树上还点着几千支蜡烛，一闪一闪地好像星星在向她眨眼问好。小女孩把手伸过去，唉，火柴又熄灭了，周围又是一片漆黑。

小女孩又擦了一根火柴，她看到一片烛光升了起来，变成了一颗颗明亮的星星。有一颗星星落下来了，在天上划出一条长长的火丝。“又有一个人要死了。”小女孩说。因为疼爱她的奶奶曾经告诉过她：一颗星星落下来，就有一个灵魂要到上帝那儿去了。

她又在墙上擦着了一根火柴。这一回，火柴把周围全照亮了。奶奶出现在亮光里，是那么温和、慈爱。“奶奶”小女孩扑进了奶奶的怀抱。“奶奶，请把我带走吧，我知道，火柴一熄灭，您就会像那暖和的火炉、喷香的烤鹅、美丽的圣诞树一样不见的！”小女孩把手里的火柴一根接一根地擦亮，因为她非常想把奶奶留下来。奶奶把小女孩抱起来，搂在怀里。她们两人在快乐中飞起来了。她们越飞越高，飞到那没有寒冷，没有饥饿，也没有痛苦的地方去了。火柴熄灭了，四周一片漆黑，小女孩幸福地闭上了眼睛。

新年的早晨，雪停了，暖暖的太阳升起来了，照得大地金灿灿的。

**心灵驿站**

《卖火柴的小女孩》是安徒生的代表作品之一。通过这个故事，我们看到了一个小女孩的悲惨命运。希望出生后的宝宝珍惜美好、幸福、快乐的时光。

怀孕144天

# 名曲欣赏：《鳟鱼》

听一首舒伯特的为诗歌谱写的《鳟鱼》，再读一读德国诗人舒巴特的原诗，体味一下诗人都表达的对鳟鱼命运的同情。

## 鳟鱼

明亮的小河里面有一条小鳟鱼，
快活地游来游去像箭儿一样，
我站在小河岸上静静地朝它望，
在清清的河水里面它游得多欢畅，
在清清的河水里面它游得多欢畅。
那渔夫带着钓竿也站在河岸旁，
冷酷地看着河水想把鱼儿钓上，
我暗中这样期望只要河水清又亮，
他别想用那钓钩把小鱼钓上，
只要河水清又亮，
他别想用那钓钩把小鱼钓上。
但渔夫不愿久等浪费时光，
立刻就把那河水弄浑，
我还来不及想，
他就已提起钓竿把小鳟鱼钓到水面，
我满怀激愤的心情看鳟鱼上了当，
我满怀激愤的心情看鳟鱼上了当。

### 心灵驿站

歌曲塑造了小溪中的鳟鱼悠然自得地游动的形象，叙述了善良与单纯的鳟鱼被渔夫欺诈所害。表明了作者对鳟鱼命运的无限同情与惋惜的心情。

怀孕145天

# DIY玩具：可爱的小刺猬

准妈妈准备一张彩色卡纸、剪刀、双面胶、彩笔等材料和工具，动动灵巧的双手，按照下列步骤给胎宝宝制作一个可爱的小刺猬吧。

## 制作方法：

1. 将彩色卡纸剪成半圆形，沿着如图所示的折叠线向内折叠。用双面胶粘成椎体，作为刺猬的头。

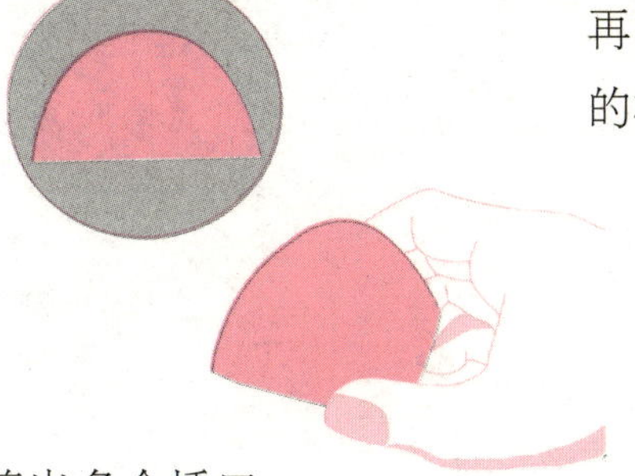

2. 用剪刀在椎体边缘分别剪出多个插口。

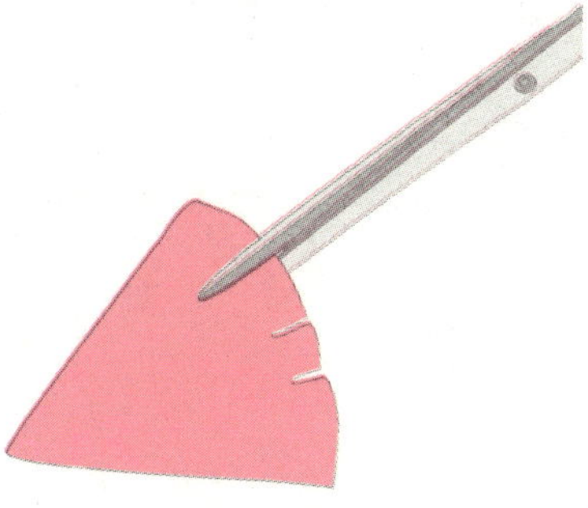

3. 然后再给刺猬粘上鼻子和眼睛。然后用黑色马克笔画出长长的睫毛。

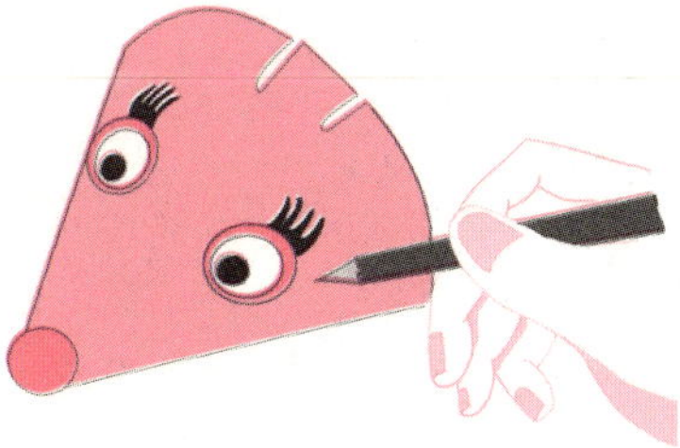

4. 如图用彩色卡纸剪成锯齿桃形。再按对折后的形状剪出七片。如图把大的桃形片用双面胶粘贴在刺猬头部。

5. 把另外七片分别插入接口，最后给刺猬粘上一个小尾巴，在粘贴一些小果子，小刺猬制作完成啦。

怀孕146天

# 胎教名曲：《童年情景》

舒曼以丰富的艺术想象力，用《童年情景》向我们展示了一个天真烂漫，充满各种离奇幻想的岁月，以此来唤起准妈妈心灵深处美好的童年回忆。

《童年情景》组曲共有13首小曲，它们分别是：

- 《异国和异国的人们》：讲述遥远的异国故事。
- 《奇怪的传说》：仿佛一群天真的孩子兴趣盎然地听爷爷讲一个稀奇古怪的故事。
- 《捉迷藏》：一个孩子们百玩不厌的游戏。
- 《孩子的请求》：一个撒娇的孩子在母亲怀中诉说自己的愿望："答应我吧，好妈妈！"
- 《无限的快乐》：一件小小的礼品，一句简单的夸奖都可以让孩子们满足。
- 《重要事件》：发生的在孩子心目中的"重要事件"。
- 《梦幻曲》：多梦的孩子是否还能记得自己童年的梦想。
- 《火炉边》：孩子们围坐在壁炉旁，听妈妈唱歌，听爸爸讲故事，温暖啊！
- 《骑木马》：男孩子经常爱玩的骑木马。
- 《过分认真》：孩子是天真的，但有时候也是非常认真的。
- 《惊吓》：你怕鬼怪的故事吗？如果不喜欢就放弃吧。
- 《孩子入睡》：累了一天，孩子们终于睡下了。
- 《诗人的话》：一幕幕童年的回忆，一连串叹息的音调，有谁会不怀念自己无忧无虑的童年呢！

**心灵驿站**

这部作品表现成人对童年时光的回忆。作品手法精炼形象，刻画生动准确，心理描写逼真，欢快动人，饶有情趣，但也流露出一种因为童年逝去而产生的惆怅感。

怀孕147天

# 二十四节气的由来

准妈妈了解二十四节气是怎么来的吗？今天，与胎宝宝一起来了解一下吧。

二十四节气起源于黄河流域。远在春秋时代，就定出仲春、仲夏、仲秋和仲冬四个节气。

二十四节气的制定，综合了天文学、气象学以及农作物生长特点等多方面知识，受到广大农民喜爱。二十四节气的命名反映了季节、气候现象、气候变化等：

表示寒来暑往变化的有：立春、春分、立夏、夏至、立秋、秋分、立冬、冬至；

象征温度变化的有：小暑、大暑、处暑、小寒、大寒；

反映降水量的则是：雨水、谷雨、白露、寒露、霜降、小雪、大雪；

反映物候现象或农事活动的有：惊蛰、清明、小满、芒种。

“立”表示一年四季中每一个季节的开始，春夏秋冬四个“立”，就表示了四个节气的开始。“四立”表示的是天文季节的开始，从气候上说，一般还在上一季节，如立春时黄河流域仍在隆冬。

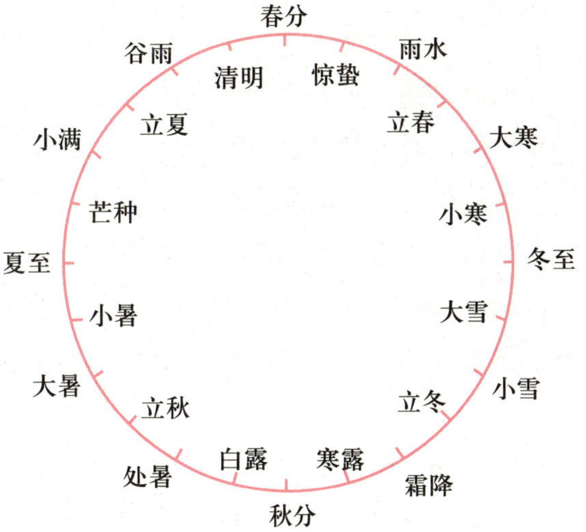


“至”是极、最的意思。夏至、冬至合称为“二至”，表示夏天和冬天的到来。夏至，北半球白昼最长。冬至，北半球白昼最短。

“分”在这里表示平分的意思。春分、秋分合称为“二分”，表示昼夜长短相等。

为记忆方便，把二十四节气名称的一个字，编成歌诀：春雨惊春清谷天，夏满芒夏暑相连，秋处露秋寒霜降，冬雪雪冬小大寒。简单的28个字，内容却博大精深。

怀孕148天

# 诗歌诵读：《感恩父母》

常言道：养儿才知父母恩。准爸爸准妈妈给胎宝宝读一读《感恩父母》的诗句。让胎宝宝也感受这份伟大的爱吧。

## 感恩父母（作者 佚名）

我们沐浴着爱的阳光长大，
我们滋润着人间的真情成长。
多少次带着幸福的感觉进入梦乡，
多少回含着感动的泪花畅想未来。

11月的最后一个星期四是感恩节，虽然它已远去，但一颗感恩之心，一腔感激之情永驻心间。

常怀感恩之心的人是最幸福的，
常怀感激之情的生活是最甜美的。
感激我的父母，因为他们给了我宝贵的生命。
感激我的老师，因为他们给了我无穷的知识。
感激我的朋友，因为他们给了我克服困难的力量。
感激我周围的一切，因为他们给了我和谐健康的成长空间。
不要忘记说声“谢谢。”
在我们的成长道路上，要感激的人太多太多，你最想感谢谁，就把感激的话写在感恩卡上。

有一个词语最亲切，
有一声呼唤最动听，
有一个人最要感谢，
有一种人最应感恩，
她就是——“母亲”，
他就是——“父亲”。
妈妈的手粗了，她把温柔的抚触给了我；
爸爸的腰弯了，他把挺直的脊梁给了我；
妈妈的双眼花了，她把明亮的双眸给了我；
爸爸的皱纹深了，他把美丽的青春给了我；
聆听妈妈殷切的话语，
面对爸爸深沉的目光，
我们早已习惯了这种关爱，并且认为是理所当然。
渐渐忘记了感动，忘了说声：“谢谢！”

父母的爱像一杯浓茶，需要我们细细品味。

一袋饺子是微不足道的，但妈妈的爱却是感人肺腑的。

让我们过上幸福的生活，让我们没有忧虑地成长，是所有父母的心愿，

如果说母爱是船，载着我们从少年走向成熟；

那么父爱就是一片海，给了我们一个幸福的港湾。

如果母亲的真情，点燃了我们心中的希望；

那么父亲的厚爱，将是鼓起我们远航的风帆。

拿什么来感谢你，我的父母！

父母的爱说不完、道不尽，所有的恩情我们铭记于心。

**心灵驿站**

是谁将我们带到这大千世界？是谁抚育我们长大成人？是谁最能包容我们所有的好与坏？那就是我们勤劳、智慧的父亲母亲。是他们无私地、无怨无悔地为我们奉献一生的心血。我们要怀有一颗感恩父母的心，默默地回报他们。

怀孕149天

# 读读《百家姓》

中国姓氏文化源远流长，每一种姓都包含着丰富的文化内涵。准妈妈通过吟诵《百家姓》，了解自己和家人的姓氏排在哪个位置，快快告诉胎宝宝吧。

## 百家姓

赵钱孙李 周吴郑王 冯陈褚卫 蒋沈韩杨
朱秦尤许 何吕施张 孔曹严华 金魏陶姜
戚谢邹喻 柏水窦章 云苏潘葛 奚范彭郎
鲁韦昌马 苗凤花方 俞任袁柳 酆鲍史唐
费廉岑薛 雷贺倪汤 滕殷罗毕 郝邬安常
乐于时傅 皮卞齐康 伍余元卜 顾孟平黄
和穆萧尹 姚邵湛汪 祁毛禹狄 米贝明臧
计伏成戴 谈宋茅庞 熊纪舒屈 项祝董梁
杜阮蓝闵 席季麻强 贾路娄危 江童颜郭
梅盛林刁 钟徐邱骆 高夏蔡田 樊胡凌霍
虞万支柯 昝管卢莫 经房裘缪 干解鹰宗
丁宣贲邓 郁单杭洪 包诸左石 崔吉钮龚
程嵇邢滑 裴陆荣翁 荀羊於惠 甄曲家封
芮羿储靳 汲邴糜松 井段富巫 乌焦巴弓
牧隗山谷 车侯宓蓬 全郗班仰 秋仲伊宫
宁仇栾暴 甘钭厉戎 祖武符刘 景詹束龙
叶幸司韶 郜黎蓟博 印宿白怀 蒲台从鄂
索咸籍赖 卓蔺屠蒙 池乔阴郁 胥能苍双

闻莘党翟 谭贡劳逄 姬申扶堵 冉宰郦雍
却璩桑桂 濮牛寿通 边扈燕冀 郏浦尚农
温别庄晏 柴翟阎充 慕连茹习 宦艾鱼容
向古易慎 戈廖庚终 暨居衡步 都耿满弘
匡国文寇 广禄阙东 殴殳沃利 蔚越夔隆
师巩厍聂 晁勾敖融 冷訾辛阚 那简饶空
曾毋沙乜 养鞠须丰 巢关蒯相 查后荆红
游竺权逯 盖後桓公 万俟司马 上官欧阳
夏侯诸葛 闻人东方 赫连皇甫 尉迟公羊
澹台公冶 宗政濮阳 淳于单于 太叔申屠
公孙仲孙 轩辕令狐 钟离宇文 长孙慕容
鲜于闾丘 司徒司空 亓官司寇 仉督子车
颛孙端木 巫马公西 漆雕乐正 壤驷公良
拓拔夹谷 宰父谷梁 晋楚闫法 汝鄢涂钦
段干百里 东郭南门 呼延归海 羊舌微生
岳帅缑亢 况后有琴 梁丘左丘 东门西门
商牟佘佴 伯赏南宫 墨哈谯笪 年爱阳佟
第五言福 百家姓终

**今日提醒**

名字是父母送给宝宝的一份礼物，它代表了父母的爱，蕴含着对宝宝的期望或美好祝愿。准爸爸和准妈妈在闲下来的时候可以商量着给宝宝起个寓意美好的名字了。

怀孕150天

# 动物故事：小蝌蚪画画

今天讲述一群可爱的小蝌蚪成长的趣事。你瞧，它们在做什么？不知不觉中，它们脱掉了自己的尾巴，这又是为什么呢？

在一个很大的池塘里，住着青蛙和它们许许多多的孩子——小蝌蚪，小蝌蚪尾巴一甩一甩的，真调皮！

小蝌蚪在干什么呢？原来，它们正在用细细的长尾巴当画笔，认认真真地完成妈妈交给它么的作业呢！

它们写呀写，写出了一行行没有格式的小诗，又画呀画，画出了一池看不出谜底的画谜。

小蝌蚪的尾巴呀，一天比一天短，最后短得再也不能写诗、画画了。

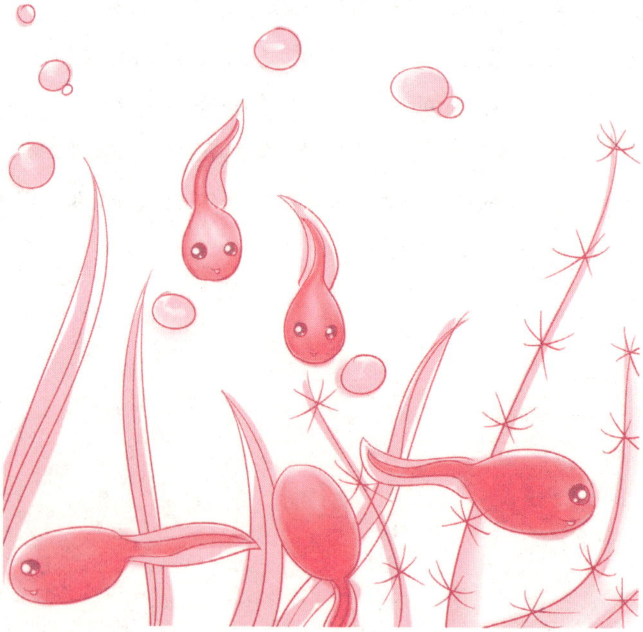

小鱼小虾发现了，嘀嘀咕咕地咬着耳朵："哎呀，小蝌蚪一定是学坏了！要不，它的尾巴怎么没有了呢？"

"是呀，听说小白兔因为说瞎话，短了尾巴！小蝌蚪一定干了什么坏事！"

起初，小蝌蚪也以为自己的尾巴真的丢了，在池塘里找呀找。后来，突然想起了妈妈说的话，它们扑哧一声笑了，因为，妈妈说过："孩子，你们的尾巴掉了，就表明你们已经长大了，可以到岸上找你们的小朋友玩了。"想到这，小蝌蚪们就一蹦一跳地跃出了池塘，变成了一只只可爱的小青蛙了。

怀孕 151 天

# 世界风光：马尔代夫

马尔代夫环境优美，气候宜人，是著名的旅游景点。在马尔代夫，可以享受到天堂般的假日。准妈妈带着胎宝宝欣赏这美丽的风光吧。

在印度洋宽广的蓝色海域中，有一串被白沙环绕的绿色岛屿——马尔代夫群岛。许多游客在领略过马尔代夫的蓝、白、绿三色后，都认为它是地球上最后的乐园。有人形容马尔代夫是上帝抖落的一串珍珠，也有人形容它是一片碎玉，这两种形容都很贴切，白沙滩的海岛就像一粒粒珍珠，而珍珠旁的海水就像是一片片的美玉。

西方人喜欢称呼马尔代夫为“失落的天堂”。

99% 晶莹剔透的海水 +1% 纯净洁白的沙滩 =100% 的马尔代夫，千万别惊讶。被 99% 海水所环绕的马尔代夫拥有数千种鱼类，这里是鱼的故乡。

到马尔代夫旅游，不能不住那里的“水上屋”，如果说马尔代夫 1000 多个岛屿犹如颗颗钻石镶嵌在碧蓝的大海上，那么“水上屋”就是这颗颗钻石上的名片。

由于“水上屋”直接建造在蔚蓝透明的海水之上，住在其中，不仅能饱览海里五彩斑斓的热带鱼、鲜艳夺目的珊瑚礁以及岸边雪白晶莹的沙滩、婆娑美丽的椰树、返璞归真的茅草屋，也能聆听清亮的海鸟鸣叫……

**今日提醒**

马尔代夫小岛周围的浅滩看似平静，实则暗流涌动，危险很大。下水前须先向救生员、潜水教练等专业人员了解水域情况及注意事项，切勿急于下水。

怀孕 152 天

# 孕妇体操好处多

做孕妇体操能够防止由于体重增加和重心变化引起的腰腿疼痛，松弛腰部和骨盆肌肉，为分娩时胎宝宝顺利通过产道做好准备。

## 松弛骨盆运动操

1. 仰卧在床，后背紧贴床面，两腿与床成45°，脚心和手心放在床上。

2. 腹部向上挺起，腰部呈拱状，默数10下左右，再恢复原来的体位。共做10次。

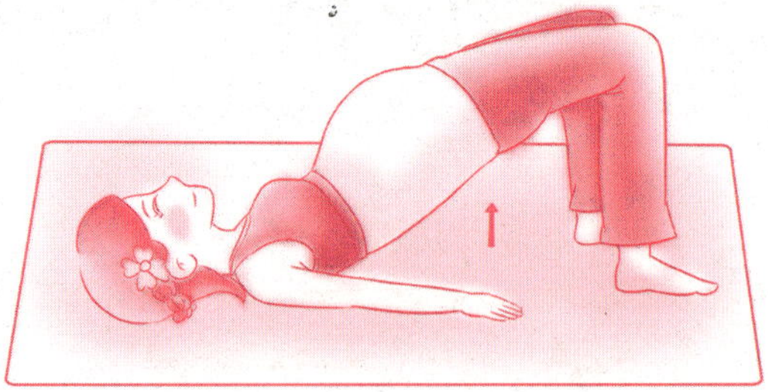

3. 呈趴卧体位，双膝和双手贴床，将头伏在双臂之中，脊背和双臂呈流线型。

4. 抬头，上体向前方慢慢移动，腰部、臀部同时前移。每呼吸一次做一次，可做10次。

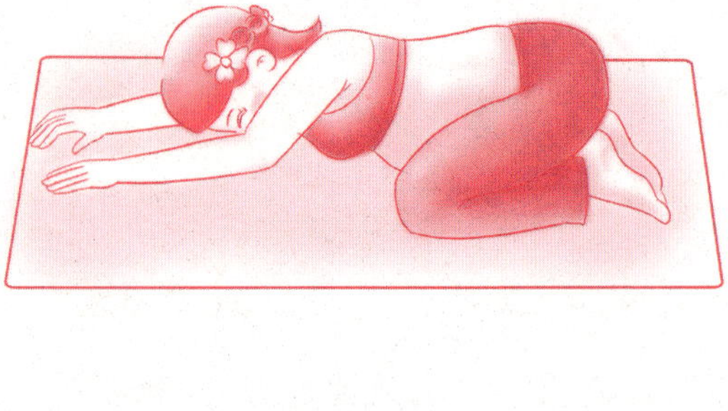

## 扭动骨盆运动操

1. 仰卧在床，两腿与床成45°，双膝并拢。

2. 双膝并拢带动大小腿左右摆动。摆动时两膝好像在画一个椭圆，要缓慢地，有节奏地运动。双肩和脚底要紧贴床面。

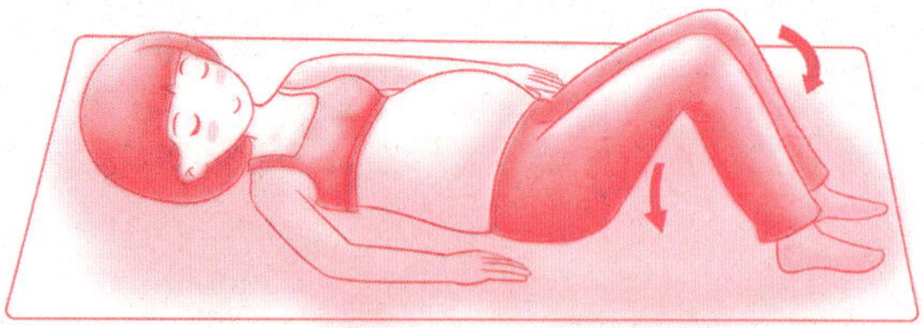

3. 左腿伸直，右腿保持原状，右腿的膝盖慢慢向左倾倒。

4. 右腿膝盖从侧面恢复原位后，再向左侧倾倒，此后两腿交替进行。

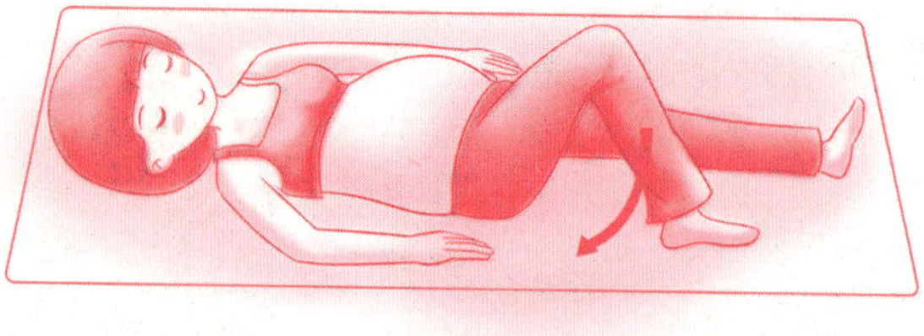

怀孕 153 天

# 对答歌童谣：我说一，谁对一

对答童谣胎宝宝一定喜欢，准爸爸与准妈妈配合，给胎宝宝说一段吧。

## 我说一，谁对一

我说一，谁对一，哪个最爱把脸洗，
你说一，我对一，小猫最爱把脸洗。
我说二，谁对二，哪个尾巴像把扇，
你说二，我对二，孔雀开屏像把扇。
我说三，谁对三，哪个驮着两座山，
你说三，我对三，骆驼驮着两座山。
我说四，谁对四，哪个满身都是刺，
你说四，我对四，刺猬满身都是刺。
我说五，谁对五，哪个头上长小树，
你说五，我对五，梅花鹿头上长小树。
我说六，谁对六，哪个爱在水里游，
你说六，我对六，鸭子爱在水里游。
我说七，谁对七，哪个叫人早早起，
你说七，我对七，公鸡叫人早早起。
你说八，谁对八，哪个唱歌呱呱呱，
你说八，我对八，青蛙唱歌呱呱呱。
我说九，谁对九，哪个会用头顶球，
你说九，我对九，海狮会用头顶球。
我说十，谁对十，哪个学话有本事，
你说十，我对十，鹦鹉学话有本事。

**心灵驿站**

对答歌童谣主要是让孩子感知语言的韵律，了解各种动物的主要特征，培养孩子的想象力和创造力。亲爱的宝宝，等你出生后，爸爸妈妈一同陪你说有趣的童谣，一定记得啊！

怀孕154天

# 芭蕾舞欣赏：《天鹅湖》

胎教的形式多种多样，今天，我们就来欣赏脚尖上的舞蹈——芭蕾吧。在欣赏过程中准妈妈要用心去感受音乐的内涵和轻盈飘逸的舞姿。

《天鹅湖》是柴可夫斯基在1875—1876年为莫斯科帝国歌剧院创作的芭蕾舞剧，于1877年2月20日在莫斯科大剧院首演，之后作曲家将原作改编成了在音乐会上演奏的《天鹅湖》组曲。《天鹅湖》是世界上最出名的芭蕾舞剧，也是所有古典芭蕾舞团的保留剧目。

《天鹅湖》的音乐像一首具有浪漫色彩的抒情诗篇章，每一场的音乐都极出色地完成了对场景的抒写、对戏剧矛盾的推动以及对各个角色性格和内心的刻画。梦幻般的世界、湛蓝的湖水、雪白的天鹅、坚贞的爱情……《天鹅湖》中的一切永远让人们印象深刻并为之深深感动。

《天鹅湖》也是柴可夫斯基所作的第一部舞剧，取材于民间传说。美丽的公主奥杰塔在天鹅湖畔被恶魔变成一只白天鹅。王子齐格费里德游天鹅湖，深深爱上了奥杰塔。王子挑选新娘之夜，恶魔让他的女儿黑天鹅伪装成奥杰塔以诱骗王子。王子差点受骗，幸好及时发现，奋力杀掉了恶魔。白天鹅恢复了公主原形，与王子结合，结局美满。

柴可夫斯基是一位有着巨大创造力的作曲家，他的音乐风格独树一帜。他的音乐旋律优美感人，有时催人潸然泪下，有时又热情洋溢，但他的作品中总带有一种孤独压抑感。在他的音乐中，处处充溢着深沉悠远、壮美动听的俄罗斯民歌的旋律。

怀孕155天

# 一起来说小动物

准妈妈在练习前面的绕口令时，再学习几段新的绕口令说给胎宝宝听吧。

## 羊和狼

东边来了一只小山羊，
西边来了一只大灰狼，
一起走到小桥上，
小山羊不让大灰狼
大灰狼不让小山羊
小山羊叫大灰狼让小山羊，
大灰狼叫小山羊让大灰狼，
羊不让狼，
狼不让羊，
扑通一起掉到河中央。

## 狗与猴

树上卧只猴，
树下蹲条狗。
猴跳下来撞了狗，
狗翻起来咬住猴，
不知是猴咬狗，
还是狗咬猴。

**心灵驿站**

风趣、幽默的绕口令，不仅丰富了准妈妈和胎宝宝的生活，而且给准妈妈漫长的孕期带来了快乐，更为胎宝宝出生后的语言练习打下良好的基础。

怀孕156天

# 准爸爸讲故事：得与失

准爸爸给胎宝宝讲这个得与失的故事，感悟一切事物都没有生命可贵的道理。

从前有一个富商，在一次生意中亏光了所有的钱，并且欠下了许多的债。他卖掉了房子、汽车后，还清了所有债务。此刻，他孤独一人，无儿无女，穷困潦倒，唯有一只心爱的猎狗和一本书与他相依为命，形影不离。

在一个大雪纷飞的夜晚，他来到一座荒凉偏僻的小村庄，找到一个可以避风的茅棚。他看到里面有一盏油灯，于是用身上仅有的一根火柴点燃了油灯，准备读书。但一阵风把灯吹灭了。陷入了黑暗之中的他感到非常孤独，对人生彻底绝望。这时，一直陪伴在他身边的猎狗给了他一丝慰藉，他无奈地叹了一口气沉沉睡去。

第二天醒来时，他忽然发现心爱的猎狗躺在门外一动不动。他抚摸着这只与他相依为命的猎狗，感觉这世间再没有什么值得他留恋的了，他决定结束自己的生命。他最后扫视了一眼周围的一切。这时，他不由得感到整个村庄死一般的寂静，他走出去一看，看到了他最不愿看到的。显然，这个村昨夜遭到了匪徒的洗劫，整个村庄的人都遇难了。

他转念一想，自己是这里唯一幸存的人，一定要坚强地活下去。

此时，一轮红日冉冉升起，照得四周一片光亮。他欣慰地想，虽然我失去了心爱的猎狗，但是，我还拥有生命，这才是人生最宝贵的。

于是，他振作精神，怀着坚定的信念，迎着灿烂的阳光又出发了。

**心灵驿站**

每个人都会碰到挫折和失败，在你为失败而痛苦时，其实，你已经得到人生的经验，要正确对待人生中每一次的得与失。

怀孕 157 天

# 准妈妈说笑话

准妈妈给胎宝宝讲一讲笑话，娱乐自己的同时，也给胎宝宝带去了欢乐。

## 女企鹅

带外甥女去极地馆看企鹅，小姑娘一脸好奇地拽着我的手，问：“小姨，为什么这里的企鹅都是男的呢？”

我说：“怎么会呢？里面一定有女企鹅的啊！”

她不高兴地撇着嘴说：“才不是呢，我知道，女企鹅头上会扎个蝴蝶结！”

## 没媳妇

儿子3岁，因为刚让他分床睡，所以经常吵着要跟我们一块儿睡。

一天，我应酬喝酒到凌晨才回家，媳妇就跟儿子说：“儿子，你看你爸好可怜，工作到半夜那么辛苦，还不能挨着自个的媳妇儿睡！”

谁知小家伙冒了句：“妈妈，我更可怜，我连媳妇儿都没有！”

## 她没告诉我住在哪

一天，一个小孩迷了路，回不了家。他灵机一动便去问路边的警察。

小孩说：“叔叔，我不知回家的路了。”

警察问道：“孩子你家住在哪里呀？”

孩子答道：“我妈妈只教我说迷路了就去问警察，可她没告诉我住在哪呀！”

## 坐着不舒服

今天坐公交，我站在一妇女旁边，她和女儿坐在位子上（两个位子）。

突然，小女孩对我说：“叔叔，你坐我位子吧。”

我一愣，“那你坐哪啊？”

“我可以坐你腿上啊！”

她妈妈就夸她：“宝贝今天怎么这么懂事啊。”

小女孩说：“凳子太硬了，坐着不舒服。”

怀孕 158 天

# 名画欣赏：《吹笛少年》

马奈的成就主要体现在人物画方面，他第一个把印象主义的光和色彩带进了人物画。准妈妈与胎宝宝一同欣赏马奈的作品《吹笛少年》吧。

画中的吹笛少年以右脚为重心站立，左腿向外伸展，上身自然向左倾斜，手指在乐器的孔洞上按压，悠扬的音符流泻而出，他正神情专注，谨慎地演出。

这幅画运用了三种基本色调：红、黑、赭石。少年红色裤子两边的黑色边线，与黑色上衣相互呼应。红、黑两色间的关系，被马奈以衣扣的金黄色和吹笛少年肩上的白色披带突显出来。赭石色的背景，是既无横面又无竖面的抽象背景，以人物为中心，渐次向外加深，使吹笛少年处于明亮的空间中。

马奈早年受过六年学院派的教育，后又研究了许多历代大师的作品，他的画既有传统绘画坚实的造型，又有印象主义画派明亮、鲜艳、充满光感的色彩，可以说他是一个承上启下的重要画家。尤其是他的肖像画，很自然地反映出了人物的性格和心理。

**心灵驿站**

油画艺术传递的是美、爱，能引起人们的共鸣，它没有时代的界限，会随着时代的发展成为经典而一代一代地传承下去，不断影响后人。

怀孕 159 天

# 准妈妈唐诗新唱：《春晓》

唐诗新唱是根据唐诗的字韵、音韵以及诗的意境创作谱曲，准妈妈可以试着唱唱这首张宏光为孟浩然的诗编曲的《春晓》。

## 春晓

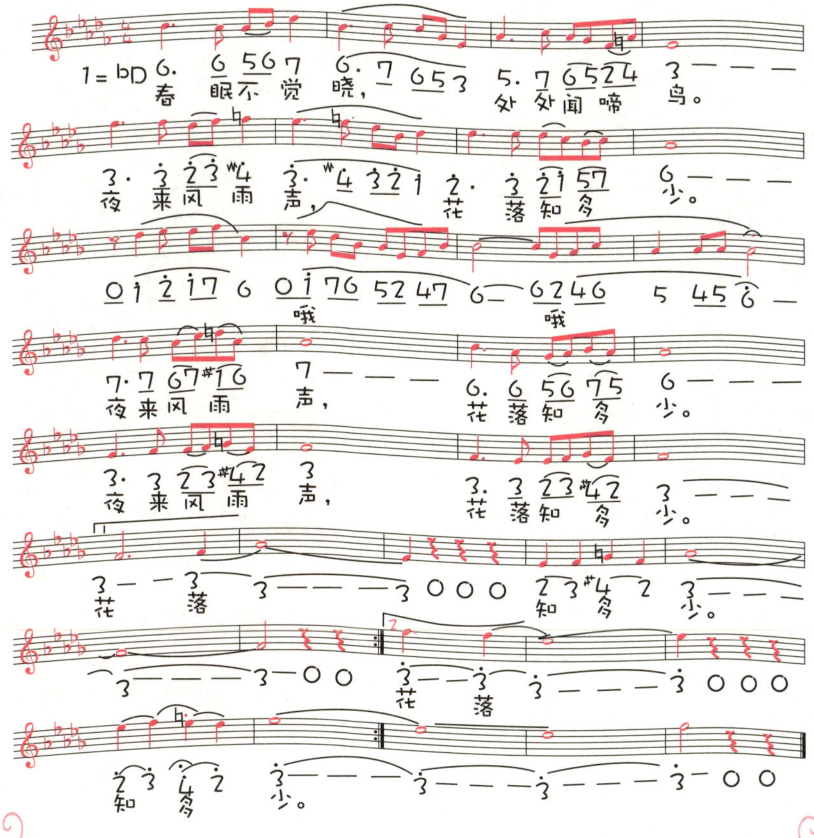

怀孕160天

# 准妈妈教胎宝宝识别图片

胎宝宝在准妈妈的子宫内并不是没有感知能力的生命体，他们会通过对准妈妈的“观察”，感知外面的五彩世界，感受准妈妈的喜、怒、哀、乐。

有关专家研究发现，胎宝宝是有记忆力的，能记住准妈妈重复的动作或语言，所以在孕期不断地激发胎宝宝的记忆潜能是十分重要的。准妈妈可以找一本有图画的书，随机地翻阅，记住几张喜欢的图画，然后再随机地翻阅，看看能不能再找到它们。玩几次后试着与胎宝宝一起体会游戏的趣味性，掌握游戏的要领。

准妈妈也可以与胎宝宝分享家人的照片，给胎宝宝描述照片中美好的情节时，会将情感传递给胎宝宝，让胎宝宝感受到准妈妈的爱，增进亲子关系，这对宝宝日后宽厚性格的培养具有较好的影响力。准妈妈可以一边整理相册，一边回想那些美好的回忆，同时，指着照片中的人，告诉胎宝宝这是爸爸、妈妈，这是爷爷、奶奶，这是外公、外婆等，通过看照片将故事说给胎宝宝听。让胎宝宝加深对家人的记忆。准妈妈还可以把怀孕后不同时期的大肚照以及点点滴滴拍摄下来，这些都是非常珍贵的记录，给出生后的宝宝看，一定很有意义。

怀孕161天

# 小故事大道理：水滴石穿

准妈妈可以选择一些有趣的、有教育意义的故事读给胎宝宝听，这对胎宝宝的听力发育很有益处。

有位年轻人去微软公司应聘，但该公司并没有刊登过招聘广告。见总经理疑惑不解，年轻人用不太娴熟的英语解释说自己是碰巧路过这里，贸然进来了。总经理感觉很新鲜，破例让他一试。面试的结果不如人意，年轻人表现糟糕。他对总经理的解释是事先没有准备，总经理以为他不过是找个托词下台阶，就随口应道："等你准备好了再来试吧"。

一周后，年轻人再次走进微软公司的大门，这次他依然没有成功。但比起第一次，他的表现要好得多。而总经理给他的回答仍然同上次一样，"等你准备好了再来试。"就这样，通过坚持不懈的努力，这个青年先后5次踏进微软公司的大门，而最终被公司录用，成为公司的重点培养对象。

**心灵驿站**

什么东西比石头还硬，或比水还软？水能穿石，是坚持不懈的结果。也许，我们的人生旅途上沼泽遍布，荆棘丛生；也许我们追求的风景总是山重水复，不见柳暗花明……我们为什么不可以以勇敢者的气魄，坚定而自信地对自己说一声"再试一次！"再试一次，你就有可能达到成功的彼岸！

怀孕 162 天

# 对“静”的解读

在温暖的午后，准妈妈准备好笔墨，体会一下书法的魅力。在书写的同时，准妈妈会感觉身心宁静。

静，是一种气质，也是一种修养。诸葛亮云：“非淡泊无以明志，非宁静无以致远。”

静，是美的化身，是大自然的和谐之曲，是身与心的交融之光。

“人闲桂花落，夜静春山空”，是万籁寂静的夜晚；“蝉噪林愈静，鸟鸣山更幽”，是自然幽静的山林；“茅檐长扫静无苔，花木成畦手自栽”是自在恬静的山村。这静的意境勾起多少人对它的向往。

静的意思是不争，不争意味着不苛求名利，一切顺其自然。不争就能“知足常乐”。如果能不争，心就能得到宁静。静是一种安详平和，是一份怡然自得，我们常说：“生活中不是没有美，而是缺少一双发现美的眼睛。”当我们心平气和、静心感受我们所拥有的一切时，就会不断地发现生活中的美好，而不会有“身在福中不知福”的遗憾，只要懂得珍惜，幸福就会来到我们的身边。

静，又是一种悠远的境界。宁静可以致远，可以使我们获得智慧和灵感。让我们从繁忙的工作中脱身出来，在宁静的夜晚，泡一杯香茶，细细品味，一些不曾想过的问题会浮上心头，让正困惑的事情得到解决的答案。

让我们远离喧嚣的都市，来到幽静的大自然，让我们为静谧的自然陶醉，相信我们的精神会为之焕发。《大学》云：“知止而后有定，定而后能静，静而后能安，安而后能虑，虑而后能得。”人若能经常保持宁静、安定的心念，能身处安详宁静的环境，无论工作、处事都能提高效率，时时有所得有所悟。所以，古人常说“静思则通”，朱子说：“静中有无限妙理”，道家入静修炼，佛家参禅打坐，是同样的道理。

身要动，心要静，这是人们延年益寿的妙诀。健康、强壮的身体离不开运动，经常锻炼能促进血液循环，改善组织器官的功能，所以，“知者动，仁者静”。一个贪图安逸的人不是静，只会走向堕落。所以说：“身之修养主乎动，心之修养主乎静。”站在人生的角度来说，心静身动才能使身心健康，身心舒畅。

一个和睦的家庭，也需要“静”字来成就。如果家庭中每个成员都能平心静气对待一切人和事，就不会偏执，更不会走向极端，不会无缘无故的争吵。将心气静下来，“行有不得，反求诸已，”遇事多为他人着想，互相之间多一点关爱，家庭自然会和睦、祥和。

**今日提醒**

在日常生活中，准妈妈要保持宁静的心境，要生气或发脾气时，多想想腹中的胎宝宝，心绪就会调和过来。

怀孕163天

# 司马光砸缸

今天，准爸爸给胎宝宝讲一个故事吧。看看聪明的司马光是怎样把小朋友救出来的。

北宋时期，有一个很聪明的小孩叫司马光。一天，他和小朋友在花园里玩耍。花园里有花、有树、有假山，大家一起玩捉迷藏游戏，非常开心。

在后花园里，还有一口大水缸，缸里装满了水，是为浇花和树准备的。一个调皮的小朋友爬到了缸沿玩耍，一不小心掉进了大水缸里，小朋友被吓到了，拼命地在水里挣扎，大声喊："救命啊，救命啊……"

小朋友们顺着喊声跑过去，发现有人掉缸里了，大家惊慌失措，一时都不知道该怎么办，有的吓得哭起来了，有的跑去找大人。

这时，司马光急中生智说："大家不要慌，我们要赶紧想办法，把他救上来。"大家你看看我，我看看你，水缸这么深怎么救啊！想不出办法。

聪明的司马光看到假山边上一块块的石头，突然灵机一动喊道："我们可以用石头把水缸砸破啊，让水流出来，小伙伴不就得救了吗？"

于是，他飞快地跑过去捡了一块不大不小的石头，对着水缸砸过去，只听"咣当"一声，水缸被砸碎了，水"哗啦"一下流出来，小朋友终于得救了。

大家高兴得手舞足蹈，赶来相救的大人们一看小朋友已经得救了，都夸司马光聪明、机智、勇敢，是个好孩子。

怀孕 164 天

# 传统艺术：昆曲

有人说，中国的音乐韵律、舞蹈精髓、文学诗性和心灵境界尽在昆曲之中。准妈妈与胎宝宝一起来欣赏一下中华民族的“雅乐”，接受古典艺术的熏陶。

昆曲，发源于苏州昆山地区，原名“昆山腔”“昆腔”，清代以来被称为“昆曲”，现又被称为“昆剧”，是中国汉族传统戏曲中最古老的剧种之一。在 2001 年被联合国教科文组织列为“人类口述和非物质遗产代表作”。

昆曲是糅合了唱、念、做、打、舞蹈及武术的表演艺术，以曲词典雅、行腔宛转、表演细腻、舞蹈飘逸而著称，被誉为“百戏之祖，百戏之师”，有“中国戏曲之母”的雅称。昆曲中的许多剧本，如《牡丹亭》《长生殿》《桃花扇》等，都是古代戏曲文学中的不朽之作。其中《牡丹亭》的创作者汤显祖，在中国乃至世界文学史上都有着重要的地位，被誉为“东方的莎士比亚”。

当莎士比亚的《仲夏夜之梦》在伊丽莎白时代的伦敦剧场赢得阵阵欢笑的时候，在中国富绅的家庭表演场地或民间的露天剧场里，《牡丹亭》中那个神秘而绮丽的梦境正使人们如醉如痴。《牡丹亭》突破了中国传统伦理道德中情与理的冲突，试图去追寻一种“情之所至”，“生者可以死，死者可以生”的理想爱情观。

**今日提醒**

准爸爸和准妈妈在选择昆曲作为胎教曲目时，应注意选择积极向上、充满爱意的曲目，不要选择那些悲情的、催人泪下的曲目。那样不仅会影响准妈妈的情绪，还不利于对胎宝宝实施胎教。

怀孕 165 天

# 脑力游戏：猜水果

五彩缤纷的水果是准妈妈孕期不可缺少的营养食品。今天，准爸爸给准妈妈出一些关于水果的谜语。

1 青青果子浑身毛，绿色果肉味佳肴。

2 瓜中之王黄金龙，香甜奶香味儿浓。

3 一个小胖子，藏着黑珠子，剥开黄身子，露出白肚子。

4 清香怡人味儿甜，消暑必备利小便。

5 小小灯笼红彤彤，白白珍珠里面藏。轻轻掀开白纱帐，胖胖饺子甜心头。

6 红红圆圆皮肤好，一口咬下脆脆甜味。

7 关公皮，刘备脸，圆圆张飞藏里面。

8 白里透红浑身毛，果肉丰富皮儿薄。

9 白粉包裹小浆果，甜酸适口味飘香。

10 绿纱帐里珍珠藏，剥开紫衣水汪汪。用它酿酒美天下，果实晒干肉软香。

11 圆圆浆果色泽艳，草龙珠儿味道甜。

12 黄金布，包银条，中间弯弯两头翘。

答案在正文下方

**今日提醒**

水果的营养价值丰富，对准妈妈身体有很大益处。但也不是每种都适合准妈妈吃，一定要选择合适的水果，同时要注意适量食用。

参考答案：1 猕猴桃 2 哈密瓜 3 龙眼 4 香瓜 5 橘子 6 苹果 7 荔枝 8 水蜜桃 9 蓝莓 10 葡萄 11 葡萄 12 香蕉

怀孕 166 天

# 准妈妈做做凯格尔运动

准妈妈经常做凯格尔运动，可帮助加强盆底肌肉，有利于促进尿道、膀胱、子宫、阴道和直肠健康，还可以帮助防止孕期尿泄漏。

## 凯格尔运动的具体步骤

- 在开始锻炼之前，要排空膀胱。在整个运动中，只有你的骨盆底肌肉是在用力的。可以用手触摸腹部，如果腹部有紧缩的现象，说明用力错误。
- 平躺，双膝弯曲。
- 收缩臀部的肌肉向上提肛。
- 紧闭尿道，阴道及肛门（它们同时受到骨盆底肌肉支撑），此感觉如尿急，但是无法完成排尿的动作。
- 保持骨盆底肌肉收缩 5 秒钟，然后慢慢地放松，5 ~ 10 秒后，重复收缩。

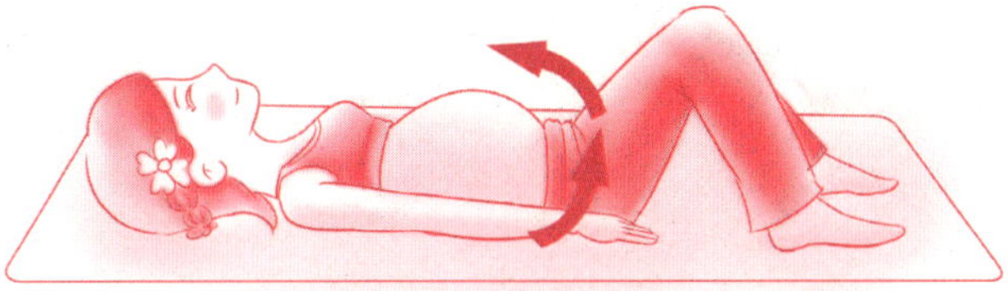

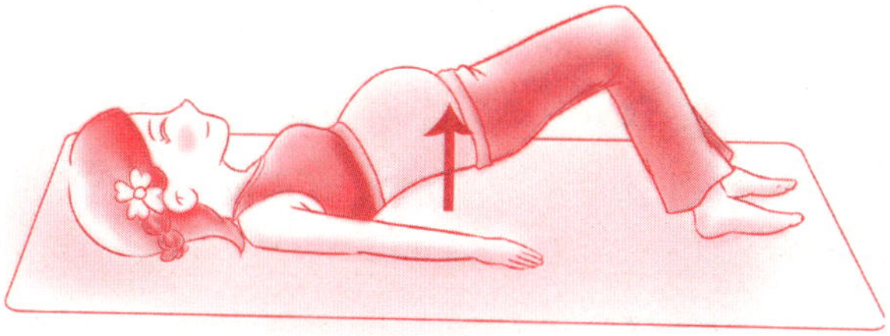

刚开始时，准妈妈可以在一天中分多次练习骨盆底肌肉。随着骨盆底肌肉的不断增强，准妈妈可以逐渐增加每天练习的次数，并加长每次收紧骨盆底肌肉的时间。你可以每天做 3 次，每次练习 3 ~ 4 组，每组 10 次。

怀孕167天

# 观赏花中之王：牡丹

雍容华贵的牡丹花，不知令多少文人雅士倾慕。在牡丹盛开的季节，准妈妈到公园欣赏“花中之王”，体会大自然的美。

牡丹是芍药科芍药属植物。原产中国西部秦岭和大巴山一带，为多年生落叶小灌木。牡丹生长缓慢，株型小，是中国特有的木本名贵花卉，有数千年的自然生长和1500多年的人工栽培历史。

牡丹花被拥戴为“花中之王”，有关文化和绘画作品很丰富。牡丹素有“国色天香”“富贵之花”等美称。

牡丹是中国固有的特产花卉，其花大、形美、色艳、香浓，为历代称颂，具有很高的观赏和药用价值，自秦汉时以药植物载入《神农本草经》始，历代各种古籍不乏其文，形成了包括植物学、园艺学、药物学、地理学、文学、艺术、民俗学等多学科在内的牡丹文化学，是中华民族文化和民俗学的组成。

现在说到牡丹，都会想到到洛阳和山东菏泽，但是牡丹盛于唐朝长安，当时的长安牡丹为天下奇景，到了唐玄宗时期长安牡丹更是甲天下，而洛阳牡丹真正出名是在宋代，欧阳修的一句“洛阳牡丹第一”，让后人都以为洛阳牡丹才是天下第一，殊不知长安的牡丹是何等的繁盛。

怀孕168天

# 赞赏牡丹的诗

牡丹花型优美，颜色绚丽、清雅，历代文人创作了大量赞美牡丹的诗句。准妈妈观赏完绚丽多姿的牡丹之后，再来吟诵几首赞美牡丹的诗句吧。

## 清平调词三首

云想衣裳花想容，春风拂槛露华浓。
若非群玉山头见，会向瑶台月下逢。

一枝红艳露凝香，云雨巫山枉断肠。
借问汉宫谁得似？可怜飞燕倚新妆。

名花倾国两相欢，长得君王带笑看。
解释春风无限恨，沉香亭北倚阑干。

## 赏牡丹

庭前芍药妖无格，池上芙蕖净少情。
惟有牡丹真国色，开花时节动京城。

## 白牡丹

闺中莫妒新妆妇，陌上须惭傅粉郎。
昨夜月明浑似水，入门唯觉一庭香。

## 牡丹诗

何人不爱牡丹花，占断城中好物华。
疑是洛川神女作，千娇万态破朝霞。

## 牡丹诗

颜色无因饶锦绣，馨香惟解掩兰荪。
那堪更被烟蒙蔽，南国西施泣断魂。

**心灵驿站**

牡丹在众人的心目中，一直是“和平幸福，繁荣昌盛，富贵吉祥”的象征。表现牡丹的古今诗文歌画浩如烟海，真可谓春染千载，感人万代。

# Part 07

# 孕7月
# 大脑发育高峰期

孕期第7个月，正是胎宝宝大脑发育的高峰期，准爸爸妈妈要把握好胎教的关键时机，给胎宝宝合理的刺激，科学地实施胎教。另外，准妈妈的腹部越来越大，准妈妈完全沉浸在当妈妈的喜悦之中，而胎宝宝也能感受到准妈妈甜蜜、浓浓的爱意。

怀孕169天

# 中国民间艺术：皮影戏

准爸爸带准妈妈走进剧院，感受一下皮影《孔雀舞》《飞天》那细致入微的美。让胎宝宝体味中国民间艺术的魅力。

皮影戏，又称“影子戏”或“灯影戏”，是一种以兽皮或纸板做成的人物剪影，在蜡烛或燃烧的酒精等光源的照射下用隔亮布进行演戏，是中国汉族民间广为流传的傀儡戏之一。表演时，艺人们在白色幕布后面，一边用手操纵戏曲人物，一边用当地流行的曲调唱述故事，同时配以打击乐器和弦乐，有浓厚的乡土气息。

皮影戏是中国汉族民间的一门古老传统艺术，老北京人都叫它“驴皮影”。据史书记载，皮影戏始于战国，兴于汉朝，盛于宋代，元代时期传至西亚和欧洲，可谓历史悠久，源远流长。

一块皮影、几根细线，光影之间舞出金戈铁马的宏大场面；一双巧手、几个布偶，活灵活现展现一段才子佳人的千年佳话。

千百年来，皮影戏这门古老的艺术，伴随着祖祖辈辈的先人们，度过了许多欢乐的时光。随着社会的进步，人们物质生活水平不断提高，审美水平也在逐步提高，大家把以前皮影中的角色与人物以更精湛与更细腻的雕刻工艺表现出来，更强调皮影的艺术性与装饰性。很多人制作好皮影以后，加以装裱用于展览与装饰。

怀孕170天

# 准妈妈快乐唱童谣

快乐、有趣的童谣永远是准妈妈最好的胎教教材。有许多童谣是描述手指动作的。下面就为准妈妈推荐几首，想必胎宝宝也一定会喜欢。

## 五根手指

一根手指打打打，
两根手指剪剪剪，
三根手指弯弯弯，
四根手指叉叉叉，
五根手指点点点，
大拇哥大拇哥，你最棒！

## 炒鸡蛋

一根手指加点油，
两根手指打鸡蛋，
三根手指加点盐，
四根手指炒鸡蛋，
五根手指盖上盖翻过啦，
尝尝我的炒鸡蛋。

## 一家人

大拇哥是爸爸，爸爸开汽车，“嘀嘀嘀”，
二拇哥是妈妈，妈妈洗衣服，“擦擦擦”
最高的是哥哥，哥哥打篮球，“砰砰砰”
哥哥旁边是姐姐，姐姐会唱歌，“啦啦啦”，
最小的就是我，我会敲小鼓，“咚咚咚”。

### 今日提醒

准妈妈可以一边唱，一边用手比划，并跟肚子里的胎宝宝交流，一定很温馨，很幸福。没准你的胎宝宝还会很配合地与你一起动呢。

怀孕171天

# 准妈妈讲故事：啄木鸟的故事

准妈妈给胎宝宝讲一个《啄木鸟的故事》吧，看看啄木鸟是怎样找到工作的，胎宝宝一定很想听这个有趣的故事。

有一只啄木鸟从小失去了爸爸、妈妈，成为了一个孤儿，它开始到处流浪。

不知不觉中，小啄木鸟长大了，它自言自语地说：“我已经长大了，该去找些工作养活自己！”

于是，啄木鸟向森林走去。

啄木鸟在森林里走啊走，遇到了一只正在采蘑菇的小兔子。小兔子看见了啄木鸟，于是就问啄木鸟：“你叫什么名字？”

啄木鸟结结巴巴地说：“我……我是个孤儿，我没有名字。”

“如果这样，那我就叫你东东吧！”小兔子又问，“你去干什么，东东？”

“我想找个工作。”啄木鸟回答。

“好啊！那我跟你一起去找工作！”小白兔说。

“好吧！”

走在路上，东东回过头来问小白兔：“你叫什么名字？”

小兔子笑嘻嘻地回答：“我叫妞妞！”

它们继续走啊走，看见了一只小刺猬：“咦，小刺猬背上怎么叉进去了那么多苹果呀！”东东奇怪地问。

小刺猬明明回答说：“我是运输专家，我把苹果叉在我的背上，运到苹果工厂去加工，你行吗？”

听了小刺猬的话，东东害羞地离开了。

走啊走，它们看见了一只小蚯蚓，“小蚯蚓怎么钻进土里去了呀？”东东不解地问。

小蚯蚓多多探出头来回答到：“东东，我是松土专家，我钻土里，把土弄松，花儿才长得好，你行吗？”

听了蚯蚓的话，东东又一次害羞地离开了。

东东没有找工作，认为自己没有一项技术专长，恨自己为什么没有学习本领，于是，哇哇大哭了起来。小兔妞妞安慰它说：“东东，别哭了，只要努力，你一定会找到工作的。”

就在这时，突然从附近传来“救命呀！救命呀！”的求救声。妞妞对东东说：“走，我们看看去！”于是，它们向呼叫救命的地方奔去。

原来，是一棵身上爬满许多虫子的大苹果树在叫救命！小白兔妞妞对啄木鸟东东说：“啄木鸟一向是吃虫子长大的，东东你去帮帮它吧！”

“我？”东东有些犹豫。

“对呀，你一定行！”妞妞鼓励道。

“那我试一试吧！”东东爬到树上，两脚紧贴在树干上，一个接一个地把虫子吃掉了！

“太棒了！东东！你真是树医生！”

东东突然脸像苹果树上的苹果一样红了。为了感谢东东和妞妞，大树把苹果送给了它们。

从此，东东就成为了一名树医生。当人们听到“嘟…嘟…嘟”的声音，那是东东在工作时发出的动听的声音！

**心灵驿站**

故事中的啄木鸟东东通过自己的努力、利用自己的特长，终于找到了自己喜爱的工作。我们往往羡慕别人所拥有的优点，而忽略了自己本身具有的优点和长处。善于发挥自己的特长，是现代人应具有本领之一。

怀孕172天

# 绕口令：说星星

在一个星空璀璨的夜晚，准妈妈坐在院里的摇椅上，抬头与胎宝宝数数这漫天星斗，同时，给胎宝宝说上几段数星星的绕口令，是不是很有情趣啊。

## 天上看，满天星

天上看，满天星；
地下看，有个坑；
坑里看，有盘冰。
坑外长着一老松，松上落着一只鹰，
松下坐着一老僧，僧前放着一部经，
经前点着一盏灯，墙上钉着一根钉，
钉上挂着一张弓。说刮风，就刮风，
刮得男女老少难把眼睛睁。
刮散了天上的星，刮平了地的坑，
刮化了坑里的冰，刮倒了坑外的松，
刮飞了松上的鹰，刮走了松下的僧，
刮乱了僧前的经，刮灭了经前的灯，
刮掉了墙上的钉，刮翻了钉上的弓。

## 青青数星星

天上小星星，地上小青青。
青青看星星，星星亮晶晶。
青青数星星，星星数不清。

## 数星星

楼上小丁丁，楼下小兵兵。
站在草坪边，夜晚数星星。
星星在天上，盈盈放光明。
星星在树顶，眨眼亮晶晶。
丁丁和兵兵，拍手笑盈盈。

### 心灵驿站

湛蓝的天空、漫天眨眼的星星令我们向往。如今又能看到多少个那样的夜晚。保护我们的环境吧，让出生后的宝宝也能享受到满是星空的夜晚。

怀孕 173 天

# 准妈妈学画：画花鸟

为了做好色彩胎教，准妈妈学画简笔画，然后把它们涂上颜色，相信这一张张倾注了准妈妈爱的图画，胎宝宝一定会喜欢。

## 玫瑰花的画法

## 可爱的小鸟画法

怀孕174天

# 胎教手语：我特别喜欢你

准妈妈和准爸爸试试，日常生活中经常用手语跟你的胎宝宝打打招呼，并向胎宝宝表达你们的爱意，告诉胎宝宝：我特别喜欢你。

**我：**伸出右手食指指向自己。

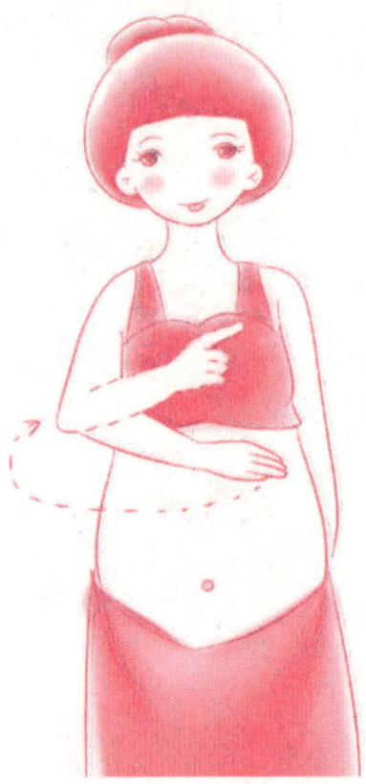

**喜欢：**伸出右手食指和拇指，手指微弯曲，指尖朝下颌处点2下，同时头也向下微点2下。

**特别：**左手手臂横伸，手放平，手背向上；右手伸食指，从左手外缘小手指处伸出，指尖向上。

**你：**伸出右手食指指向腹中胎宝宝。

# 怀孕175天 准妈妈的歌声：《粉刷匠》

《粉刷匠》是一首风趣、活泼的波兰儿歌。准妈妈可以唱一唱，让胎宝宝提前体会劳动的快乐，等出生后再唱给他听，那时他会跟你一起手舞足蹈的。

## 粉刷匠

1=D 53 53 | 5 3 1 | 2432 | 5 — | 53 53 | 5 3 1 |
我是一个粉刷匠，粉刷本领强，要把那新房子，
2432 | 1 — | 22 44 3 1 5 | 2432 | 5 — |
刷的很漂亮。刷子上面又刷下，刷子飞舞呀。
53 53 | 5 3 1 | 2432 1 — ‖
哎呀我的小鼻子，变呀变了样。

怀孕176天

# 神话故事：牛郎织女

相传天上有个织女星，还有一个牵牛星。织女和牵牛情投意合，心心相印。这是一个很美丽的千古流传的爱情故事。准妈妈与胎宝宝一起分享这个《牛郎织女》传奇的爱情故事吧。

牛郎是一个贫穷而快乐的单身汉，与他相依为命的只有一头老牛、一张犁。牛郎每天下地干活，回到家后还要自己做饭、洗衣服，日子过得十分辛苦。

有一天，牛郎干完活回到家，一进家门，就被眼前的一切惊呆了，屋子被打扫得干干净净，衣服被洗得清清爽爽，桌子上还摆着热腾腾、香喷喷的饭菜。牛郎心想：这是怎么回事？神仙下凡了吗？牛郎百思不得其解。

此后一连几天，每天如此，牛郎心想：我一定要弄个水落石出。

这天，牛郎像往常一样，一大早就出了门，他没有下地干活，而是躲在离家不远的地方，偷偷观察家里的动静。

过了没多久，来了一位美丽的姑娘。只见她走进了牛郎的家门，忙着洗衣服、做饭、打扫屋子。牛郎实在忍不住了，就从躲藏的地方走出来，回到家中问："姑娘，请问你为什么要来帮我做家务呢？"

那姑娘吃了一惊，红着脸小声说："我叫织女，看你日子过得非常辛苦，就来帮帮你。"牛郎一听高兴极了，就大着胆子说："那你就嫁给我吧，我们一起劳动，一起生活。"织女羞涩地答应了。

牛郎和织女从此结为夫妻。牛郎每天到田里干活，织女就在家中织布、做家务，生活得很美满。

过了几年，他们生了一男一女两个孩子，一家人过得其乐融融。

有一天，天空突然乌云密布，狂风大作，两名天将来到牛郎家。天将告诉牛郎：“织女是天帝的外孙女。几年前离家出走，天帝一直在寻找她。”于是，两名天将强行把织女带回天上去了。

牛郎搂着两个年幼的孩子，看着被迫返回天上的织女，伤心极了。他发誓要上天找回织女，全家团圆。可是凡人怎么能上天呢？

就在牛郎不知所措的时候，曾与他相依为命的老牛说：“你把我杀了，把我的皮披上，就可以飞上天宫去找织女了。”牛郎说什么也不愿意这样做，但又拗不过老牛，又没有别的办法，只得忍着悲痛，含泪照老牛的话去做了。

牛郎披上老牛的皮，用担子挑着的两个孩子，飞向天宫。但天帝拒绝牛郎和织女见面。

经过牛郎和孩子们的再三恳求，天帝最后答应他们一家短暂相聚。被囚禁的织女见到丈夫和孩子，悲喜交加。时间很快过去了，天帝下令把织女带走。伤心的牛郎牵着两个年幼的孩子紧紧追赶着织女，几次跌倒了，再爬了起来，眼看着就快追上了，谁知狠心的天后却拔出头上的金簪一划，顷刻间，在他们中间划出了一道宽宽的银河。

从此，牛郎和织女只能站在银河的两端，遥遥相望。只有到了每年农历的七月初七，牛郎和织女才获准相会一次。到那时，成千上万只喜鹊飞来，在银河上架起一座长长的鹊桥，让牛郎织女一家再次团聚。

**心灵驿站**

有一种爱情，叫作“两情若是久长时，又岂在朝朝暮暮”，这是牛郎织女式的爱情。

怀孕177天

# 准妈妈动手：拼贴画

生活中，美无处不在，只要你有发现美的眼睛。吃完瓜子、核桃、花生等干果后，剩下的干果皮屑不要扔掉，这些都可以当做胎教的好道具。

人人都是艺术家。瓜子皮的拼画没有不可企及的材质与技术的要求，因此，当你嗑完瓜子，在阖家欢乐的氛围中，用顺手可得的生活垃圾，拼缀一幅有自己主张的艺术作品吧，不管是奔跑的小人、跳动的心、盛开的花朵，还是展翅欲飞的雄鹰、奔驰的骏马……只管尽情地宣泄与挥洒你的创意，沉浸在艺术之中。

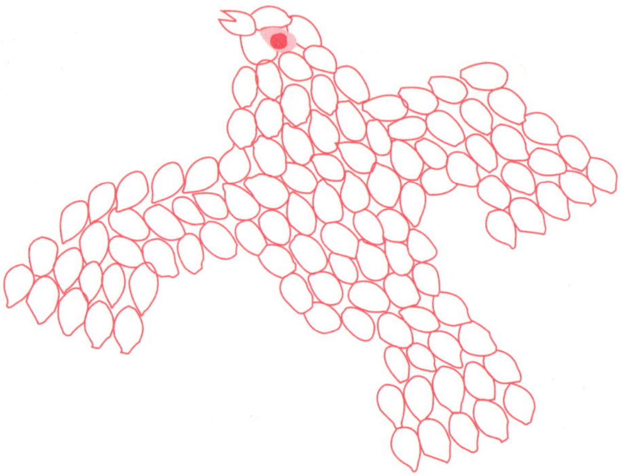

你也可以用花生壳做一幅小鱼儿画，看着胖胖的鱼儿欢快地吐着泡泡，你是不是想到肚子里胎宝宝呼吸羊水的样子。当它蒲扇着鱼翅游动的时候，你是不是发现你的肚皮在跳舞呢？美美地享受这幸福的感觉吧！

兴致正浓时，将还没有扔掉的核桃壳拿过来吧，将半个核桃壳扣在纸上，用彩色笔绕着核桃壳画出四条小腿、长长的小脑袋、细尾巴，一个可爱的小乌龟就出来啦。不仅于此，准妈妈还可以展开丰富的想象，随手画出自己的心情哦！

怀孕178天

# 古建筑欣赏：故宫

准妈妈参观一下故宫博物院吧，一边了解其承载的悠悠历史文化，一边领略其巧妙的建筑之美，轻轻呼唤胎宝宝，以便让他感受到古代宫殿建筑的精华。

故宫始建于1406年，位于北京市区中心，旧称紫禁城，为明、清两代的皇宫，拥有殿宇9000多间，有24位皇帝相继在此登基执政。是世界上现存规模最大、最完整的古代木质结构建筑群。

故宫黄瓦红墙，金扉朱楹，白玉雕栏，宫阙重叠，巍峨壮观，是中国古建筑的精华，被誉为世界五大宫之一（北京故宫、法国凡尔赛宫、英国白金汉宫、美国白宫、俄罗斯克里姆林宫），被联合国教科文组织列为“世界文化遗产”。

故宫严格地按《周礼·考工记》中“前朝后市，左祖右社”的帝都营建原则建造。整个故宫，在建筑布置上，用形体变化、高低起伏的手法，组合成一个整体。在功能上符合封建社会的等级制度。同时达到左右均衡和形体变化的艺术效果。

故宫的建筑都严格遵循对称规则，沿着一条南北向中轴线排列，三大殿、后三宫、御花园都位于这条中轴线上，并向两旁展开，南北取直，左右对称。这条中轴线不仅贯穿在紫禁城内，而且南达永定门，北到鼓楼、钟楼，贯穿了整个城市，气魄宏伟，规划严整，极为壮观。

**心灵驿站**

建筑在拉丁文中的涵义是巨大的工艺，说明建筑的技术与艺术密不可分。故宫正是一个巨大的建筑艺术瑰宝。建筑的艺术语言和表现手段非常丰富，包括空间、形体、比例、均衡、节奏、色彩、装饰等许多因素，正是它们共同构成了建筑艺术的造型美。

怀孕179天

# 国画欣赏：《八骏图》

准妈妈欣赏了这幅作品后有什么感受？赶快告诉你的胎宝宝，让他也体会到作品的魅力，欣赏的快乐。

徐悲鸿以画马见长，集国画的写意风格与西画的严谨结构于一身，画出的马不但有中国画的意境，也有西画的严谨结构关系。他非常注重写生，关于马的写生画稿不下千幅，还特别学习了马的解剖，对马的骨骼、肌肉、组织了如指掌，同时，他还熟悉马的性格脾气，这为他后来创作各种姿态的马，打下了坚实的基础。

八骏图是徐悲鸿最著名的作品之一，以周穆王八骏为题材，八匹马形态各异，飘逸灵动，在绘画技法上，是极为成功的中西融合的产物。他以中国的水墨为主要表现手段，又参用西方的透视法、解剖法等，逼真生动地描绘了马的飒爽英姿。他用笔刚健有力，用墨酣畅淋漓，晕染全部按照马的形体结构而施加，墨色浓淡有致，既表现了马的形体，又不影响墨色的韵味，为不可多得的珍品。刚劲矫健，剽悍的骏马，给人以自由和力量的象征，鼓舞人们积极向上。

这幅画画出了8种马：蒙古马，哈萨克马，河曲马，云南马，三河马，伊俐马，千里马，汗血宝马。每匹马都有着自己的名字：一个叫绝地，足不践土，脚不落地，可以腾空而飞；一个叫翻羽，可以跑得比飞鸟还快；一个叫奔菁，夜行万里；一个叫超影，可以追着太阳飞奔；一个叫逾辉，马毛的色彩灿烂无比，光芒四射；一个叫超光，一个马身十个影子；一个叫腾雾，驾着云雾而飞奔；一个叫挟翼，身上长有翅膀，像大鹏一样展翅翱翔九万里。

怀孕180天

# 王维名诗欣赏

世有“李白是天才，杜甫是地才，王维是人才”之说。准妈妈朗读王维的诗句，是否有不一样的感受？告诉你的胎宝宝吧。

## 青溪

言入黄花川，每逐青溪水。
随山将万转，趣途无百里。
声喧乱石中，色静深松里。
漾漾泛菱荇，澄澄映葭苇。
我心素已闲，清川澹如此。
请留盘石上，垂钓将已矣。

## 送别

下马饮君酒，问君何所之。
君言不得意，归卧南山陲。
但去莫复问，白云无尽时。

## 渭川田家

斜光照墟落，穷巷牛羊归。
野老念牧童，倚杖候荆扉。
雉雊麦苗秀，蚕眠桑叶稀。
田夫荷锄至，相见语依依。
即此羡闲逸，怅然吟式微。

## 西施咏

艳色天下重，西施宁久微。
朝为越溪女，暮作吴宫妃。
贱日岂殊众，贵来方悟稀。
邀人傅粉粉，不自著罗衣。
君宠益娇态，君怜无是非。
当时浣纱伴，莫得同车归。
持谢邻家子，效颦安可希。

### 心灵驿站

王维以其冲淡的诗风独树一帜，无人匹敌。他在描写自然景物方面，有其独到的造诣，无论是名山大川的壮丽宏伟，或者是边疆关塞的壮阔荒寒，小桥流水的恬静，都能准确、精炼地塑造出完美无比的鲜活形象，诗情与画意完全融合成为一个整体。

怀孕 181 天

# 音乐欣赏：《彩云追月》

如和煦扑面的春风，如灿烂的阳光普照大地，令人意味深长，孕期中的准妈妈聆听这优美、抒情的乐曲——《彩云追月》，是否对美好生活充满了无限的憧憬。

《彩云追月》的旋律，采用中国的五声音阶写成，简单、质朴、流畅，优美抒情，形象地描绘了浩瀚夜空的迷人景色。

该曲是我国音乐家任光、聂耳于1935年创作的一首家喻户晓的民族管弦乐曲，具有浓郁的中国民族音乐特色。在创作后的几十年里，曾被改编成歌曲、各种乐器独奏曲、合奏曲。

在第一部分，由笛、箫、琵琶、二胡、中胡齐奏，弦管合鸣，悠然自得，从容不迫。秦琴、扬琴、阮弹拨出轻盈的衬腔，节奏张弛有度，使音乐在平和中透露出不动声色的活力。间杂的木鱼、吊钹的敲击更衬托出夜的开阔旷远，平添神秘。

第二部分，没有明显的对比色彩，没有冲突，有的只是和谐、圆融。乐思正像听者此时的思绪一样，自由发展，浑然天成。

第三部分，极富动感，乐器间应答式的对话仿佛是云月的嬉戏，忽上忽下，忽进忽退，情态逼真、意趣盎然。

欣赏优美旋律的同时，也来品味下同名歌词吧（节选）：“明月照海滨，万里流银，玉宇无尘。花香暗飘近，夜正迷人，梦也迷人，春宵添情韵。晚风轻轻，流水欢歌，怡人之夜真醉心。相舞相伴，似云追月，几多欢笑入歌韵……”

**今日提醒**

很多准爸爸和准妈妈误以为胎教音乐就是世界名曲，其实不然。有些名曲会让人觉得压抑，显然不太适合。进行孕期音乐胎教时，应选择旋律温和自然、有规律性的音乐。

怀孕182天

# 脑筋急转弯：猜物品

在日常生活中，有些物品是我们离不开的，准妈妈动脑筋与准爸爸玩一玩脑筋急转弯游戏，看看谁更聪明。

1 人脱衣服，它穿衣服，人脱帽子，它戴帽子。

2 有面没有口，有脚没有手，虽有四只脚，自己不会走。

3 一根小棍儿，顶个圆粒儿，小孩儿玩它，容易出事儿。

4 一根柱子好些梁，没有门窗没有墙，好像一座小亭子，用它挡雨遮太阳。

5 看看像块糕，不能用嘴咬，洗洗衣服洗洗手，生出好多白泡泡。

6 平又平，亮又亮，平平亮亮桌上放。它会告诉你，脸上脏不脏。

7 小小木房站路旁，两边开着活门窗。要使街道干干净，果皮纸屑往里装。

8 叮铃铃，叮铃铃，一头说话一头听。俩人不见面，说话听得清。

9 别看它的身子小，头上戴顶大白帽，睁开眼睛屋里亮，地上蚂蚁也能找得到。

10 屋子方方，有门没窗，屋外热烘，屋里冰霜。

11 四四方方一块布，嘴和鼻子都盖住，两根带子耳上挂，不怕风沙不怕土。

答案在正文下方

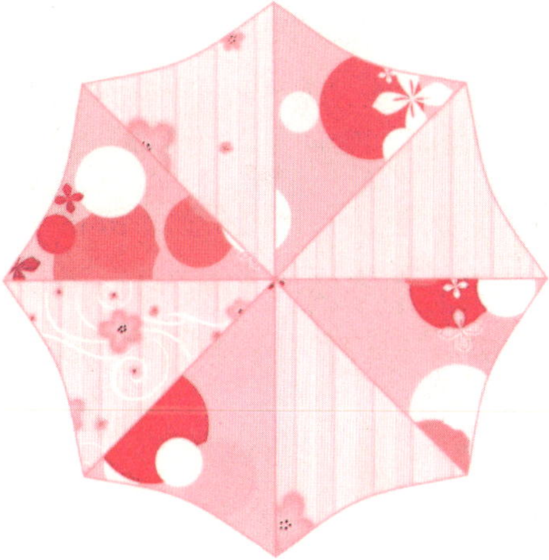

参考答案：1 衣帽架 2 桌子 3 火柴 4 伞 5 肥皂 6 镜子 7 垃圾箱 8 电话 9 电灯 10 冰箱 11 口罩

怀孕 183 天

# 雕塑欣赏：自由女神像

矗立在纽约的自由女神像，是法国在1876年赠送给美国独立100周年的礼物。准妈妈从自由女神像身上会欣赏到怎样的美呢？

自由女神像位于美国纽约州纽约市哈德逊河口附近，是雕像所在的美国自由岛的重要观光景点。

自由女神像是法国为纪念美国独立战争期间的美法联盟赠送给美国的礼物，由法国著名雕塑家奥古斯特·巴托第在巴黎设计并制作，历时10余年，于1884年5月完成，1885年6月装箱运至纽约，1886年10月由当时的美国总统克利夫兰亲自在纽约主持揭幕仪式。

自由女神雕像锻铁的内部结构是由后来建造了巴黎埃菲尔铁塔的居斯塔夫·埃菲尔设计的。自由女神像高46米，加基座为93米，重225吨，是金属铸造，置于一座混凝土制的台基上。自由女神像的底座是著名的约瑟夫·普利策筹集10万美金建成的，底座是一个美国移民史博物馆。

自由女神穿着古希腊风格的服装，头戴光芒四射的冠冕，七道尖芒象征世界七大洲。自由女神像腰宽10.6米，嘴宽91厘米，右手高举象征自由的火炬，长达12.8米，火炬的边沿上可以站12个人。左手捧着一本封面刻有“1776年7月4日”字样的法律典籍，象征着这一天签署的《独立宣言》；脚下是打碎的手铐、脚镣和锁链，象征着挣脱暴政的约束和自由。而其体态又似一位古希腊美女，使人感到亲切自然。当夜幕降临，神像基座的灯光向上照射，将女神照得宛如一座淡青色的玉雕。1984年，自由女神像被列为世界文化遗产。

怀孕184天

# 绕口令：说哥哥

今天，准妈妈再来动动嘴，与准爸爸一起给胎宝宝说说妙趣横生的绕口令吧。准爸爸和准妈妈一起实施胎教，会使胎宝宝感受温暖、和谐的家庭氛围。

## 哥哥赶鹅过河

哥哥去赶鹅，
翻山又过河，
哥哥要爬坡，
鹅要走下河。
哥气鹅，鹅气哥，
谁个对，谁个错，
小朋友们说一说。

## 哥哥和蝈蝈

哥哥捕了只大蝈蝈，
放在笼里听唱歌。
蝈蝈每天叫哥哥，
逗得哥哥乐呵呵。
一天哥哥在喂鹅，
笼里逃出大蝈蝈。
蝈蝈跳进鹅群里，
从此不见了大蝈蝈。

## 大哥小哥大锅小锅

大哥有大锅，
小哥有小锅。
大哥要用大锅，
换小哥的小锅；
小哥不用小锅，
换大哥的大锅。

### 今日提醒

绕口令是很好的语言胎教素材。好玩、有趣的绕口令带给准妈妈和胎宝宝无限的欢乐。准妈妈练习绕口令可以使头脑反应灵活，吐字清晰、口齿伶俐。

怀孕 185 天

# 童话故事：豌豆公主

《豌豆公主》是安徒生最著名的故事之一。准妈妈睡前给胎宝宝讲这个故事，幻想自己的胎宝宝是漂亮的公主还是英俊的王子呢？

从前，有一位王子，他想找一位公主结婚，但是，她必须是一位真正的公主。

于是，王子走遍了全世界，想要寻找到一位真正的公主，但不论他走到什么地方，总碰到一些奇怪的事情。王子虽然见到了许许多多的公主，但王子想不到任何办法来判断她们究竟是不是真正的公主，因为，王子总感觉到她们有一些地方不大对头。结果，没有找到真正公主的王子只好回到家中，整天闷闷不乐，非常不开心。因为，他是多么渴望能够得到一位真正的公主啊。

有一天晚上，忽然，狂风大作，天空下起了一阵可怕的暴风雨，电闪雷鸣，这真使人感到毛骨悚然，有些害怕！

这时，突然响起了敲门声，老国王缓慢地走过去打开门。

一位自称公主的姑娘站在门外。可是，天哪！经过了风吹雨打之后，她的样子是那么的难看。雨水顺着她的头发和衣服直往下流，流进了脚尖，又从脚跟流出来。她对大家说：“我是一个真正的公主。”

“是吗？，不过，这点我们马上就可以考查出来。”老王后心想。

于是，老王后站起来，什么也没有说，而是直接走进卧房，把所有的被褥全部搬开，在床榻上放了一粒小小的豌豆，然后，老王后取出二十张床垫子，把它们压在豌豆上，随后，她又在这些垫子上放了二十床鸭绒被。

之后，老王后安排这位公主睡在这张放了一粒豌豆、加了二十张床垫、铺了二十床羽绒被的床上。

第二天早晨，大家纷纷问公主昨晚睡得怎样？

“啊，太不舒服了！”公主说，“我差不多整夜都没有合上眼！真不知床下有什么东西，好像是一粒很硬的东西硌着我，非常难受，怎么都睡不着，而且，把我的全身都硌紫了，这真是太可怕了！”

大家听完公主的话，确定她的确是一位真正的公主。因为，压在这二十层床垫子和二十床鸭绒被下面的一粒豌豆，她居然还能感觉出来。只有真正的公主，其他任何人都不会有这么娇贵的身体和稚嫩的皮肤的。

因此，王子就选了这位公主做妻子，因为，他知道自己得到了一位真正的公主。很快，他们在王宫举行了隆重的婚礼。

那粒验证公主身份的豌豆也因此被送进了博物馆。如果没有人把它拿走的话，人们现在还可以在那儿看到它呢。

**心灵驿站**

这个故事的情节并不复杂，但极具讽刺意义——真正的公主就是能感觉到20床鸭绒被下的一粒豌豆，并且这粒豌豆还被送进了博物馆。

怀孕186天

# 开心说说颠倒歌

颠倒歌的特点是：正话反说，内容机智，联想丰富。今天，给准爸爸妈妈推荐两首颠倒歌，每人说一首，听听是否很有意思。

## 太阳从西往东落

太阳从西往东落，听我唱个颠倒歌。
天上打雷没有响，地上石头滚上坡。
江里骆驼会下蛋，山上鲤鱼搭成窝。
腊月炎热直流汗，六月寒冷打哆嗦。
妹照镜子头梳手，门外口袋把驴驮。

## 打起喇叭吹起锣

打起喇叭吹起锣，听我唱支颠倒歌。
黑夜做了个白日梦，梦见个小孩胡子多。
书本扔在狗窝里，扑克装进文具盒。
七点半上课八点走，急急忙忙倒着挪。
下课问了一声老师早，上课他比老师说话多。
站起答题累出汗，还说三九天太热。
对着地图头挠手，缩缩眼睛挤挤脖。
长白山在广东省，辽宁有个大渡河。
江心骆驼下了个蛋，山顶乌龟做了个窝。
耳朵看了直流泪，眼睛听了直打嗝。
老师气，直拿眼镜擦手绢。
同学笑，书桌狠劲敲胳膊。

**心灵驿站**

颠倒歌几乎都是把自然界的某些规律、某些常见现象来个颠倒，在这个颠倒的世界里，四季可以打乱，雄雌可以混淆，弱者可以战胜强者，可以让想象力自由驰骋。

# 怀孕187天 适合准妈妈的运动

准妈妈在选择运动的时候，要选择强度适中，符合自己体力情况，幅度不大的运动。下面给准妈妈推荐几种运动方式。

## 蹲举训练

运动时，为保持平衡可以双手拿个球，两脚与肩同宽，脚尖正对前方，然后吸气往下蹲，蹲到大腿与地面呈水平，吐气站立，将球上举。下蹲时，应注意膝盖不能超过脚尖，鼻尖不能超过膝盖。每个动作重复 12 ~ 15 次，一周可以做 3 ~ 4 次。可以锻炼腿部耐力，还可增强呼吸功能及大腿、臂部、腹部肌肉收缩功能。

## 坐姿划船

坐姿划船：平坐在椅子或瑜伽垫子上，将橡皮筋套在脚上，双手向后拉前方的橡皮筋，来回水平运动。每个动作重复 15 次左右，每周 3 ~ 4 次。此运动可以有效增强臂力及背部肌肉力量，令准妈妈生产时臂肌和背肌能够均匀用力。

怀孕188天

# 童话故事："咕咚"来了

准妈妈给胎宝宝讲一讲下面这个故事。看看是否能勾起准妈妈童年的美好回忆呢？

一天，小白兔路过湖边，树上一只熟透的木瓜被风一吹"咕咚"一声掉进湖里。小白兔听到"咕咚"一声，拔腿就跑。

狐狸看见小白兔慌张地逃跑，忙问："你跑什么呀？出了什么事？"小白兔边跑边喘着气说："咕咚来了。" 狐狸以为"咕咚"是个很厉害的怪物，也赶忙跟着跑。

跑着、跑着，它们又碰到了猴子、狗熊、梅花鹿、老虎等，老虎忙问："你们跑什么呀？"狐狸说："咕咚来了！"它们谁都不知道"咕咚"到底是什么，大家也跟着没命地跑起来。

狮子看到这么多的动物都在慌张地跑，便拦住它们问："你们跑什么啊？什么东西把你们吓成这样？"

动物们齐声说："不得了，咕咚来了！"狮子又问："咕咚是什么？在哪里呀？"小白兔说："那个咕咚就在湖边。"

狮子说："你带我去瞧瞧，"小白兔说："不行，"咕咚"太可怕了。"狮子说："不要怕，有我呢！"

小白兔带大家来到湖边，左瞧右瞧，哪有什么"咕咚"呀！这时，正好有一只木瓜熟透了，被风一吹，掉到湖里，又响了"咕咚"一声。这一来，大家终于明白了，原来是木瓜掉到水里发出的声音。

怀孕189天

# 胎教名曲：《高山流水》

现在的胎宝宝真是准妈妈的“知音”，你的喜怒哀乐他都能清晰地感觉到，所以，为了胎宝宝，准妈妈要保持快乐的心情。来听听“知音”的故事吧。

俞伯牙从小就酷爱音乐。有一年的八月十五，俞伯牙乘船来到了汉阳江口。晚上俞伯牙琴兴大发，专心致志地弹起琴来，正当他沉醉其中的时候，突然看到一个人在岸边一动不动地站着。

俞伯牙借着月光仔细一看，那个人身旁放着一担干柴，是个打柴的人。接着俞伯牙为打柴人弹了几曲，请他辨识其中之意。琴声雄壮高亢的时候，打柴人说：“这琴声表达了高山的雄伟气势。”当琴声变得清新流畅时，打柴人说：“这后弹的琴声，表达的是无尽的流水。”

俞伯牙听了不禁惊喜万分，自己用琴声表达的心意，过去没人能听得懂，而眼前的这个樵夫，竟然听得明明白白。没想到，在这野岭之下，竟遇到自己久久寻觅不到的知音。“高山流水遇知音”的典故也因此流传了下来。

《高山流水》，为中国十大古曲之一。“高山流水”比喻知己或知音，也比喻乐曲高妙。此曲原是古琴曲，现多为古筝弹奏。《高山流水》原为一曲，自唐代以后，《高山》与《流水》分为两首独立的琴曲。

**心灵驿站**

一阵古色古香的古琴声，把准妈妈带入了乐曲《高山流水》之中。听着听着，让人仿佛进入了幻境之中。仿佛乘一叶扁舟顺流直下，时而快，两岸群山奔赴；时而慢，两岸风景尽收眼底。就在这美丽的音乐之中，我不仅想起了伯牙鼓琴、子期评琴的动人传说。

怀孕190天

# 教胎宝宝唱动物

小动物是宝宝们最最喜爱的，多和胎宝宝说说有关动物的儿歌，有利于将来宝宝更准确地认识动物。

## 小白兔

小白兔，白又白，
两只耳朵竖起来，
爱吃萝卜和青菜，
蹦蹦跳跳真可爱。

## 大公鸡

公鸡公鸡真美丽，
大红冠子花外衣，
油亮的脖子红红的爪，
人人见了人人夸。

## 小鸡和小鸭

小鸡小鸡叽叽叽，
爱吃小虫和小米。
小鸭小鸭嘎嘎嘎，
扁扁嘴，大脚丫。

## 小青蛙

小青蛙，呱呱叫，
专吃害虫护庄稼。
小肥猪，胖嘟嘟。
吃饱饭，睡呼呼。

## 小松鼠

小松鼠，尾巴大，
轻轻跳上又跳下，
我帮你，你帮他，
采到松果送回家。

## 小孔雀

小孔雀，真美丽，
身穿一件花衣裳，
衣服干净又整齐，
我们大家喜欢你。

怀孕191天

# 感受织锦艺术的魅力

织锦作为丝绸中最美丽的部分，经丝绸之路走遍世界。准妈妈与胎宝宝在欣赏织锦的同时，也来了解织锦的历史吧。

由于历史渊源、地域关系、生活环境的不同和民俗文化传承的多样性，民族的织锦品种独具风格。如传统的三大名锦（四川蜀锦、苏州宋锦、南京云锦），少数民族的壮锦、傣锦、侗锦、苗锦等，都有大量富有浓郁民族风格的图案花色。

蜀锦是产地以成都为中心的织锦，在中国所有织锦中蜀锦历史最悠久，影响最深远。东汉三国时期蜀锦即已享誉中华，唐代蜀锦达到鼎盛时期。蜀锦织造精致，质地细密，图案纹样别具一格。

形成于北宋末年的宋锦，主要产地为苏州一带，已有近千年历史。宋锦的独特风格在于吸收了当时成熟的花鸟画写实风格，将折枝花卉用于织锦纹样，或变化成装饰韵味的缠枝莲花、穿枝牡丹，并发展成遍地锦纹图案。

传说天上的仙女日夜织锦，朝为锦云，晨为栖霞，当人们仰望漫天的流光溢彩时，惊叹于织锦像云霞一样美丽，于是，人们称南京这种如彩云般绚烂多姿的织锦为云锦。根据技法不同，云锦又分为库缎、织锦、库锦、妆花四大类。

民间织锦的原料多为彩色棉线，纹样结构多呈几何形骨架，图案多为变形的人物、动物、花鸟、鱼虫等。

**今日提醒**

准妈妈在欣赏织锦时，可以对胎宝宝说：“这个图案象征着吉祥，这个象征着富贵，”以提高胎宝宝的认知能力。

怀孕192天

# 哲理故事：小青虫变蝴蝶

准妈妈知道小青虫是怎样变成美丽的蝴蝶的吗？给胎宝宝讲这个故事，了解昆虫蜕变的过程，增长一些科学知识。

冬爷爷还没有走远，美丽的春姑娘就来了。

春姑娘头上戴着用红花、白花、黄花、粉花编成的帽子，身上穿着嫩绿色的衣裳，打扮得可漂亮了。她张着像薄纱一样的翅膀，飞呀飞呀，飞到田野里的一棵大树旁边。她看见树枝上挂着一个黄色的、两头尖的小包包。风儿轻轻一吹，小包包就随着风儿左摇右摆。春姑娘想：这是什么呢？她仔细看了看，哦！原来，这个小包包是小青虫变的。

小青虫已经睡了一个冬天了。去年的秋天，小青虫变成这个小包包就睡着了，一直到现在还没醒呢。

春姑娘看着这个土黄色的小尖包包，心里想：嗯，小青虫快要醒了。我呀，我要把这个世界变个样儿，让小青虫醒来的时候，觉得很奇怪！于是，春姑娘轻轻地对小草说：“小草呀，小草！我要把世界变得更美丽，让小青虫醒来的时候，觉得很奇怪。小草，你帮我这个忙吧！”

小草听了春姑娘的话，立刻从土里伸出头来，大地马上变成了一片绿色，好像铺上了绿色的地毯，好看极啦！可是，小青虫还睡着呢，一点儿也不知道。

春姑娘又飞到小河那儿，对小河说：“小河呀，小河！我要把世界变得更美丽，让小青虫醒来一看，觉得很奇怪。小河，你能帮我这个忙吗？”

小河点头笑了笑，河里的冰立刻就化了，河水“哗哗”地唱着歌，高高兴兴地流淌着。可是，小青虫还睡着，一点儿都不知道。

春姑娘又对树和花说：“树啊，花儿啊！我要把世界变得更美丽，让小青虫醒来一看，觉得非常奇怪。你们给我帮帮忙，行吗？”树和花微笑着点了点头说：“好啊，好啊！”于是，树上长满了绿色的嫩叶子，各种各样的花儿也都开了，真是美极了。

春姑娘飞到小青虫身边对它说：“小青虫，你该醒醒了！瞧！草儿都绿了，小河里的冰也化了，花儿都开了，你快醒醒吧！”

可是，春姑娘叫了半天，小青虫却没说话。她再仔细一看，咳，小尖包包早就空了，小尖包包上有一个小缝缝，小青虫也早就不见了。

春姑娘东瞧瞧，西看看，咦，有一只蝴蝶在花丛里飞来飞去，高高兴兴地唱歌、跳舞呢。春姑娘想：这只蝴蝶多漂亮啊！她翅膀上好像镶着各种颜色的珠子，太阳一照，珠子还会闪闪发光呢。

蝴蝶自由自在地飞着，一会儿飞到东，一会儿飞到西。她看看流淌的小河，看看绿葱葱的小草，又看看盛开的花儿，再看看高大的树。小河、小草、花儿和树也看见了这只美丽的蝴蝶，惊叹地问春姑娘：“啃！多漂亮的一位小姑娘啊！她是谁呀？”

春姑娘笑了：“你们不认识她吗？她就是整个冬天都挂在树上的那个小尖包包里的小青虫变的，她的名字叫‘蝴蝶’啊！”

**心灵驿站**

小青虫想变成美丽的蝴蝶，需要付出许多艰辛和努力。准妈妈期盼着与胎宝宝见面的那一刻的到来，同样也需要付出艰辛和努力。

怀孕193天

# 柳宗元名诗欣赏

准妈妈给胎宝宝朗读几首柳宗元的名诗，是不是与以前读的古诗风格有所不同呢？朗读完之后，准妈妈要将自己的感受分享给胎宝宝。

## 晨诣超师院读禅经

汲井漱寒齿，清心拂尘服。
闲持贝叶书，步出东斋读。
真源了无取，妄迹世所逐。
遗言冀可冥，缮性何由熟。
道人庭宇静，苔色连深竹。
日出雾露余，青松如膏沐。
澹然离言说，悟悦心自足。

## 溪居

久为簪组累，幸此南夷谪。
闲依农圃邻，偶似山林客。
晓耕翻露草，夜榜响溪石。
来往不逢人，长歌楚天碧。

## 江雪

千山鸟飞绝，万径人踪灭。
孤舟蓑笠翁，独钓寒江雪。

## 渔翁

渔翁夜傍西岩宿，晓汲清湘燃楚竹。
烟销日出不见人，欸乃一声山水绿。
回看天际下中流，岩上无心云相逐。

### 今日提醒

准妈妈朗读古诗时，应注意咬字清晰，语气抑扬顿挫，将诗的意境表达出来。准妈妈只有理解了古诗的含义，才能准确地传达给胎宝宝。

怀孕194天

# 名画欣赏：《群虾图》

准妈妈欣赏名人画作，可以为胎宝宝对艺术的领悟力打好基础，让胎宝宝感受艺术的魅力。今天，准妈妈就来欣赏这幅齐白石大师的《群虾图》吧。

《群虾图》是齐白石的代表作，此作品生动地表现出了虾的透明质感。画面中的群虾，用淡墨掷笔绘成躯体，浸润之色更显虾体晶莹剔透之感。该画以浓墨竖点为睛，横写为脑，落墨成金，笔笔传神，显示了画家高妙的书法功力。那浓墨点出的双眼似在活动，虾须、虾足和虾钳错落有致，让人丝毫不感凌乱，用笔柔中有刚，极富神韵，令人叫绝。

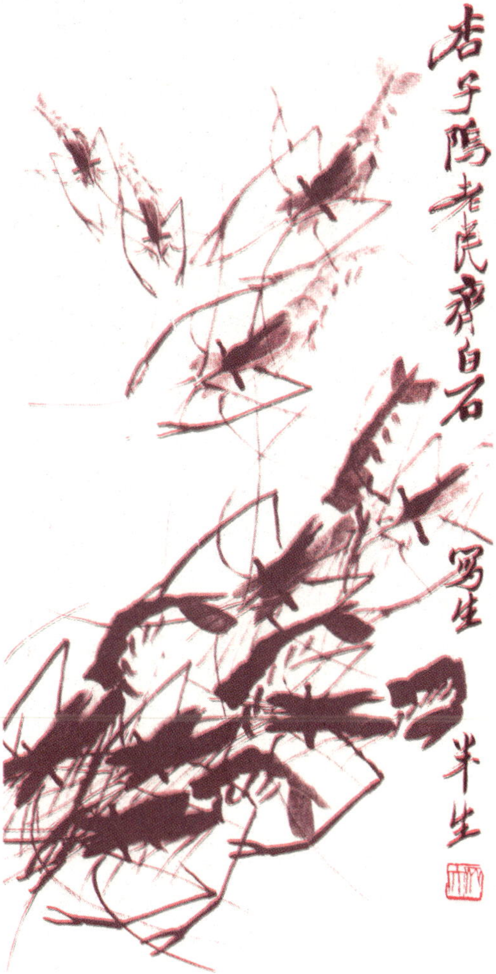

怀孕 195 天

# 准妈妈唱儿歌：你拍一，我拍一

这首儿歌很多准妈妈一定不陌生，也一定听到过很多版本。今天，给准妈妈推荐两首不同的版本，看看你更喜欢哪一个。

## 你拍一，我拍一

你拍一，我拍一，一个小孩坐飞机。
你拍二，我拍二，两个小孩丢手绢。
你拍三，我拍三，三个小孩来搬砖。
你拍四，我拍四，四个小孩写大字。
你拍五，我拍五，五个小孩敲锣鼓。
你拍六，我拍六，六个小孩拣豆豆。
你拍七，我拍七，七个小孩穿新衣。
你拍八，我拍八，八个小孩吃西瓜。
你拍九，我拍九，九个小孩齐步走。
你拍十，我拍十，十个小孩在学习。

## 你拍一，我拍一

你拍一，我拍一，一个小孩坐飞机
你拍二，我拍二，二个小孩梳小辫儿
你拍三，我拍三，三个小孩吃饼干
你拍四，我拍四，四个小孩写大字
你拍五，我拍五，五个小孩敲大鼓
你拍六，我拍六，六个小孩吃石榴
你拍七，我拍七，七个小孩架飞机
你拍八，我拍八，八个小孩吹喇叭
你拍九，我拍九，九个小孩去跑步
你拍十，我拍十，十个小孩猜谜语

### 今日提醒

这也是一首亲子互动的儿歌。将来等宝宝出生后，爸爸妈妈可以和宝宝一起，一边听歌曲一边做拍手的游戏，训练宝宝的注意力及肢体动作的协调能力，让亲子关系在游戏中得到提升！

怀孕196天

# 胎宝宝听故事：嫦娥奔月

辛苦了一天的准妈妈，临睡前给胎宝宝讲一个《嫦娥奔月》的故事放松一下吧。

远古的时候，天上曾有十个太阳，晒得大地冒烟，海水干枯，老百姓无法生活下去。

有个叫后羿的英雄，力大无比，他用宝弓神箭，一口气射下九个太阳。最后那个太阳一看大势不妙，连忙认罪求饶，后羿才息怒收弓，命令这个太阳今后按时起落，好好为老百姓造福。

后羿的妻子名叫嫦娥，美丽贤惠，心地善良，大家都非常喜欢她。

一个老道人十分钦佩后羿的神力和为人，赠他一包长生不老药，吃了可以升天，长生不老。后羿舍不得心爱的妻子和乡亲，不愿自己一人升天，就把长生不老药交给嫦娥收藏起来。

这一年的八月十五，后羿带着徒弟们出门打猎去了。天近傍晚，找借口未去打猎的徒弟逢蒙闯进嫦娥的住所，威逼嫦娥交出可以升天的长生不老药。

嫦娥迫不得已，仓促间把药全部吞下肚里。之后她立刻变得身轻如燕，飘出窗口，直上云霄。由于嫦娥深爱自己的丈夫，最后她就在离地球最近的月亮上停了下来。

听到消息，后羿心如刀绞，拼命朝月亮追去。可是，他进月亮也进，他退月亮也退，永远也追不上。后羿思念嫦娥，只能望着月亮出神。此时，月亮也格外圆格外亮，就像心爱的妻子在望着自己。

从此，每年的八月十五晚上，嫦娥走出月宫，默默地遥望下界，思念丈夫和乡亲们。她那美丽的面孔，使得月亮也变得非常的圆格外的亮。

# Part 08

# 孕 8 月
# 忐忑中期待幸福

现在，准妈妈的腹部越来越膨隆，行动特别不便，变得迟缓。准妈妈开始忐忑不安，焦急地等待着胎宝宝的降临。此时，准妈妈要尽量平复自己的心情，坚持从孕中期开始的各种胎教，随时随地与胎宝宝沟通，胎教时间较前几个月可以适当延长，内容也应有所增加。

怀孕197天

# 绕口令：四和十

绕口令可以锻炼人的舌、唇、齿的相互配合的技巧，被形象地称为“口腔体操”。今天，给准妈妈推荐几首，赶快来试试吧。

## 四和十

四和十，十和四，十四和四十，四十和十四。

说好四和十得靠舌头和牙齿，谁说四十是“细席”，他的舌头没用力；谁说十四是“适时”，他的舌头没伸直。

认真学，常练习，十四、四十、四十四。

## 司小四和史小世

司小四和史小世，四月十四日十四时四十上集市，

司小四买了四十四斤四两西红柿，史小世买了十四斤四两细蚕丝。

司小四要拿四十四斤四两西红柿换史小世十四斤四两细蚕丝。

史小世十四斤四两细蚕丝不换司小四四十四斤四两西红柿。

司小四说我四十四斤四两西红柿可以增加营养防近视，

史小世说我十四斤四两细蚕丝可以织绸织缎又抽丝。

## 山前有四十四棵死涩柿子树

山前有四十四棵死涩柿子树，山后有四十四只石狮子。

山前的四十四棵死涩柿子树，涩死了山后的四十四只石狮子。

山后的四十四只石狮子，咬死了山前的四十四棵死涩柿子树。

不知是山前的四十四棵死涩柿子树涩死了山后的四十四只石狮子。

还是山后的四十四只石狮子咬死了山前的四十四棵死涩柿子树。

**今日提醒**

上面的绕口令说起来是不是比以前的难了许多呢？准妈妈不要气馁，一定要坚持说下去，这对将来宝宝的语言训练很有好处。

怀孕198天

# 快乐折纸：可爱的小狗头

准妈妈喜欢折纸吗？是不是好长时间没有动手了，那么，现在就动起来，从最简单的做起，与胎宝宝一起折个可爱的小狗头吧。

1. 准备一张正方形的纸，按箭头方向对折成三角形。

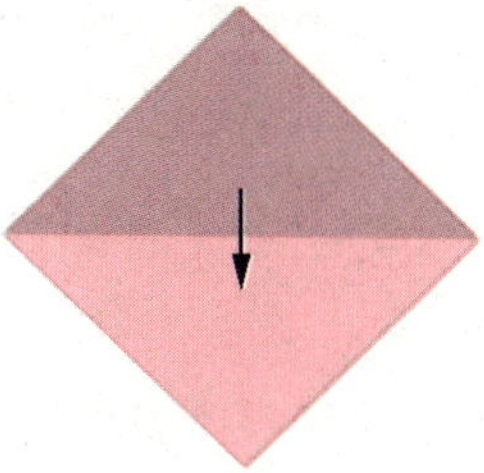

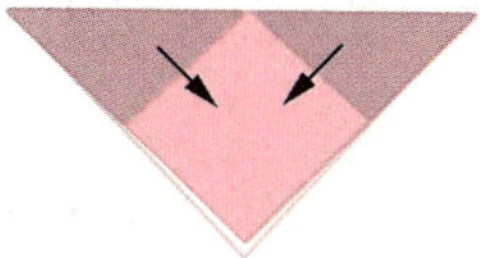

2. 将上面的2个角沿线条，按箭头方向折叠。

3. 按照箭头方向，沿途中横线，将下面2个角向上折。

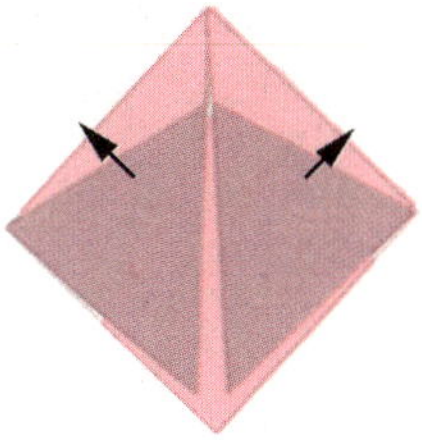

4. 沿线条方向并按箭头指示将两边折好，然后翻转过来。

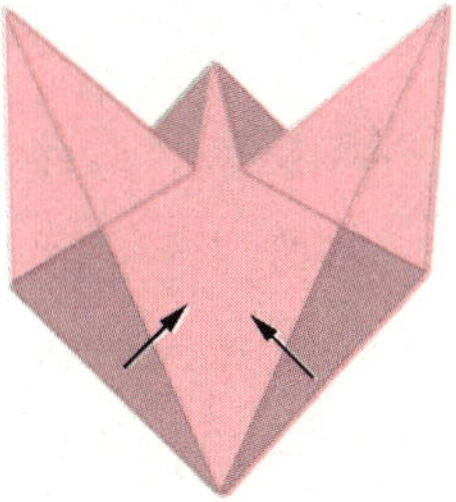

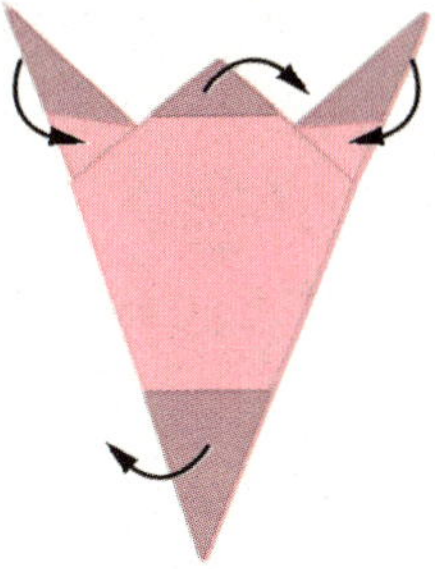

5. 沿着横线，按照箭头方向向后翻折。

6. 用笔画上眼睛、鼻子、嘴巴。一个可爱的小狗出来了。

怀孕199天

# 美文赏析：《孩童之道》

泰戈尔的名作《孩童之道》蕴意丰富，让我们感受到母与子之间深深的爱。准妈妈在给胎宝宝朗读时，是否也有同样的感受与胎宝宝一起分享。

## 孩童之道

只要孩子愿意，他此刻便可飞上天去。

他所以不离开我们，并不是没有缘故。

他爱把他的头倚在妈妈的胸间，他即使是一刻不见她，也是不行的。

孩子知道各式各样的聪明话，虽然世间的人很少懂得这些话的意义。

他所以永不想说，并不是没有缘故。

他所要做的一件事，就是要学习从妈妈的嘴唇里说出来的话。

那就是他所以看来这样天真的缘故。

孩子有成堆的黄金与珠子，但他到这个世界上来，却像一个乞丐。

他所以这样假装了来，并不是没有缘故。

这个可爱的小小的裸着身体的乞丐，所以假装着完全无助的样子，便是想要乞求妈妈的爱的财富。

孩子在纤小的新月的世界里，是一切束缚都没有的。

他所以放弃了他的自由，并不是没有缘故。

他知道有无穷的快乐藏在妈妈的心的小小一隅里，被妈妈亲爱的手臂所拥抱，其甜美远胜过自由。

孩子永不知道如何哭泣。他所住的是完全的乐土。

他所以要流泪，并不是没有缘故。

虽然他用了可爱的脸儿上的微笑，引逗得他妈妈的热切的心向着他，然而他的因为细故而发的小小的哭声，却编成了怜与爱的双重约束的带子。

### 心灵驿站

散文不仅表达了对母爱的崇高礼赞，而且抒发了孩子对母亲深挚的爱恋。正因为孩子时刻沐浴着母爱，所以，他快乐、天真、活泼、可爱。孩子享受无私而伟大的父爱母爱，他们的生命因为爱而更为富足。

怀孕200天

# 寓言故事：农夫与蛇

准妈妈给胎宝宝讲这个故事，一定要将故事蕴含的道理传递给胎宝宝，让宝宝将来做一个明辨善恶的人。

从前，有一位善良的农夫，小时候因为家里穷，没有读过书，长大后靠种地为生养活全家。

有一年的冬天，天上飘着雪花，西北风“呼呼”地刮着，天气非常寒冷。农夫赶完集匆匆地走在回家的路上。

突然，农夫看见路边有一条正在冬眠的蛇。农夫不了解冬眠是蛇的习性，误以为蛇是因为天气寒冷冻僵了。于是，善良、无知的农夫把蛇拾起来，小心翼翼地揣进自己的怀里，用自己身体温暖着冻僵的蛇。

那条冬眠的蛇感觉身体被一丝丝暖意包裹，受到了惊吓。蛇渐渐地苏醒过来，看看周围一片漆黑，不知发生了什么事情。恐怕自己受到伤害的蛇出于自卫的本能，用尖利的毒牙狠狠地在农夫的胸前咬了一口，毫无戒备的农夫就这样因为好心“救蛇”，却被蛇咬了致命的一口。

农夫被蛇咬伤后，对蛇的行为非常不理解：“我好心救你，你不感谢也就算了，为什么要害我呢？”

农夫对自己的无知行为非常懊悔，临死的时候痛悔地对家人说：“我想做好事，但是，因为自己的无知，盲从行事，结果害了自己，得到这样的结果。你们以后要记住这个教训，千万不要犯与我同样的错误啊！”

怀孕201天

# 诗朗诵：《我骄傲，我是中国人》（节选）

在音乐的伴奏下，朗读诗词可以抒发感情，也是一种很好的胎教方法。今天，准爸爸和准妈妈就给胎宝宝来朗诵一首配乐诗吧。

## 《我骄傲，我是中国人》节选（作者 王怀让）

在无数蓝色的眼睛和棕色的眼睛之中，
我有着一双宝石般的黑色眼睛，
我骄傲，我是中国人！
在无数白色的皮肤和黑色的皮肤之中，
我有着大地般黄色的皮肤，
我骄傲，我是中国人！
我是中国人——
黄土高原是我挺起的胸脯，
黄河流水是我沸腾的血液，
长城是我扬起的手臂，
泰山是我站立的脚跟。
我是中国人——
我的祖先最早走出森林，
我的祖先最早开始耕耘，
我是指南针、印刷术的后裔，
我是圆周率、地动仪的子孙。
我是中国人——
在我的民族中，

不光有史册上万古不朽的孔夫子、司马迁、李自成、孙中山，
还有那文学史上万古不朽的花木兰、林黛玉、孙悟空、鲁智深，
我骄傲，我是中国人！
我是中国人——
在我的国土上，
不光有雷电轰击不倒的长白雪山、黄山劲松
还有那风雨不灭的井冈传统、延安精神！
……
我是中国人——
我那长城一样的巨大手臂，
不光把采油钻杆钻进外国人预言打不出石油的地心；
也把通信卫星送上祖先们
梦里也没有到过的白云。
当五大洲倾听东方声音的时候，
我骄傲，我是中国人！
我是中国人——
我是莫高窟壁画的传人，
让那翩翩欲飞的壁画与我们同住。
我们就是飞天，
飞天就是我们，
我骄傲，我是中国人！

**今日提醒**

这是一首让中华儿女骄傲、自豪，鼓舞中华儿女士气的诗，由准妈妈或准爸爸诵读给胎宝宝听吧，他也一定会骄傲，因为我们是中国人。

怀孕202天

# 准妈妈大脑转起来

准妈妈每天挺着大肚子，是不是有时候会感到累，笑一笑让自己轻松一下。给准妈妈推荐几个脑筋急转弯，看看你们是否能转过来。

## 猜猜最少几个人

1 一个爸爸，一个妈妈，一个哥哥，一个妹妹，一个侄子，一个外甥女，一个舅父，一个姑妈，一个儿子，一个女儿，还有一个表兄和表妹。这家最少几个人？

## 有关“花”的新说法

2 花的孩子是谁？

3 花的老公是谁？

4 花的妈妈是谁？

5 花的外婆是谁？

## 关于“草地”

6 有一片绿绿的草地。

7 又一片绿绿的草地。

8 草地上来了一群羊。

9 又来了一群狼。

10 又来了一台压路机。

（答案在右栏）

参考答案：1 4人

解释：设4人分别为A，B，C，D，A和B是亲生兄妹，A是哥哥，有一个儿子C，B是妹妹，有一个女儿D。于是：

一个爸爸A是C的爸爸

一个妈妈B是D的妈妈

一个哥哥A是B的哥哥

一个妹妹B是A的妹妹

一个侄子C是B的侄子

一个外甥女D是A的外甥女

一个舅父A是D的舅父

一个姑妈B是C的姑妈

2 花生米 3 蝶恋花 4 妙笔生花

5 爆米花 6 梅花 7 野梅花 8 草莓

9 杨梅 10 郎平

怀孕203天

# 建筑艺术欣赏：比萨斜塔

世界上有许多著名的建筑，每个建筑的背后都有一个故事。今天，准妈妈与胎宝宝一起欣赏比萨斜塔，分享其中的传奇故事。

比萨斜塔位于意大利托斯卡纳大区比萨城北面的奇迹广场上。广场的大片草坪上散布着一组宗教建筑，它们是大教堂、洗礼堂、钟楼和墓园，它们的外墙面均为乳白色大理石砌成，各自独立但又形成统一的罗马式风格。比萨斜塔位于比萨大教堂的后面。

那么，比萨斜塔为什么会倾斜呢？专家们曾为此争论不休。尤其是在14世纪，人们在两种论调中徘徊，比萨斜塔究竟是建造过程中无法预料和避免的地面下沉累积效应的结果，还是建筑师有意而为之。进入20世纪，随着对比萨斜塔越来越精确的测量、使用各种先进设备对地基土层进行的深入勘测，以及对历史档案的研究，一些事实逐渐浮出水面，比萨斜塔在最初的设计中是垂直的建筑，但是在建造初期就偏离了正确位置。

比萨斜塔是比萨城的标志，1987年它和相邻的大教堂、洗礼堂、墓园一起因其对11世纪至14世纪意大利建筑艺术的巨大影响，而被联合国教育科学文化组织评选为世界遗产。

怀孕 204 天

# 象声词儿歌

准妈妈在和胎宝宝聊天的时候，不妨用这些有趣的象声词自问自答，等宝宝出生后你们就能一起玩了！

## 动物怎么叫

小鸡怎么叫呀？叽叽叽叽；
小鸭怎么叫呀？嘎嘎嘎嘎。
小猫怎么叫呀？喵喵喵喵；
小狗怎么叫呀？汪汪汪汪。
小猪怎么叫呀？嗯嗯嗯嗯；
小牛怎么叫呀？哞哞哞哞。
小羊怎么叫呀？咩咩咩咩；
老虎怎么叫呀？噢噢噢噢。
鸽子怎么叫呀？咕咕咕咕；
青蛙怎么叫呀？呱呱呱呱。

## 象声词儿歌

雨打着小伞滴答滴答　风吹着树叶哗啦哗啦
小朋友上学哈哈哈哈　脚踩着水花哗啦哗啦
读书的声音哇啦哇啦　哪管它雨大哗哗哗哗
锣鼓的声音咚巴咚巴　长笛的声音唔啊唔啊
火车的声音轰隆轰隆　轮船的声音呜呜呜呜
汽车的声音嘀嘀吧吧　自行车的铃声叮铃叮铃
……

**今日提醒**

等宝宝出生后，仍然会对象声词格外敏感，也很乐意听妈妈描述各种各样的声音，爸爸妈妈继续和宝宝说这些象形词儿歌，对宝宝认识事物会有很大的帮助。

怀孕205天

# 准妈妈手工：剪纸树

有些准妈妈身体条件不允许出门没有关系，让我们动起手来一起剪纸树吧，为胎宝宝建立一片爱的纸树林，也同样很美。

准备材料很简单，彩纸，笔，剪刀，然后，然后当然就可以开始啦。

1. 将准备好的彩纸等分成八份或更多（要是偶数份哦），折成如图所示的样子。

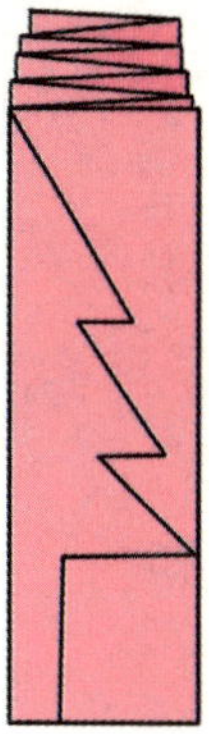

2. 在最上面一联画好松树的半边，要注意，松树中轴线的位置。

3. 剪掉阴影部分吧。如果你想让松树牵起手来，那就要十分小心图中的最后那个角，不要剪断哟。

4. 展开之后，就大功告成了。简单吧，看看，这些手拉着手的松树，是不是很亲切。

怀孕206天

# 神话故事：天女散花

准妈妈在公园，找一个比较安静的地方坐下，观赏眼前百花盛开的景色，用温和的声音、充满情感的语调，给胎宝宝讲一个《天女散花》的故事吧。

盘古开天辟地以后，生了两个儿子和一个女儿。他叫大儿子管天上的事，人称玉帝；叫他的二儿子管地上的事，人称黄帝；叫他的女儿管百花，人称花神。

由于盘古开天辟地用力过猛，伤了五脏六腑，快死的时候，他把女儿叫到跟前，拿出一包种子对她说："女儿啊，这是一包百花种子，交给你了。你要往西走二万二千二百二十二里，那里有一座净土山，你可取净土一担，摊在天石上，把这百花种子种在净土里。然后你再往东走四万四千四百四十四里，在日头洗澡的地方，那里有一潭真水，不蒸不发，你可取真水一担，浇灌百花种子，百花种子就会生芽出土。你再往南走六万六千六百六十六里，那里有一潭善水，你可取善水一担，对花苗喷洒，花苗就会结出骨朵。然后，你再往北走八万八千八百八十八里，那里有一潭美水，你可取美水一担，滋润花骨朵，这样，就会开出百样的、美丽的花朵。你可以用这些花给你大哥点缀天庭，给你二哥的江山添美。"盘古说完后，闭上了双眼，身体随后化为一座盘古山。

花神按照父亲的嘱咐，往西走了二万二千二百二十二里，取了净土一担，摊在天石上，播上了百花种子。又分别向东、向南、向北取来真、善、美三潭里的水，精心育花。果然，百花怒放，好看极了。她高兴地告诉大哥玉帝，玉帝便随着妹妹前来观赏百花，他高兴地说："妹妹不辞劳苦，育出百花，用这百花美化天庭，天庭不就成为一个美丽的大花园了吗？"

花神说："当初父王开天辟地，叫你管九霄，叫二哥管九州，叫我育出百花给你点缀天庭，为二哥江山添秀。如今，我已把百花育出，哥哥可不可以助我一臂之力，把这些百花撒向人间？"

玉帝答应了妹妹的要求，立即唤来一百名仙女，对她们说："我封你们为百花仙子，接受花神的管理。你们可随意采花，采牡丹的是牡丹仙子，采荷花的是荷花仙子。把你们采来的花撒向人间。"

百花仙子听罢，手托花篮，在花园中穿梭往来，各自采下喜爱的鲜花。片刻工夫，花篮就装满了。然后，百花仙子一手托花篮，一手抓起花，纷纷撒向人间。花儿飘飘洒洒，落入豪门宅院，也落入了寻常百姓家。繁华喧闹处有花，荒凉清幽处也有花。花儿就像天女散花的声音一样，飘落到了人间的每个角落。

天女散花，飘落九州，落地生根。从此，人间便有了百花。

**心灵驿站**

这个故事讲述了花神遵照父亲的遗愿，付出了千辛万苦，经过精心培育，终于使百花种子发芽、盛开，给人间带来了无限美好的景象。让我们懂得了只要辛勤付出，就会得到收获的深刻道理。

怀孕 207 天

# 笑话：体育运动

生活中，搞笑的语句太多了。看几则跟体育有关的笑话吧，原来运动中也充满着幽默乐趣。

## 盯人防守

比赛前，教练对亨利说："你要看住11号，他到哪儿你就跟到哪儿。"

比赛中，教练忽然发现亨利不见了。过了一会儿，才见亨利气喘吁吁地跑回来说："11号今天闹肚子，这么一会儿，就上了3趟厕所。"

## 球迷父子

妈妈向爸爸告状："你该管管咱们的儿子，你看他的考试卷，问90减45等于多少，他答等于下半场。"

爸爸对儿子说："你怎么能这样回答呢？不是还有加时赛吗？"

## 脚软

在一次足球赛开始前，教练给队员打气。

教练说："面对对手千万不要手软。"

其中一位初次上上场的队员则回答："我就有点脚软。"

## 篮球与足球

足球问篮球："为什么我总是被踢，而你却总是被拍呢？"

篮球答道："这很简单，因为我比你大！"

## 口不择言

当球到达禁区时，裁判吹哨判罚，后卫跑过来冲他喊到：你怎么回事，瞎了吗？

裁判看他一眼，发现他已经有一张黄牌在身，就生了恻隐之心，平静地问：你说的什么，我好像没听见？

后卫更加恼火地喊叫：原来你还是个聋子。

今日提醒

准爸爸用方言和胎宝宝说话，也可收到异曲同工的胎教效果。因为胎教的作用，就是让胎宝宝及早对身边的各种声音有所认识。

怀孕208天

# 智力游戏：七巧板

如果准妈妈和胎宝宝喜欢可爱的小图形，那就玩玩七巧板游戏吧，简简单单七块小图形，竟能拼出千变万化的图形。

七巧板是19世纪最流行的智力游戏之一。它结构简单、操作简便、明白易懂，很受人们欢迎。用七巧板可以拼出1600种以上的图案，其中有些是容易拼成的，有一些却相当诡秘，还有一些则似是而非充满了矛盾。准妈妈可以用七巧板随意地拼出自己设计的图样，但如果你想用七巧板拼出特定的图案，那就会遇到真正的挑战。这正是七巧板的乐趣所在。

七巧板又叫“智慧板”，谁能想到呢，这种被称作“中国的难题”的玩具竟是由一种古代家具演变来的。

宋朝有个叫黄伯思的人，对几何图形很有研究，他热情好客，发明了一种用6张小桌子组成的“宴几”（请客吃饭的小桌子）。

后来有人把它改进为7张桌组成的宴几，可以根据吃饭人数的不同，把桌子拼成不同的形状，比如3人拼成三角形，4人拼成四方形，6人拼成六边形……这样用餐时人人方便，气氛更好。

后来，有人把宴几缩小变成七块板，用它拼图，变成一种玩具。因为它十分巧妙好玩，所以人们叫它“七巧板”。

到了明末清初，皇宫中的人经常用它来庆贺节日，拼成各种吉祥图案和文字，故宫博物院至今还保存着当时的七巧板呢！

18世纪，七巧板传到国外，立刻引起人们极大的兴趣，有些外国人通宵达旦地玩它，并叫它“唐图”，意思是“来自中国的拼图”。

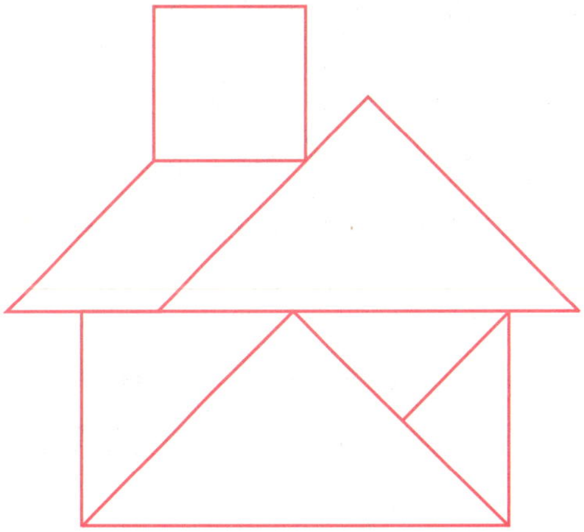

怀孕209天

# 杜牧名诗欣赏

杜牧是唐代杰出的诗人、散文家，诗歌以七言绝句著称。今天，给准妈妈推荐几首与胎宝宝共同分享。

## 江南春

千里莺啼绿映红，水村山郭酒旗风。
南朝四百八十寺，多少楼台烟雨中。

## 秋夕

银烛秋光冷画屏，轻罗小扇扑流萤。
天阶夜色凉如水，坐看牵牛织女星。

## 山行

远上寒山石径斜，白云生处有人家。
停车坐爱枫林晚，霜叶红于二月花。

## 清明

清明时节雨纷纷，路上行人欲断魂。
借问酒家何处有？牧童遥指杏花村。

## 赤壁

折戟沉沙铁未销，自将磨洗认前朝。
东风不与周郎便，铜雀春深锁二乔。

## 泊秦淮

烟笼寒水月笼沙，夜泊秦淮近酒家。
商女不知亡国恨，隔江犹唱后庭花。

**今日提醒**

准妈妈给胎宝宝吟诗时，可以让准爸爸播放柔美、轻盈的乐曲。在美妙的音乐中感受诗情画意的美。

怀孕210天

# 准妈妈动脑：一起来玩移火柴

小小火柴，除了给我们带来光明，还可以摇身一变，成为简单有趣的益智游戏，很多人小时候都玩过移火柴，让我们一起找“回”童年的记忆吧。

1. 下面这个“回”字可以用24根火柴拼成，它是由一大一小两个“口”字组成的。现在希望移动其中的4根火柴，使图形变成由同样大小的两个“口”字组成，准妈妈有什么办法吗?

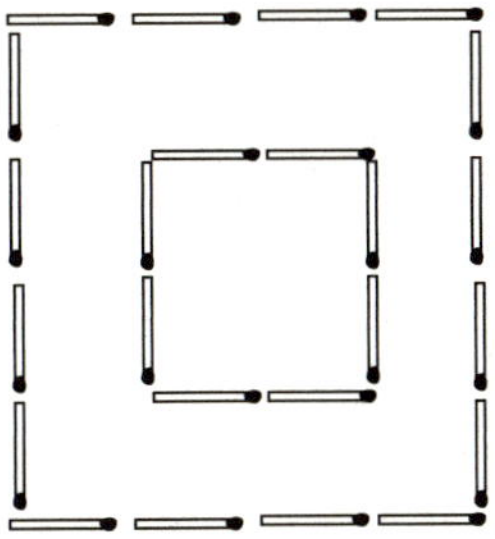

2. 未动手，先动脑。看看原来图中两个正方形组成的“回”字，大正方形每边有4根火柴棒，小正方形每边有2根火柴棒。如果要改组成同样大小的两个正方形，边长就应该取平均数，大家都变成3根：24=4×3 + 4×3。

只要有了明确的探索方向，稍加尝试，不难找到问题的答案，可以重排为下面图形。

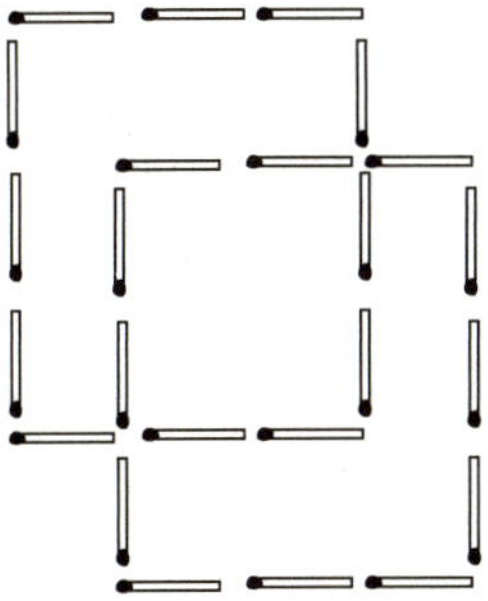

3. 准妈妈移好了吗，不要着急，来参考一下移动火柴的方法吧，其中的虚线表示移动的火柴。

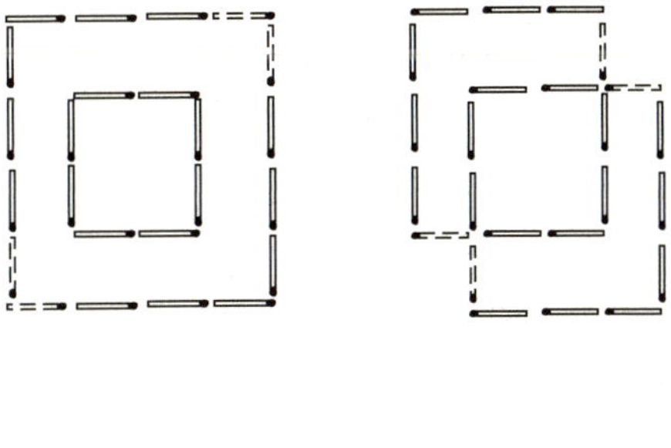

怀孕 211 天

# 玩玩脑筋急转弯

准爸爸陪准妈妈玩一玩有趣的猜谜语游戏吧，一家“三口”在游戏中得到快乐，同时，胎宝宝也在游戏中感受到准爸爸和准妈妈的爱。

1 为什么好马不吃回头草？
2 为什么暑假一定比寒假长？
3 为什么大雁秋天要飞到南方去？
4 为什么大部分佛教徒都住在北半球？
5 为什么自由女神像老站在纽约港？
6 为什么游泳比赛中青蛙输给了狗？
7 为什么老王家的马能吃掉老张家的象？
8 小张走路从来脚不沾地，这是为什么？
9 农夫养10头牛，只有19只角，为什么？
10 小明的爷爷一边刷牙，一边唱歌，请问他是怎么做到的？

**今日提醒**

今天所猜的谜语游戏不同于以往的谜语，准爸爸和准妈妈要开动脑筋认真猜，比一比，看谁猜得多、猜得对。

参考答案：1 后面的草会吃没了 2 热胀冷缩 3 如果走就太慢了 4 南无阿弥陀佛 5 她坐不下来 6 青蛙用蛙泳犯规 7 他们在下象棋 8 因为小张穿着鞋子 9 有一只犀牛 10 刷的是假牙

怀孕212天

# 欣赏：脸谱

准妈妈今天与胎宝宝一同欣赏脸谱的艺术魅力吧，不同的脸谱代表不同性格的人物，准妈妈在欣赏的同时，也了解一些传统文化的知识。

脸谱是中国戏曲演员脸上的绘画，用于舞台演出时的化妆造型艺术。不同行当的脸谱也不同。“生”“旦”面部妆容简单，略施脂粉，叫“俊扮”“素面”“洁面”。而“净行”与“丑行”面部绘画比较复杂，特别是净，都是重施油彩的，图案复杂，因此，称“花脸”。戏曲中的脸谱，主要指净的面部绘画。而“丑”，因其扮演戏剧角色，故在鼻梁上抹一小块白粉，俗称小花脸。

中国京剧脸谱艺术非常受广大戏曲爱好者推崇，流行的范围相当广，已经被公认为中华民族传统文化的标识之一。

## 脸谱颜色

京剧脸谱的颜色非常丰富，主色一般代表人物的性格、品质、气度。

红色脸：象征忠义、耿直、有血性，如关羽。

黑色脸：既表现性格严肃，不苟言笑，为中性，代表猛智，如包拯。

白色脸：表现奸诈多疑，含贬义，代表凶诈，如曹操。

黄色脸：勇猛、暴躁，如宇文成都。

蓝色脸：表现性格刚直，桀骜不驯，如窦尔墩。

紫色脸：表现肃穆、稳重，富有正义感，如徐延昭。

金色脸：象征威武庄严，表现神仙一类角色。如如来佛。

绿色脸：勇猛，莽撞，冲动。如徐世英。

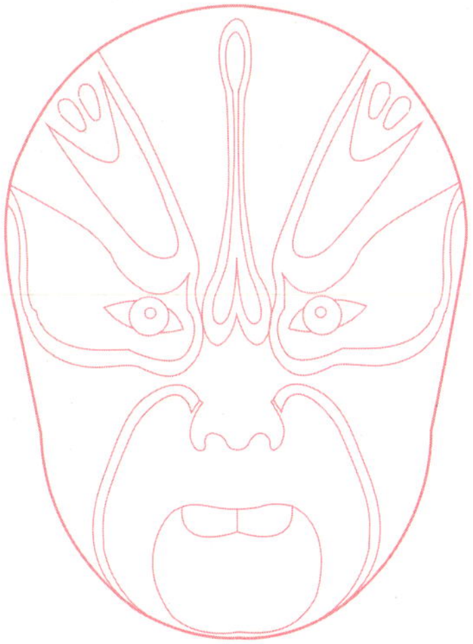

怀孕 213 天

# 美德故事：把花留在这里

今天要读的这个小故事里面有一位聪明的老师，他用美德和智慧灌溉了花朵，更灌溉了孩子们的心田。准妈妈快给胎宝宝讲一讲吧。

詹姆斯是一位优秀的园丁，那年春天，他被邀请去一个花园管理那里的郁金香。到任后，他发现这里的郁金香其实非常好管理，只有一个问题，那就是花园附近有一所学校。孩子们路过花园时，总要摘一朵花走。

因此，詹姆斯很早便到花园，等待着那些上学路过这里的孩子们。

对每一个想动手要去摘花的孩子，他都会这样劝说：“这朵花是你的了，只是你现在就把它摘下来，几个小时它就会枯萎，而如果你把花留在这里，它还可以开放很多天呢，你可以每天都来看属于你自己的花，你觉得怎么样？”

孩子想了一会儿说：“那我要把花留在这里，我一会儿再来看它。”

当天下午，有十多个孩子都在这里挑选了他们自己的花。面对詹姆斯的提问，他们都无一例外地选择把花留在花园里，免得花过早凋谢。

那年春天，詹姆斯把整个花园的花都送出去了，而那个花园所有的花都在花园里开放着，一朵都没有被原来的那些孩子摘下。而且，詹姆斯先生还同他们成了好朋友。

**心灵驿站**

美德的养成，不是来自于喋喋不休的说教，尤其是在“人之初”的阶段。大人们可以示范，或是通过一些巧妙的方法让美德得以流传，得以发扬。

共同拥有就是人人都有，独自拥有反而一无所有。与人共有，是社会这个大家庭里每个人都必须学习的宝贵品德。

怀孕214天

# 准爸爸为妻子做按摩

准爸爸是准妈妈最好的按摩师，用充满爱意的手为准妈妈按走孕期的不适与疲惫。按摩除了能帮助准妈妈减轻妊娠带来的不适与疼痛，还能与胎宝宝进行良好地沟通。

## 为妻子进行腰部按摩

按摩腰部的主要作用是缓解妻子的因腰肌劳损而引起的不适。

具体方法是：妻子坐在椅子上，准爸爸从妻子盆骨以下 5 寸的位置开始，用双掌沿着脊椎两旁的肌肉往上慢慢按摩，直至肩胛骨的位置，然后再重复做 10 ～ 20 次。

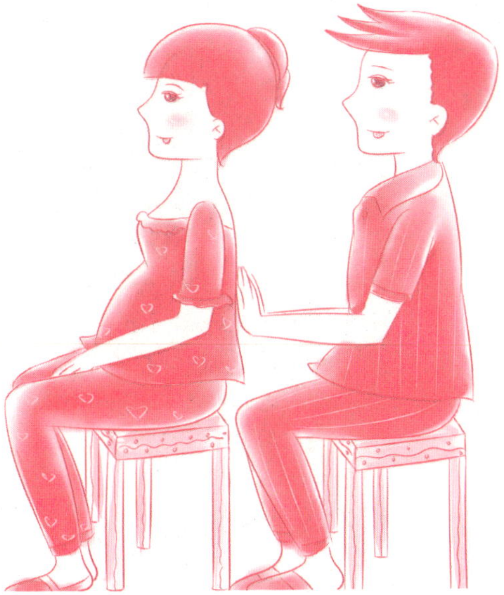

## 帮助按摩小腿防抽筋

准爸爸平时多给妻子做小腿按摩，有助预防小腿抽筋。

具体方法：妻子保持躺下姿势，准爸爸一手按稳脚掌，另一手紧贴小腿近脚跟位置，用一点力向上推扫至小腿尽头位置，或把小腿肌肉轻轻提拿而上。此按摩法也可在小腿抽筋时使用，不过力度需要轻一点。

怀孕215天

# 童话故事：小马过河

《小马过河》的故事，准爸爸和准妈妈一定不会陌生，今天给胎宝宝讲这个故事，要将故事的深刻含义传达给胎宝宝：只有亲自实践才能得到真实的结果。

在一个马棚里住着马妈妈和小马。

有一天，马妈妈对小马说：“孩子，你已经长大了，能帮妈妈做点事吗？”小马连蹦带跳地说：“怎么不能？我很愿意帮您做事。”马妈妈高兴地说：“那好啊，你把这半袋麦子驮到磨坊去吧。”

小马驮起口袋，飞快地往磨坊跑去。跑着跑着，一条小河挡住了小马的去路，河水哗啦哗啦地流着。小马为难了，心想：我能不能过去呢？如果妈妈在身边，问问它该怎么办，那多好啊！可是，已经离家很远了。于是，小马向四周望了望，看见一头老牛正在河边吃草，小马嗒嗒嗒嗒地跑过去，问道：“牛伯伯，请您告诉我，这条河有多深，我能过去吗？”老牛说：“水很浅，刚没小腿，能过去。”

小马听了老牛的话，立刻跑到河边，准备过去。这时，突然从树上跳下一只松鼠，拦住了小马，大叫道：“小马！别过河，别过河，河水会淹死你的！”小马吃惊地问：“水很深吗？”松鼠认真地说：“当然很深啦！昨天，我的一个伙伴就掉在这条河里淹死了！”小马连忙收住脚步，不知道如何是好。它叹了口气说：“唉！还是回家问问妈妈再说吧！”

小马甩甩尾巴，跑回家去。妈妈问：“孩子，怎么回来啦？”小马难为情地说：“有一条河挡住了去路，我过……过不去。”妈妈说：“那条河不是很浅吗？”小马说：“是呀！牛伯伯也这

么说。可是松鼠说河水很深，还淹死过它的伙伴呢。”妈妈说：“那么到底是深还是浅？你仔细想过它们的话吗？”小马不好意思地低下了头，说：“我没……没想过。”妈妈亲切地对小马说：“孩子，遇到事情光听别人说，自己不动脑筋，不去试试，是不行的，你再到河边去试一试，就会知道河水到底是深还是浅了。”

小马听了妈妈的话，明白了，转身又往河边跑去。到了河边，小马刚刚要下水，松鼠又大叫起来：“小马，怎么不听我的话，你不要命啦！”“让我试试吧。”小马一面回答，一面下了河，小心地蹚了过去。

原来河水既不像老牛说的那样浅，也不像松鼠说的那样深。小马顺利地渡过了河，把麦子送到了磨坊，完成了妈妈交给的任务。

**心灵驿站**

小马过河的故事向我们诠释了一个道理，在我们生活和工作中，真正的答案来自我们的亲身实践和体会。前人的经验只能作为我们的参考，而不是依靠，我们要重视实践的重要性和指导性。

怀孕 216 天

# 绕口令：说动物

可爱的小动物一定给准爸爸和准妈妈的童年生活带来了许许多多快乐。今天，给胎宝宝说几段关于小动物的绕口令，一起寻找那久逝的童趣。

## 小花猫画画

小花猫爱画画，
先画一朵腊梅花，
又画一个小喇叭，
带着腊梅花，
吹着小喇叭，
回家去见妈妈，
妈妈见了笑哈哈。

## 小毛和花猫

小毛抱着花猫，
花猫用爪抓小毛，
小毛用手拍花猫，
花猫抓破小毛，
小毛打疼了花猫，
小毛哭，花猫叫，
小毛松开了花猫，
花猫跑离了小毛。

## 猴子吃掉小桃子

树上有只小桃子，
树下有只小猴子。
风吹桃树哗哗响，
树上掉下小桃子。
桃子打着小猴子，
猴子吃掉小桃子。

### 心语音画

动物是我们人类最真诚的朋友，给我们的生活增添了快乐、美好的色彩，陪伴了我们的成长岁月。愿宝宝将来爱惜动物，做它们的好朋友。

怀孕217天

# 儿童歌曲：《让我们荡起双桨》

这是电影《祖国的花朵》的主题曲，是一首旋律优美、节奏轻快的歌曲。如今，准妈妈再次唱起这首歌，会唤起你对童年往事的美好回忆。

**让我们荡起双桨**（乔羽 词 刘炽 曲）

让我们荡起双桨，小船儿推开波浪。
海面倒映着美丽的白塔，
四周环绕着绿树红墙。
小船儿轻轻飘荡在水中，
迎面吹来了凉爽的风。
红领巾迎着太阳，阳光洒在海面上。
水中鱼儿望着我们，
悄悄听我们愉快歌唱。
小船儿轻轻飘荡在水中，
迎面吹来了凉爽的风。
做完了一天的功课，我们来尽情欢乐。
我问你亲爱的伙伴，
谁给我们安排下幸福的生活？
小船儿轻轻飘荡在谁中。
迎面吹来了凉爽的风。

这首歌曲描绘了新中国的花朵们在洒满阳光的湖面上，划着小船尽情游玩、愉快唱歌的欢乐景象。既是对幸福生活的真实描绘，同时也是对少年儿童未来更美好的生活的憧憬，抒发了少年儿童热爱生活、热爱党、热爱祖国的真挚感情。

怀孕218天

# 寓言故事：狐狸和葡萄

吃不到葡萄，就说葡萄是酸的。准妈妈知道这句话的由来吗？读读下面这个故事吧。

在一个烈日炎炎的夏天，一只又饿又渴的狐狸正在到处找吃的。忽然，它看到前面有一个果园，心想：里面一定有好多好吃的。于是，它飞快地向果园走去。

狐狸一进果园，就看到头顶上有一大串、一大串熟透了的葡萄。于是，它后退了几步，又向前一冲跳起来，怎奈狐狸太矮小了，无法够到葡萄。没摘到葡萄的狐狸不甘心，又后退了几步继续试着跳起来够葡萄。一次，两次，三次，跳了无数次后狐狸仍然没有摘到葡萄。无可奈何的狐狸只好选择放弃。它一边走一边说："这些葡萄还没有熟，一定是酸的。"

正要摘葡萄的孔雀听了狐狸的话说："既然葡萄是酸的那就不吃了，等熟了再摘吧。"

孔雀又告诉了准备摘葡萄的长颈鹿，长颈鹿听说葡萄没熟是酸的，也没有摘，又告诉了树上的猴子。

猴子说："我种的葡萄已经熟透了，而且品种优良，肯定是甜的。"猴子说着便摘了一串吃了起来，非常香甜。

猴子又摘了几串分别给狐狸、孔雀、长颈鹿品尝。它们吃着香甜、多汁的葡萄，不好意思地笑了。

# 怀孕219天 欣赏世界风光：巴厘岛

巴厘岛是世界著名的旅游胜地，不但天然景色优美迷人，其文化和风俗习惯的丰富多彩也驰名于世。今天，准妈妈与胎宝宝欣赏巴厘岛迷人的风光吧。

巴厘岛是印尼13600多个岛屿中最耀眼的一个岛，位于印度洋赤道南方8度，爪哇岛东部，岛上东西宽140公里，南北相距80公里，全岛总面积为5620平方公里。人口约315万人。地势东高西低，山脉横贯，有10余座火山锥，东部的阿贡火山海拔3142米，是全岛最高峰。日照充足，大部分地区年降水量约1500毫米，干季约6个月。经济发达，人口密度仅次于爪哇，居全国第二位。居民主要是巴厘人，以庙宇建筑、雕刻、绘画、音乐、纺织、歌舞和风景闻名于世，为世界旅游胜地之一。

巴厘岛因历史上受印度文化宗教的影响，居民大多信奉印度佛教，是印尼唯一信仰印度佛教的地方。但这里的印度佛教同印度本土上的印度佛教不大相同，是印度佛教的教义和巴厘岛风俗习惯的结合，称为巴厘印度佛教。居民主要供奉梵天、毗湿奴、湿婆神三大天神和佛教的释迦牟尼，还祭拜太阳神、水神、火神、风神等。教徒家里都设有家庙，家族组成的社区有神庙，村有村庙，全岛有庙宇125000多座，因此，该岛又有“千寺之岛”之美称。

**今日提醒**

巴厘岛的手工作品中编织和蜡染很有特色，也许很多人认为中国的蜡染很多不足为奇，可是巴厘岛的“仁辛科”是世界上仅有分经纬染色后编织而成的蜡染。一件服装需耗时数年，极少见到，有身份的人也只在重大祭祀时穿着。

# 怀孕220天 给宝宝讲故事：桃花源里的世外桃源

在开满美丽桃花的浪漫季节，准妈妈给胎宝宝讲一讲陶渊明的散文《桃花源记》里的故事吧，体味一下世外桃源的美妙。

东晋太元年间，有个武陵人靠捕鱼为生。一次，渔人沿着小溪划船，往前行，忘记了路程多远。忽然遇到一片桃花林，溪水两岸几百步以内，中间没有别的树木，花和草鲜嫩美丽，地上落花繁多。渔人对此感到非常惊异。渔人又向前划去，想走到那片林子的尽头看个究竟。

桃花林在溪水发源的地方没有了，在那里，渔人看到一座山，山边有个小洞，隐隐约约好像有光亮。于是，渔人离船上岸，从小洞口进入。起初洞口很狭窄，仅能容一个人通过。渔人又向前走了几十步，一下子变得开阔敞亮了。只见土地平坦宽阔，房屋整整齐齐，有肥沃的土地，美好的池塘，桑树竹林之类。田间小路交错相通，村落间能互相听到鸡鸣狗叫的声音。村里面，来来往往的行人，耕种劳作的人，男男女女的衣着装束完全不同于外面的人，老人和小孩都高高兴兴，自得其乐。

桃花源的人一见渔人，竟然大为惊奇，问他是从哪里来的。渔人细致详尽地回答了他们，人们就把渔人请到自己家里，摆酒杀鸡做饭款待他。村里人听说来了这么一个客人，都来打听消息。他们自己说：他们的祖先为了躲避秦时的战乱，率领妻子、儿女和同乡人来到这个与外界隔绝的地方，不再出去了，于是就同外界的人隔绝了。

他们问渔人现在是什么朝代？他们竟然不知

道有汉朝，更不必说魏朝和晋朝了。于是，渔人给桃花源中的人详细地讲述他知道的事情，他们听了都很惊叹惋惜。其余的人又各自邀请渔人到他们家里，都拿出酒菜饭食来款待他。渔人居住了几天，便告辞离开。这里面的人告诉他说："这里的情况不值得对外界的人说啊！"

渔人出来后，找到了他的船，然后就沿着先前来的路回去，一路上处处标上记号。渔人回到了武陵郡，便去拜见太守，把这些情况作了禀报。太守听罢，立即派人随同渔人前往桃花源，寻找先前所做的记号，结果迷了路，再也找不到通向桃花源的路了。

南阳有个刘子骥，是位清高的隐士，听到这个消息，兴致勃勃地打算前往桃花源。但愿望没有实现。以后就再也没有人探访桃花源了。

## 今日提醒

陶渊明把他的理想世界展示在了我们的面前。那是一个花繁叶茂的地方，那里没有阶级之分，我们无法不被这世外桃源景色、安居乐业的人们、快乐和平的生活所深深折服。那里人人日出而作、日落而息，过着与世无争的平静生活。这一切竟让如今的我们也深深向往。

怀孕 221 天

# 诗歌欣赏：《天上的街市》

《天上的街市》是郭沫若在1921年创作的一首散文诗。这是一首“沉静调”的清朗隽美的夜歌。准妈妈充满深情地给胎宝宝朗诵一下吧。

## 天上的街市

远远的街灯明了，
好像闪着无数的明星。
天上的明星现了，
好像点着无数的街灯。
我想那缥缈的空中，
定然有美丽的街市。
街市上陈列的一些物品，
定然是世上没有的珍奇。
你看，那浅浅的天河，
定然是不甚宽广。
那隔着河的牛郎织女，
定能够骑着牛儿来往。
我想他们此刻，
定然在天街闲游。
不信，请看那朵流星，
是他们提着灯笼在走。

### 心灵驿站

这首诗风格恬淡，用自然清新的语言、整齐的短句、和谐优美的韵律，表达了诗人纯真的理想。那意境都是平常的，那节奏也是缓慢的，如细流，如涟漪。但就是这平淡的意境带给了我们丰富的想象，让我们的心灵随着诗歌在遥远的天空中漫游，尽情驰骋美好的梦想。

怀孕222天

# 上班族准妈妈的简易运动

上班族的准妈妈经常伏案工作，可能会出现颈椎病、腰椎病、下肢水肿等。现在就跟随我们一起来做简单有效的运动吧。

## 坐椅伸展操

利用身边的椅子做个伸展运动。慢慢地坐在椅子上，身体坐直，收腹含胸，双手向上伸展，保持手心朝上，并让身体尽量向上伸展。然后再将双手放回胸前，向前推出，使腰、背部得到充分伸展。

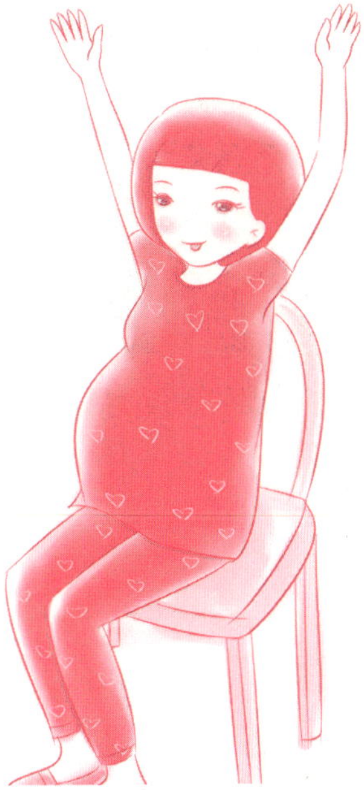

## 扶椅腿动操

双手扶椅背站稳，先缓慢提臀，再将重心转移至右腿，慢慢抬起左腿后踢，扶住椅背，保持20秒。再换另一只腿重复此动作，反复5次。注意保持平衡。

怀孕223天

# 北京天坛三大声学奇迹

天坛是我国最壮观、最有特色的古建筑之一，而更令人惊叹的是其三大声学奇迹。准妈妈在准爸爸的陪同下一同到天坛探索一下声学中的奥秘吧。

## 回音壁

回音壁是一个圆环形的围墙，高约3.72米，厚0.9米，直径61.5米，墙壁是用磨砖对缝砌成的，墙头覆着蓝色琉璃瓦。

围墙的弧度十分规则，墙面极其光滑整齐，能很好地反射声波。人们分别站在东西配殿后面，靠近墙壁轻声讲话，虽然双方距离相距很远，但仍可以清楚地听见对方讲话的声音，堪称奇趣。

## 三音石

三音石在从皇穹宇通往围墙门口的一条白石铺成的路上，从皇穹宇台阶沿这条路数到第三块石头便是。

因为三音石正好在回音壁内圆心上，若站在其上鼓掌，掌声就会沿着四面八方的直径在墙间来回反射。因为围墙为圆形，每次声波从围墙反射回来在圆心会聚，便是一次回声。只是由于声波在来回反射的过程中逐渐衰减，因此回声一次比一次微弱，几次后便听不到了。

## 天心石

圜丘位于天坛的最南端，外面有二层圆形围墙，中间是三层圆形石坛，上层台面四周环砌台面石，中心一块圆形石板称“天心石”。

站在天心石上高呼，好似一呼百应。原来台顶不是真正水平的，而是从中央往四周坡下去。人们站在台中央喊话，声波从栏杆上反射到台面，再从台面反射回耳边来。据测验，从发音到声波再回到圆心的时间，只有0.07秒。说话者无法分辨它的原音与回音，所以站在圆心石上听起来，声音格外响亮。

怀孕224天

# 准妈妈唱童谣：三字儿歌

三字儿歌，顾名思义，每句话就三个字，既简单又朗朗上口，非常适合胎宝宝听。今天，给准妈妈推荐几首。

## 起床歌

小宝宝，起得早，
睁开眼，眯眯笑，
咿呀呀，学说话，
伸伸手，要人抱。

## 穿衣歌

小胳膊，穿袖子，
穿上衣，扣扣子，
小脚丫，穿裤子，
穿袜子，穿鞋子。

## 小星星

小星星，亮晶晶，
白天睡，晚上醒，
不说话，眨眼睛，
看宝宝，眯眯笑。

## 睡着了

摇篮里，静悄悄，
小宝宝，要睡觉，
闭上眼，盖好被，
小宝宝，睡着了。

### 今日提醒

随着腹部越来越大，准妈妈活动起来没有以前那么灵活了。准妈妈可以一边散步，一边实施胎教。

# Part 09

# 孕9月
# 妈妈的情绪影响“我”

孕9月，离准妈妈与胎宝宝见面的幸福时刻越来越近了。越是临近分娩，越要将胎教坚持到底。准爸爸妈妈继续用多种胎教手段促进胎宝宝的智力发育，尤其是准妈妈要注意控制、调整好自己的情绪，只有保持好心情才能孕育出健康、聪明的宝宝。

怀孕225天

# 古筝名曲：《平湖秋月》

欣赏乐曲，需要闲适恬淡的心境。晴朗的夜晚，准妈妈和家人一起悠闲地观赏着户外的月光，听着音乐，这种感觉非常令准妈妈惬意。

“淡泊以明志，宁静以致远。”乐曲《平湖秋月》给人们带来的正是这样舒缓怡人、沁人心扉的旋律，让人在清辉如泻、月光如水之中，感到胸襟开阔。乐曲是由古筝来演奏的，在节奏平稳、少有曲折、看似单调的音符里，蕴涵着道家的文化精髓：“虚”和“空”。古筝淡泊清晰的音韵，好似低沉舒缓的流水声，让人尽情地沐浴在那种浩渺、空灵、宁静安详、远离世俗纷争的幽静雅致景色中，充分体味中华民族那古老淳朴的风韵和高浩优雅的文化气息。

该曲虚空柔婉，但并不孤寂。在天水一色、皓月当空的夜色，在一串简约别致的音符的陪伴下，既可以倾情于思考，也可以心无旁骛。那轻盈柔媚的女子，在低眉顺目的瞬间，用轻灵纤纤细手，把音调的婉转清淡与旋律的明朗流畅，都玲珑剔透地展现在了一片秋天月夜的湖光山色之中。

《平湖秋月》旋律明媚流畅，音调婉转，描绘了江南湖光月色、诗情画意的良辰美景，有淡泊悠远、虚无缥缈的意境，表达了作者对大自然的热爱。欣赏这样轻柔空盈的音乐，忘情于山水之间，感觉自己真的成了不食人间烟火的仙子。

怀孕226天

# 一起来唱问答歌

利用问答歌进行胎教是一个不错的方法。准妈妈可以和家人配合，一人问，一人答说给胎宝宝听，在增长了知识的同时，也活跃了家庭的氛围。

## 什么弯弯在天上

什么弯弯在天上？月亮弯弯在天上。
什么弯弯在头上？牛角弯弯在头上。
什么弯弯在脸上？眉毛弯弯在脸上。
什么弯弯在河边？柳树弯弯在河边。
什么弯弯喝饮料？吸管弯弯喝饮料。
什么弯弯贴墙上？挂钩弯弯贴墙上。
什么弯弯在后脑？辫子弯弯在后脑。
什么弯弯在河上？小船弯弯在河上。
什么弯弯是水果？香蕉弯弯是水果。

## 谁的耳朵长又长

谁的耳朵长又长？小兔耳朵长又长。
谁的嘴巴尖又尖？小鸡嘴巴尖又尖。
谁的脖子长又长？长颈鹿脖子长又长。
谁的鼻子长又弯？大象鼻子长又弯。
谁的胡子翘两边？小猫胡子翘两边。
谁的尾巴粗又大？松鼠尾巴粗又大。

**今日提醒**

问答歌不仅是很好的胎教素材，而且，也非常适合宝宝出生后一家人配合说唱。等宝宝出生后，也可由妈妈或爸爸问，引导、启发宝宝答，宝宝从中学到了知识，为早教打下了良好的基础。

怀孕227天

# 寓言故事：富翁和鞋匠

准妈妈在给胎宝宝讲这个故事的时候，要从中感受、理解、体会幸福的真正含义，并将这种感受传递给胎宝宝。

从前，在一座华丽的宅邸，住着一个大富翁。他的金银财宝多得数也数不清，食物又精美又珍贵，桌子上天天都是山珍海味。他戴的是金银宝石，各种各样名贵的衣服和物品享用不尽，这样的生活简直是在天堂一样。然而，他却得不到真正的快乐，每天晚上睡不好觉，整天到晚担心强盗来打劫他的财宝，听到一点风吹草动，就吓得胆战心

惊。特别是当隔壁传来快乐歌声的时候。

富翁的邻居是一个年轻的鞋匠，虽然日子过得清苦、贫寒，却特别爱笑爱唱，从早唱到晚。那粗犷而快乐的歌声似乎能把檐瓦揭开。富翁实在听不下去了，想了好长时间，怎样才能使鞋匠停止唱歌呢？于是，他派人把鞋匠请来到家来。

富翁问鞋匠："最近日子过得怎么样，一天到晚你都在唱歌，生意一定不错吧？"

鞋匠答道："生意吗，还凑合，勉勉强强过得去。"

富翁接着说："那么，这就是你每天开心唱歌的原因了？恭喜你发财啦。"

鞋匠说："发财倒是谈不上，不过我生性快乐，所以，整天无忧无虑。当然，如果能多挣点钱，我想我会生活得更快活的。"

富翁又说"你说得很好，我很喜欢你的诚实。如果我能为你做点什么，那我将感到非常高兴。现在，就请你收了这一袋金钱吧。不过，你要留神点，

免得被人偷走了。”

鞋匠看了看全是金钱的口袋，自己从没见过这么多钱。他谢过富翁后，背起口袋飞也似的跑回家去。

回到家后，鞋匠把钱埋在院子里。从此，他再也睡不成觉了，一天又一天，一晚又一晚，他总是害怕有人来打钱的主意，哪怕是老鼠咬东西的声音，也会惊得他一身冷汗。就这样，鞋匠一天天地憔悴下去，没有了从前的快乐，更没有了愉快的歌声。

后来，鞋匠终于找到了不快乐的原因，明白了幸福不是金钱，而是自由自在的生活。于是，他挖出那袋钱，送回到富翁那里，并对富翁说：“我很感谢你的好心，可是仅因为有了金钱而丢掉快乐，丢掉歌声，整天寝食不安，哪怕给我百万金钱我也不会要的！”

从此，鞋匠又过上了自由自在的生活，整天欢声笑语，唱着快乐的歌。

**心灵驿站**

这个寓言故事让我们懂得了一个道理，金钱虽然是每个人都离不开的，但它也不是万能的，它能满足人们物质上、精神上的需求。但它买不了健康，也买不了快乐，更买不了宝贵的生命。我们应尽量保持快乐的心境，同时给周围的人以快乐。

怀孕228天

# 讲故事：宝葫芦的秘密

准妈妈小时候听过《宝葫芦的秘密》吗？这是一个有趣且有意义的故事，准妈妈可以读一读，讲给胎宝宝听。

清晨，朝阳透过窗帘照进室内，都快七点钟了，小学生王磊还在酣睡着。妹妹把他叫醒了，他一看时间已晚，一阵忙乱后，就匆匆忙忙地上学去了。第一堂课是算术，王磊愣住了，原来昨天晚上他忙着给队里画画，忘记温习功课，这次老师提问，他无法回答，只好难为情地走下讲台来。王磊回家以后，听见奶奶给妹妹讲宝葫芦的故事。王磊听到奶奶说："有了这个宝贝呀，要什么就会有什么。"他想：如果自己也有那么一个"宝贝"，不要费力气、不用动脑筋、想要什么就有什么，那该多好啊！

一天，爱幻想的王磊正在河边钓鱼，忽然看见河面上漂过来一个小葫芦。于是，他把小葫芦"钓"了上来。令他惊奇的是小葫芦竟然说话了："小朋友，我叫宝葫芦。你心里想要什么，我可以变给你。不过，你必须守口如瓶，不能泄露拥有'我'的秘密，否则，我会立刻消失。"

王磊听了，惊喜万分，连忙答应了。

王磊看见画册上的小白兔，心想："我要小白兔和我一起玩。"宝葫芦果然给他变出一只雪白的小白兔。"我想吃蛋糕"，蛋糕立刻就出现在他的面前。在学校里，王磊想要同学一个好看的笔记本，于是，笔记本钻进他的书包里。他想要同学漂亮的钢笔，钢笔马上插在他的衣袋里。

班上的同学发现丢了东西，告诉老师说："东西刚才还在身边，忽然就不见了。"这样的失窃事件一次又一次发生，大家都觉得莫名其妙。为此，老师搜查了全班同学的衣袋和书包，结果在王磊的书包里找到了所有的“赃物”。同学们非常生气，纷纷指责他是“小偷”，说得王磊无地自容，有口难言。

在文娱室里，王磊与同学张明德下象棋，张明德的一只马十分厉害，王磊心想：要是吃掉这只马就好了。刹那间，这只马猛然飞进王磊的嘴里，弄得王磊十分尴尬。

有一天，数学测验，王磊看到卷子，发现一道题都不会做，他只好向宝葫芦求助。等到要交卷时，宝葫芦竟然把小明的卷子变给了他。一向数学很好的小明，竟然交了白卷！老师觉得这件事太奇怪了，于是追问王磊，同学们也说王磊变了。

王磊有了宝葫芦，不但得不到幸福和快乐，反而增添了痛苦和烦恼。他认识到宝葫芦是害人的坏东西，向同学们揭露了宝葫芦的秘密。王磊说出秘密后，宝葫芦“轰”的一声爆炸了，王磊也惊醒了，原来他做了一个梦。此刻，同学们正等着他去温习功课呢！他回忆梦中的事情，下决心认真学习，做一个好学生！

**心灵驿站**

一分耕耘，一分收获。世界上没有不劳而获的东西。只有靠自己的努力，才能收获丰收的果实。只有靠自己的努力得到的成果，才能给自己带来真正的快乐。

# 怀孕 229 天 准妈妈脑筋急转弯

脑筋急转弯是种娱乐方式，同时也是一种大众化的文字游戏。准妈妈有没有信心来试一试呢？

1 什么样的路不能走？

2 小波比的一举一动都离不开绳子，为什么？

3 小王是一名优秀士兵，一天他在站岗值勤时，明明看到有敌人悄悄向他摸过来，为什么他却睁一只眼闭一只眼？

4 两只狗赛跑，甲狗跑得快，乙狗跑得慢，跑到终点时，哪只狗出汗多？

5 有种动物，大小像只猫，长相又像虎，这是什么动物？

6 猴子每分钟能掰一个玉米，在果园里，一只猴子 5 分钟能掰几个玉米？

7 一溜三棵树，要拴 10 匹马，只能拴单不能拴双？

8 世上什么东西比天更高？

9 什么贵重的东西最容易不翼而飞？

**今日提醒**

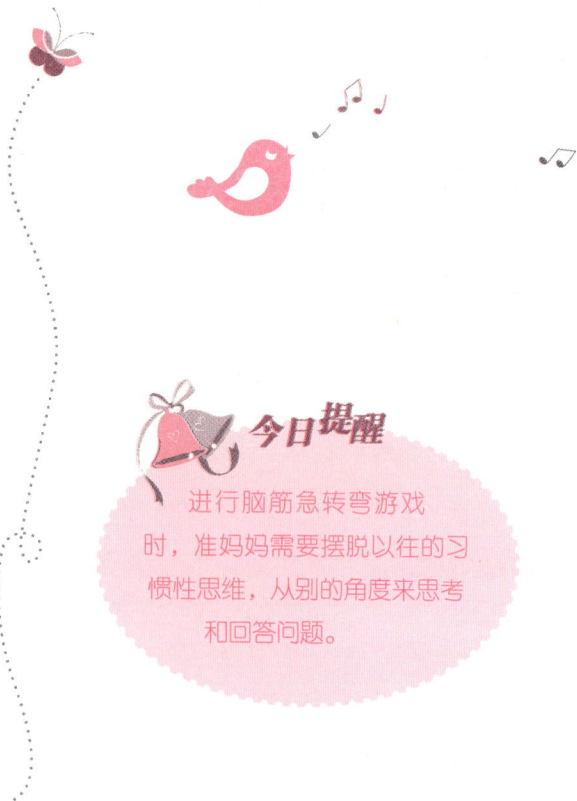

进行脑筋急转弯游戏时，准妈妈需要摆脱以往的习惯性思维，从别的角度来思考和回答问题。

参考答案：1 电路 2 小波比是木偶 3 他正在瞄准 4 狗不会出汗 5 小老虎 6 没掰到一个 7 请问怎样拴 8 心比天高 9 人造卫星

怀孕 230 天

# 准妈妈深情吟唱：《泥娃娃》

《泥娃娃》由骆明道作词，梁弘志作曲，是一首歌经典的儿童歌曲。准妈妈今天给胎宝宝吟唱这首歌，是否也勾起了童年美好的回忆？

## 泥娃娃

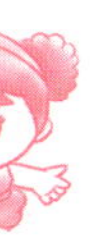

怀孕231天

# 说说好听的绕口令

今天，再给准妈妈推荐几首风趣、幽默的绕口令，上午加餐后选择一个舒适的姿势坐下来，说给胎宝宝听，他一定会喜欢。

## 山岩山泉山洞

山岩出山泉，山泉源山岩，
山岩抱山泉，山泉依山岩，
山岩挡山泉，山泉冲山岩。
山里有个洞，洞里有个缸。
缸里有个盆，盆里有个碗，
碗里有个碟，碟里有个勺，
勺里有个豆。我吃喽，你馋喽，
我的故事讲完啦。

## 高高山上一座庙

高高山上一座小庙儿，
里头坐着个神道儿，
头上戴顶罗帽儿，
身上穿件外套儿，
两个小鬼喝道儿，
四个小鬼抬着藤轿儿，
出了门一绕儿，
出巡回来归庙儿。

## 风吹银铃叮铃铃

小琳琳，爱银铃，
琳琳用劲摇银铃，
银铃的铃声真好听。
风吹银铃叮铃铃，
小琳以为铃失灵，
银铃笑琳琳真是小机灵。

## 百棵白果树

百棵白果树上结了一百八十八个
白皮，白把，白肉，白籽，
白花，白色白果；
百棵白果树上歇了一百八十八个
白头，白颈，白翅，白腿，
白脚，白花八哥。

怀孕232天

# 欣赏名画：《荷花图》

准妈妈经常欣赏名人画作，不仅陶冶了自己情操，愉悦了心情，也有利于胎宝宝的健康发育。今天，我们就来欣赏张大千大师的作品——《荷花图》。

《荷花图》构图饱满，疏密有致，用笔豪放大气，格调清新典雅，仿佛预示着一个新生命的诞生，具有一股强劲的蓬勃向上之势。

只见两片卓然飘逸的巨型荷叶，在晨风的吹拂下，傲然地随风舒展着筋骨，而荷叶疏影中一朵高雅洁白的荷花已悄然绽放；两枝白嫩无瑕的荷花腾空而出，花蕾中正孕育着灵动鲜活的生命，含苞待放。那种超凡脱俗、生机盎然的美丽与意蕴，令人浮想联翩，回味无穷。尤其是其纯熟的功底与老辣的技法，于浑朴中见清秀，于洒脱中含缜密，于酣畅中寓意蕴，令人称道折服。其用笔粗朴疏狂，持搏雪傲霜之气；架构自然忘形，汲天地灵气之精；泼墨淳厚飘逸，拥潇洒儒雅之神，让人叹为观止。

张大千的花卉画中以荷花画居多。他之所以喜爱画荷花，主要是因为他认为“中国画重在笔墨，而画荷是用笔用墨的基本功。”并且认为画荷与书法有着密切关系。故此，张大千画荷的作品不但年年有，而且不断推出新意。形成驰名中外的“大千荷”。

张大千不但爱画荷，也爱种荷。他通过与荷花朝夕相处，以敏锐的观察力和高度的概括力，长期捕捉荷花的特征和瞬间的动态，然后加以提炼、夸张，使之寓意深刻，生机勃勃。

怀孕 233 天

# 胎教手语：我们吃饭

准妈妈要注意每餐饮食的营养搭配，品种的多样化，保证营养的供给。在每次吃饭前别忘了开开心心地对胎宝宝说："宝宝，我们吃饭喽！"

**我们：**一手食指先指胸部，然后掌心向下，在胸前平行转一圈。

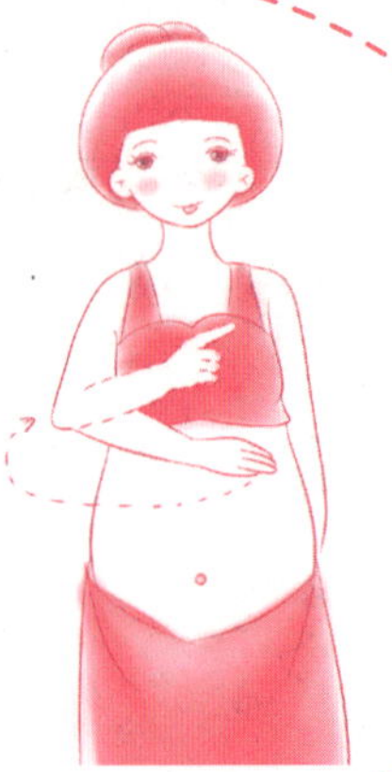

**吃：**一手拇、食指相对，中间留有米粒大小距离。

**饭：**一手伸食、中指象征筷子，作吃饭动作。

怀孕234天

# 开心谜语：猜玩具

玩具是宝宝童年不可或缺的伙伴，准妈妈对玩具熟悉吗？猜一猜，下面都是什么好玩的玩具呢？

1 一个老头，没脚没手，笑口常开，不跑不走，要他睡觉，他却摇头。

2 坐也坐不安，立也立不牢，年纪虽然大，永远不跌倒。

3 会走没有腿，会吃没有嘴，过河没有水，死了没有鬼。

4 生来无爹妈，却被叫娃娃，专和孩子玩，儿童喜欢他。

5 圆头圆脑小东西，没骨头没肉光油皮，一打跳得三尺高，肚里憋着一包气。

6 圆圆的身体皮薄，有红有绿颜色好，拴在线上随风舞，撒手高飞天上飘。

7 有脚不会走，有嘴不开口，脸儿洗不得，一洗就变丑。

8 圆圆像个瓜，人们爱玩他，没有手抢它，抢到手丢他。

9 天上一只鸟，用线拴得牢，不怕大风吹，就怕小雨飘。

10 长长一条龙，走路轰隆隆，遇水过铁桥，遇山钻山洞，脚下钢轮力气大，日行千里真威风。

**今日提醒**

将来宝宝出生后，妈妈可以选购一些图画书，一边教宝宝识图，一边说谜语让宝宝猜，图和谜语结合起来，有助于宝宝增强记忆力。

参考答案：1 不倒翁 2 不倒翁 3 象棋 4 布娃娃 5 皮球 6 气球 7 泥娃娃 8 篮球 9 风筝 10 火车

怀孕 235 天

# 寓言故事：乌鸦喝水

这个故事简单却蕴含深刻的智慧与教育意义。准爸爸和准妈妈在讲故事的过程中，也要将故事蕴含的重要意义讲给胎宝宝听，帮助胎宝宝大脑发育。

这一年的夏天，天气特别炎热，很多天都没有下过一滴雨了。

有一只乌鸦不好看，但特别聪明，智慧过人。一天，它干完活又累又渴，到处找不到水喝，它不停地在低空飞翔。

忽然，乌鸦看到一只大水罐，心中满是欢喜。它飞到水罐旁，一看罐里的水不多了，嘴伸进去也喝不到水，这可怎么办呢？于是，它使劲地用身体撞水罐，又用翅膀推水罐，想把水罐弄倒好喝水。可是水罐又大又重，它的力量太小了，根本弄不倒这个罐子。忽然，它急中生智，想出了一个办法，可以叼些石子放到罐里，石子多了，罐子里的水不就升高了吗？乌鸦立刻行动起来，不厌其烦地一块一块地用嘴叼石子，放到瓶子里。功夫不负用功的乌鸦，瓶子里终于放了很多石子，水升高了，乌鸦终于喝到了水。

乌鸦痛痛快快地喝了个够，愉快地飞走了。

怀孕236天

# 著名建筑：凡尔赛宫

驰名世界的凡尔赛宫坐落在巴黎西南18千米的凡尔赛镇，它是人类艺术宝库中一颗灿烂的明珠。

凡尔赛宫宏伟、壮观，它的内部陈设和装潢富于艺术魅力。五百多间大殿小厅处处金碧辉煌，豪华非凡。内部装饰，以雕刻、巨幅油画及挂毯为主，配有17、18世纪造型超绝、工艺精湛的家具。宫内还陈放着来自世界各地的珍贵艺术品，其中有远涉重洋的中国古代瓷器。

由皇家大画家、装潢家勒勃兰和大建筑师孟沙尔合作建造的镜廊是凡尔赛宫内的一大名胜。它全长72米，宽10米，高13米，连接两个大厅。长廊的一面是17 扇朝花园开的巨大的拱形窗门，另一面镶嵌着与拱形窗对称的17面镜子，这些镜子由400多块镜片组成。镜廊拱形天花板上是勒勃兰的巨幅油画，挥洒淋漓，气势横溢，展现出一幅幅风起云涌的历史画面。漫步在镜廊内，碧澄的天空、静谧的园景映照在镜墙上，满目苍翠，仿佛置身在芳草如茵、佳木葱茏的园林中。

正宫前面是一座风格独特的法兰西式大花园。园内树木花草的栽植别具匠心，景色优美恬静，令人心旷神怡。站在正宫前极目远眺，玉带似的人工河上波光粼粼，帆影点点，两侧大树参天，郁郁葱葱，绿阴中女神雕塑亭亭而立。近处是两池碧波，沿池的铜雕塑丰姿多态，美不胜收。

凡尔赛宫位作为法兰西宫廷长达107年，因其建筑风格独特，并拥有大量珍贵历史文化和艺术珍宝，在1979年被列为《世界文化遗产名录》。现在的凡尔赛宫已成为法国历史博物馆，是法国封建统治历史时期的一座华丽的纪念碑。

**心语音画**

宝宝，等你长大后我们一起去法国感受凡尔赛宫独特的艺术魅力吧！

怀孕 237 天

# 童话故事：白雪公主

今天，准妈妈给胎宝宝讲一个美丽的童话故事《白雪公主》吧。

在一个遥远的国度里，住着国王、王后和他们美丽的女儿白雪公主。善良有如天使般的公主，和父母过着幸福快乐的生活。可是，好景不长，王后生病去世了，白雪公主非常难过。

不久，国王迎娶了一位新王后，这位新王后是个精通法术的女巫。她虽然很美丽，但是个性很骄傲、暴躁。她最恨别人比她美丽。

新王后有一面很奇特的镜子，从镜子里可以得到一切你想知道的答案。

有一天，王后对着镜子问："魔镜、魔镜，谁是世界上最美丽的女人？"

"全世界最美的女人就是你，王后。可是，现在白雪公主比你美丽。"

新王后听了非常生气："怎么可以有人比我更美丽。"于是，她命令宫廷武士将白雪公主带到森林里偷偷杀掉。武士把白雪公主带到森林里去，不忍心杀她，便放了她，独自回去了。白雪公主就向森林深处走去。

突然，眼前出现了一栋小木屋，"啊，是小木屋！"公主急忙向前敲门，可是屋子里没人。公主进入小木屋后，看到整齐排列着七张小小的床。白雪公主非常疲倦，躺在床上不知不觉睡着了。

傍晚，当七个小矮人扛着锄头回来时，发现睡在床上的白雪公主。

"这个漂亮的女孩子是谁啊？"小矮人们纷纷

议论的声音吵醒了白雪公主。

“真是对不起，因为我在森林中迷路了，又饿又累，看见小屋我就进来休息了。”

白雪公主又把事情的经过一五一十地告诉小矮人。小矮人们非常同情白雪公主的遭遇，就把她留了下来。

白雪公主每天把小木屋打扫得很干净，并做好可口的晚餐等着他们。白雪公主和小矮人过着快乐的生活。

可恶的王后得知白雪公主没有死的消息很生气，她在鲜红的苹果外面涂上了毒药，准备去毒死白雪公主。于是她打扮成老太婆的模样，提着一篮苹果来到森林里的小木屋前。

“可爱的小姑娘，这红红的苹果多么的可爱呀，很好吃。”

于是白雪公主伸手接过那个苹果咬了一口，马上倒在地上，昏死过去了。

小矮人傍晚回家后，看到白雪公主躺在地上，便马上把她抬到床上，尽力施救，可是白雪公主没有醒过来。小矮人们悲伤地把她放在一个装满鲜花的玻璃棺材内。

这时，邻国的王子正好路过森林，看到了玻璃棺材里美丽可爱的白雪公主。

王子知道事情的经过后，含着泪水注视白雪公主，情不自禁地俯身吻了她。

突然，白雪公主苏醒过来，好像是从长睡中醒来一般，她的脸颊和唇依旧是那么的红润。

小矮人们都雀跃不已，兴奋地叫着。王子更是满心欢喜地说：“公主，你愿意和我一起回王宫，做我的王妃吗？”白雪公主羞怯地点头答应了。

王子带着白雪公主，骑着白马向小矮人和森林里的动物们告别，回到了自己的王国。

狠毒的王后知道后骑着魔扫帚，带着魔剑，准备去除掉白雪公主。突然一道闪电朝她打来。女巫王后终于受到上帝的处罚，结束了作恶多端的生命。

此时，王子和美丽的白雪公主正在举行盛大的婚礼。小矮人和森林的动物们也被邀请来参加。

**心灵驿站**

真是善有善报，恶有恶报。美丽的白雪公主几经磨难，终于逃脱了恶毒王后的魔爪，与王子过上了幸福快乐的生活。

怀孕238天

# 国学经典：《千字文》（节选）

《千字文》语句平白，易诵易记，是影响巨大的古代儿童启蒙读物，早一点读给胎宝宝听吧！

## 千字文

天地玄黄，宇宙洪荒。日月盈昃，辰宿列张。
寒来暑往，秋收冬藏。闰馀成岁，律吕调阳。
云腾致雨，露结为霜。金生丽水，玉出昆冈。
剑号巨阙，珠称夜光。果珍李柰，菜重芥姜。
海咸河淡，鳞潜羽翔。龙师火帝，鸟官人皇。
始制文字，乃服衣裳。推位让国，有虞陶唐。
吊民伐罪，周发殷汤。坐朝问道，垂拱平章。

## 译文

玄，天也；黄，地之色也；洪，大也；荒，远也；宇宙广大无边。太阳有正有斜，月亮有缺有圆；星辰布满在无边的太空中。

寒暑循环变换，来了又去，去了又来；秋季里忙着收割，冬天里忙着储藏。积累数年的闰余并成一个月，放在闰年里；古人用六律六吕来调节阴阳。

云气升到天空，遇冷就形成雨；露水碰上寒夜，很快凝结为霜。金子生于金沙江底，玉石出自昆仑山岗。

最有名的宝剑叫“巨阙”，最贵重的明珠叫“夜光”。果子中最珍贵的是李和柰，蔬菜中最看重的是芥和姜。

海水咸，河水淡；鱼儿在水中潜游，鸟儿在空中飞翔。龙师、火帝、鸟官、人皇，这都是上古时代的帝皇官员。

有了仓颉，开始创造了文字，有了嫘祖，人们才穿起了遮身盖体的衣裳。唐尧、虞舜英明无私，主动把君位禅让给功臣贤人。

安抚百姓，讨伐暴君，有周武王姬发和商君成汤。贤君身坐朝廷，探讨治国之道，垂衣拱手，和大臣共商国是。

**今日提醒**

《千字文》在中国古代的启蒙读物中，是一篇承上启下的作品。它那优美的文笔，华丽的辞藻，《千字文》已经被韩国列为胎教的教材。

怀孕239天

# 经典传承：《诫子书》

《诫子书》是三国时期的大军事家诸葛亮告诫和教育子女的短文，虽然寥寥数言，却句句发人深省。准妈妈细嚼其味，会感到回味无穷。

## 诫子书

夫君子之行，静以修身，俭以养德。非澹泊无以明志，非宁静无以致远。夫学须静也，才须学也，非学无以广才，非志无以成学。淫慢则不能励精，险躁则不能冶性。年与时驰，意与日去，遂成枯落，多不接世，悲守穷庐，将复何及！

## 译文

有道德修养的君子，是这样进行修养锻炼的，他们以静思反省来使自己尽善尽美，以俭朴节约财物来培养自己高尚的品德。

不清心寡欲就不能使自己的志向明确坚定，不安定清静就不能实现远大理想而长期刻苦学习。要学得真知必须使身心在宁静中研究探讨，人们的才能是从不断的学习中积累起来的；如果不下苦功夫学习就不能增长与发挥自己的才干；如果没有坚定不移的意志就不能使学业成功。纵欲放荡、消极怠慢就不能激励心志使精神振作；冒险草率、急躁不安就不能陶冶性情使节操高尚。如果年华与岁月虚度，志愿时日消磨，最终就会像枯枝落叶般一天天衰老下去。这样的人不会为社会所用而有益于社会，只有悲伤地困守在自己的穷家破舍里，到那时再悔也来不及了。

《诫子书》全文的主旨是劝儿子勤学立志，提出以修身和养德为要，以治学和淡泊为径，静心治学以修身，淡泊俭约以养德，最忌荒唐险躁。这些话看似老生常谈，但却是出于父子之情，可以说是诸葛亮对自己一生的一个总结。

怀孕240天

# 讲故事：狐狸和山羊

今天，给胎宝宝讲一个《狐狸和山羊》的故事吧。准妈妈从故事中能受到哪些启发呢？

有一天，一只狡猾的狐狸不小心掉进了一口水井里，怎么也爬也爬不出来。水虽然没有多深，但水井壁很滑，又长着许许多多的苔藓，狐狸每一次费好大劲爬上几步，就又滑下来，扑通一声掉在水里。不论狐狸如何挣扎，仍然没能成功地爬上来，只好垂头丧气地呆在井底里。

这时，一只渴极了的山羊从这里经过，四处找水喝。

突然，山羊发现了这口水井。它小心翼翼地探头向井里张望，看见一只狐狸正在井底，不解地问："你为什么在井里呆着呀？"

狐狸看见山羊，感觉机会来了，心中暗喜，马上镇静下来对山羊说："这口井里的水好喝极了，清甜爽口，这是我喝过的最好喝的水，你还不赶快下来，我们一起痛饮一番。"

早就干渴难忍的山羊听了狐狸这番话，信以为真，便不假思索地跳到了水井里，当他咕咚、咕咚喝足了水以后，才发现无法从井底爬上去。

山羊很无奈，怎么也想不出爬上去的办法，只得与狐狸共同商议。其实，狡猾的狐狸心里早有准备，它对山羊说：“我倒有一个方法，你用前脚趴在水井墙壁上，再把你的犄角竖直了，我从你后背踩着你的犄角跳上井去，我再拉你上来，我们不就都得救了吗？”

山羊听了狐狸的提议，觉得这个办法可行，于是，山羊让狐狸踩着它的后脚，跳到它背上，然后再上到犄角上用力一跳，狐狸跳到了井沿上。

狐狸上去以后，头也不回地准备独自逃离。山羊见狐狸没有拉自己上去的意思，非常生气，指责狐狸不信守诺言。

狐狸回过头来对山羊说：“喂，朋友，你的头脑如果像你的胡须那样完美，你就不至于在没看清出口之前就盲目地跳下去了。”

**心语音画**

山羊不假思索地相信了狡猾的狐狸，自己却在井里无法上来。我们人与人之间需要互相帮助。我亲爱的宝宝，妈妈希望你用聪明、智慧识破坏人的诡计，不让他们的阴谋得逞。

怀孕241天

# 小提琴协奏：《春》

《春》对准妈妈来说，并不难以欣赏，只要怀着愉快的心情去听，就很容易陶醉在纯净的音乐中。

安东尼奥·维瓦尔第是巴洛克时期意大利著名的作家、小提琴家。他最出色的作品就是以富于民间色彩和生活气息的器乐作品。其中最著名的是小提琴协奏曲《四季》。

《春》是小提琴协奏曲《四季》的第一首，以回旋曲形式写成。音乐描绘出春光重返大地，小鸟欢愉地唱，森林枝叶随风婆娑，呢喃私语。突然，电光乍闪，春雷惊蛰，万物苏醒。它旋律优美，曲意清新，具有很强烈的形象感，为人们描绘出的一幅美丽的图画。

第一插段，“小鸟唱着欢乐之歌来迎春”，独奏小提琴以一连串尖锐的颤音生动地模仿出群鸟的啼鸣。

第二插段，“微风轻拂清泉，泉水叮咚流淌”，是以独奏小提琴和整个小提琴声部奏出的连续不断的十六分音符来表现的。

第三插段，“天空乌云笼罩，电光闪闪，雷声怒号”，它是以乐队低沉的三十二分音符同音反复和独奏小提琴的一连串三连音形成的对比构筑起来的。

第四插段，“雷鸣电闪转瞬即逝，鸟儿重婉转歌唱”，最后乐章以春天的主题作为结束。

**今日提醒**

胎教音乐不宜过长，5～10分钟的长度是较适合的，而且要让胎宝宝反复聆听，才能产生适当的刺激。等宝宝出生后听到这些音乐就有熟悉的感觉，对安抚宝宝情绪有相当好的功用。

怀孕242天

# 世界风光：威尼斯

世界闻名的水上城市威尼斯，是无数人向往的地方。今天，准妈妈与胎宝宝一起欣赏威尼斯的美丽景色吧。

威尼斯位于意大利东北部，是世界闻名的水乡，也是意大利的历史文化名城。

威尼斯的历史相传开始于公元453年。当时一些农民和渔民为逃避嗜战的游牧民族，来到亚德里亚海中的这个小岛。威尼斯外形像海豚。城市面积不到1.8平方千米，却由118个小岛组成，177条运河蛛网一样密布其间。这些小岛和运河由大约350座桥相连，整个城市只靠一条长堤和意大利半岛连接。

城内古迹众多，有各式教堂、钟楼、男女修道院和宫殿百余座。大水道是贯通威尼斯全城的最长的街道，它将城市分割成两部分，顺水道观光是游览威尼斯风景的最佳方案之一，两岸有许多著名的建筑，到处是作家、画家、音乐家留下的足迹。圣马可广场是威尼斯的中心广场，广场东面的圣马可教堂建筑雄伟、富丽堂皇。

威尼斯是世界上唯一没有汽车的城市，上帝将眼泪流在了这里，却让它更加晶莹和柔情，就好像一个漂浮在碧波上浪漫的梦。

威尼斯有“因水而生，因水而美，因水而兴”的美誉，享有“水城”“水上都市”“百岛城”“亚得里亚海的女王”“桥城”等美称。

威尼斯的风情总离不开“水”，蜿蜒的水巷，流动的清波，好像一个漂浮在碧波上浪漫的梦，诗情画意久久挥之不去。

怀孕 243 天

# 准爸爸的笑话

准爸爸给准妈妈讲几个笑话吧，充满欢乐的家庭氛围有益于胎宝宝茁壮成长。

## 买橘子

一个人上街买橘子，他看到一个卖橘子的水果店，便走到跟前问老板：“你这橘子甜不甜？”老板说：“不甜不要钱”“好，给我来十斤不甜的？”

## 数学学得不错嘛

小萌刚上一年级，有一次语文考试得了74分。

她拿成绩单回来的时候爸爸妈妈很生气，就问为什么只考了74 分。

小萌埋头冥思苦想了好一会儿，突然抬起头来。

爸爸妈妈以为她意识到自己的错误，期待地竖起耳朵。

小萌字字坚毅地说：“因为老师扣了我26分啊！”

## 水怕什么

俗话说“兵来将挡，水来土囤”。一幼儿园小班上课，老师问道：“小朋友们，水怕什么呀？”一小朋友答道：“水怕下水道”！

## 笑尿了

幼儿园里，老师正在询问两个午休尿床的小朋友。小明解释道：“老师，是他尿的，我没有。”

“你没有？那为什么你的床也湿了？“我看他尿床了，就笑他，于是，笑尿了。”

## 牛吃草

有一天，美术老师问小明：“你的画呢？”

小明：“老师，这就是我的一张画呀！”

老师：“你画的是什么呀？”

小明：“老师，我画的是牛吃草。”

老师：“明明是张白纸，没有画呀？”

小明：“老师，草被牛吃完了，所以画上没有草，牛吃完草走了，所以画上没有牛。”

怀孕244天

# 欢乐歌谣准妈妈唱

歌谣往往表达了一些有趣的小事，有时也阐述一个深刻的道理，但都是简短押韵的，适合准妈妈唱给胎宝宝听。

## 小雨点，沙沙沙

小雨点，沙沙沙，
落在花园里，
花儿乐得张嘴巴。
小雨点，沙沙沙，
鱼儿乐得摇尾巴。
小雨点，沙沙沙，
落在田野里，
苗儿乐得向上拔。

## 树叶儿

树叶儿，像小勺，
大家都把阳光舀。
你一勺，我一勺，
一起喂大花宝宝。

## 落叶

秋风吹，树枝摇。
红叶黄叶往下掉。
红树叶，黄树叶，
片片飞来像蝴蝶

## 太阳喜欢

太阳喜欢苹果，给它红色；
太阳喜欢橘子，给它黄色；
太阳喜欢田野，给它金色；
太阳喜欢彩虹，给它七色。

**今日提醒**

欢乐、有趣的歌谣不仅适合准妈妈唱给胎宝宝听。等宝宝出生后妈妈同样也可以教宝宝哼唱。

怀孕 245 天

# 励志故事：福特的好奇心

好奇心是智慧的嫩芽，幼儿对世界的认识是从好奇开始的，好奇心对孩子的成长具有十分重要的意义。

亨利·福特从小精力旺盛，记忆力极强，并对各种机械有着强烈的好奇心。只要是机械的东西，他都要用工具把它拆开来看看。当然，简单的机械拆开后他还能装上，复杂一些的机械，他就没办法装上了。所以，家人称他为“疯狂的破坏者”。对亨利·福特的这种“破坏”行为，爸爸不仅没有责怪他，还认为孩子的这种好奇心是难能可贵的。他非常支持儿子。

有一年冬天，父亲带着13岁的亨利到底特律去。在底特律火车站，他第一次看到火车头，被眼前这个发出巨大的吼声并喷了他一身蒸气的庞然大物吸引住了，并产生了强烈的好奇心，他想知道火车头是怎样推动火车前进的。于是，他向列车长请求，要到火车头上去看一看。热心的列车长被他强烈的好奇心打动了，破例让他进了火车头，并为他开动了车头，满足了亨利的好奇心。

回家后，他从厨房里拿来一个水壶和一盆烧得正旺的炭火，再从储藏室里取来雪橇。他把炭火盆放到雪橇上，又把烧得正开的水壶放在火盆上。他一边在地上滑动雪橇，一边喊：“火车头来了，火车头来了！”

正是这种对机械强烈的好奇心，使他长大后拥有出类拔萃的创造力，试制出了一种又一种的汽车，最终成了世界闻名的“汽车大王”。

怀孕246天

# 建筑艺术：白金汉宫

此时的准爸爸和准妈妈是否对宝宝的出生充满了期待呢？在幸福的期待中与胎宝宝欣赏建筑艺术的美吧。

白金汉宫位于伦敦威斯敏斯特城内，是英国王室的王宫和居所。1703年由白金汉公爵所建而得名，最早称白金汉屋。1761年转卖给英国王室后，几经修缮，逐渐成为英国王宫。从1837年起，英国历代国王都居住在这里。维多利亚女王是居住在这里的第一位君主。宫内有典礼厅、音乐厅、宴会厅、画廊等厅室，宫外有占地辽阔的御花园，花团锦簇。女王的重要国事活动都在该地举行。来英国进行国事访问的国家元首也在宫内下榻，王宫由身着礼服的皇家卫队守卫。

白金汉宫的主体建筑为5层，附属建筑包括皇家画廊、皇家马厩和花园。皇家画廊和皇家马厩均对公众开放参观。每年夏天，英国王室在花园内举行盛大的皇家招待会。

王宫花园约占地18公顷，为英王乔治四世所设计。园内有湖泊、草地、小径，并有各种花草树木。

白金汉宫的广场中央耸立着维多利亚女王镀金雕像纪念碑，顶上站立着展翅欲飞的胜利女神。皇家卫队每天上午都在广场操练。纪念碑的下方有阶梯，这里是欣赏白金汉宫的最好位置。如果王宫正上方飘扬着英国皇家旗帜时，这表示女王仍在宫中。

白金汉宫于1931年用石料装饰了外墙面，最近的一次外墙清洗使其重放异彩。然而，令人印象最深的仍是其内部。王宫有600多个厅室，收藏有许多绘画和精美的红木家具，艺术馆大厅内专门陈列英国历代王朝帝后的100多幅画像和半身雕像，营造出浓厚的18、19世纪英格兰的氛围。

怀孕247天

# 准爸爸讲故事：神笔马良

《神笔马良》的故事家喻户晓，马良智慧、勇敢和正义的形象也深入人心，准爸爸赶快给胎宝宝读一读吧。

从前，有个叫马良的穷苦孩子，父母去世后，自己靠打柴、割草过日子。他非常聪明，从小就喜欢画画。可是由于家里穷，他连买一支笔的钱都没有。他到山上打柴时，就折一根树枝在山坡上画；到河边割草时，就用草根蘸着河水在河边画；回到家里，就拿一块木炭在院子里画。

马良每天坚持不懈地画画，从没有间断过。他常常想，如果自己能有一支画笔那该有多好呀。

一个晚上，马良在睡梦中恍惚感到窑洞里亮起了一阵五彩的光芒，面前出现了一个白胡子老人，老人送给他一支金光灿灿的神笔，马良高兴地惊醒过来，原来是个梦！他看看自己的手，真是太不可思议了，自己手里确实有一支笔，马良兴奋极了。他马上用笔画了一只小鸟，小鸟竟展开翅膀飞了起来；他又画了一条鱼，鱼也活蹦乱跳起来。马良有了这支神笔，天天替村子里穷苦善良的人家画画，谁家缺什么，马良就给他们画什么。

不久，邻村一个贪婪、为富不仁的大财主听说这件事情，马上派人将马良抓了过去，逼他为自己画画。但无论财主如何哄他、吓他，马良就是不肯画。于是，财主把他关到了马厩里，不给他饭吃。傍晚，天空下起了鹅毛大雪，财主见马厩的门缝里透出红色的亮光，还闻到一股香喷喷的味道。

于是，财主走到门口往里看，看到马良在里面烧起了一个大火炉，边烤着火，边吃着热烘烘的饼子，这火炉和饼子都是马良用神笔画出来的。

财主见状顿时怒火中烧，打算杀死马良，夺下他的神笔。这时，他看到马良攀上一架梯子，翻墙走了。财主急忙攀上梯子去追，刚爬了两步，就摔了下来。原来，这梯子也是马良用神笔画的，还没等财主爬起来，马良已骑着一匹用神笔画的骏马飞奔而去。

气急败坏的财主骑着马，带着人追了上来。眼看就要追着了，马良用神笔画了一张弓、一枝箭。马良搭弓射箭，一箭射中了财主的咽喉，财主顿时气绝身亡。

皇帝知道此事后，派人把马良抓了去。威逼马良给他画一棵摇钱树，否则的话，就要将马良杀掉。马良无奈，挥起神笔，画了一个无边无际的大海，又在大海中央画了一个小岛，岛上有一株又高又大的摇钱树。马良画了一只巨大的木船，皇帝带人上了木船，马良又画了几笔风，大木船顺风而行。马良不停地画风，突然，海风卷起一层层的巨浪，皇帝乘的船被巨浪打翻了，皇帝也随之沉到了海底。

马良后来到底去了什么地方，人们不得而知。有人说 ，他回到了自己的家乡，和那些乡亲、伙伴在一起。也有人说，他到处流浪，专门给穷苦的老百姓画画。

**今日提醒**

要想孕育一个健康、聪明的宝宝，准妈妈一定要坚持胎教不放松。勤于动脑、动手的准妈妈，你的辛勤付出，终会得到回报。

怀孕 248 天

# 准妈妈说：字头歌童谣

字头歌是传统儿歌中的一种常见形式。每句最后一字几乎相同，一韵到底，有很强的韵律感。今天，准妈妈就给胎宝宝朗诵几首，一定会很有意思。

## 好孩子

擦桌子，擦椅子，
拖得地板像镜子，
照出一个小孩子。
小珍珍，卷袖子，
帮助妈妈扫屋子，
忙得满头汗珠子。

## 瓜儿谣

圆圆大西瓜，
胖胖绿冬瓜。
蔓上结南瓜，
土里藏地瓜。
架上脆黄瓜，
叶下香甜瓜。
拌一盘苦瓜，
炒一盘茭瓜。
撑着了憨瓜，
饿坏了傻瓜。

## 小兔子逛铺子

小兔子，
逛铺子，
买了一双红袜子，
两条蓝裤子，
三件绿袍子，
四条黄裙子，
五件紫褂子，
六床花被子。
东西多拿不动，
急得兔子哭鼻子。

**今日提醒**

朗朗上口的儿歌是专为宝宝们所写，唱起来很有韵律，尤其是描写动植物的童谣，可以想象小动物的可爱模样。准妈妈富有感情的吟唱，能开拓胎宝宝的思维，培养胎宝宝的好奇心。

怀孕249天

# 快乐折纸：纸房子

折纸是一项手、眼、脑并用的活动，准妈妈通过折纸可以调节手脑的协调性消除不良情绪。而胎宝宝在准妈妈的腹中也能感受到折纸的乐趣。

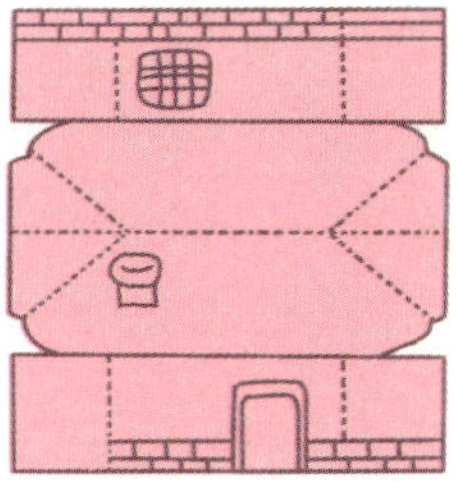

1. 准备一张正方形的纸，分成4等份，每个部分用笔按照图示画出房子的雏形，并用剪刀如图示样子剪出房顶。

2. 把上下2个长块2边各取四分之一，然后向内折起，如图示：

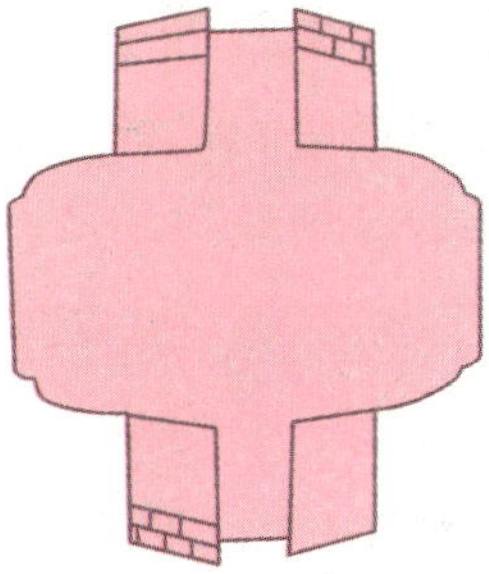

3. 将折好的部分倒过来，房顶在下，按照刚开始画出的虚线部分的三角形向内折，折出屋顶，如图示。

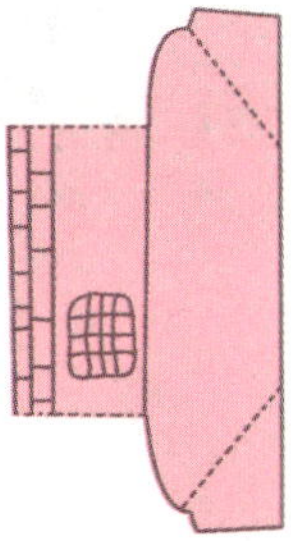

4. 将屋顶折好后，把成品倒过来，略加整理，一座漂亮的房子就做好了。

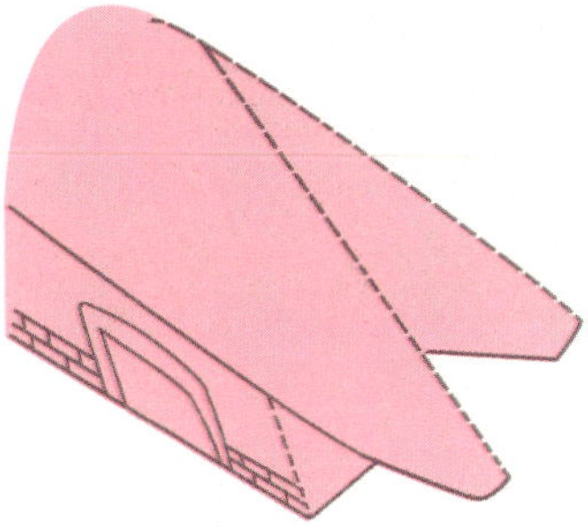

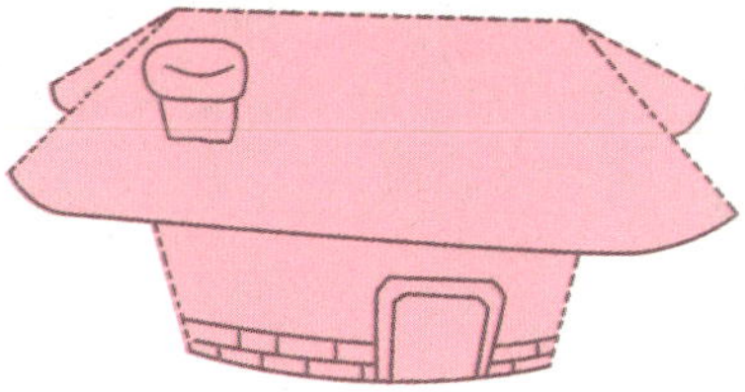

怀孕 250 天

# 名画欣赏：《美丽的女园丁》

该画描绘了圣母与耶稣和圣约翰的闲逸生活。通过美丽的女园丁的形象，表现圣母玛利亚的世俗之爱。准妈妈来欣赏一下吧。

《美丽的女园丁》是一幅圣母与耶稣的合像，当时的代表作。花园里，圣母慈祥地坐着，看护着耶稣与圣约翰两个孩子。耶稣站在母亲身旁，脚踏在她的脚上，手放在她的手里，向她望着微笑。圣约翰一膝跪着，温柔地望着他。这是一幕亲切幽密的情景。在那个时代里，由于前人的努力，人们已经习惯于在耶稣的行述中，看到他仁慈的、人的气息。而拉斐尔用一种风格和形式的美，把这首充溢着妩媚与华贵的基督教诗，在简朴的牧歌式的气氛中表现出来。

该画给人最持久的印象，是一种天国仙界中的平和与安静。所有的细微之处都有这印象存在，如风景中，平静的脸容与姿态中，线条中……在这翁布里亚的幽静的田野，没有狂风暴雨，正如这些人物神情平静得好像从没有过狂乱的热情一样。

怀孕251天

# 一起猜字谜

准爸爸和准妈妈一起来玩有趣的猜字谜游戏，每句话是一个字，可以使大脑变得更灵活起来。

1 皇帝新衣
2 一流水准
3 石达开
4 拱猪入门
5 格外大方
6 走出深闺人结识
7 一千零一夜
8 七十二小时
9 床前明月光
10 需要一半，留下一半
11 一口咬住多半截
12 一月一日非今天
13 要一半，扔一半
14 综合门市
15 不是冤家也碰头
16 上气接下气
17 四方来合作，贡献大一点
18 贪前稍变就成穷
19 半布春秋
20 银川

**今日提醒**

猜字谜是一种传统文字游戏，主要是根据方块汉字笔画繁复、偏旁相对独立，结构组合多变的特点，运用离合、增损、象形、会意等多种方式来进行。

参考答案：1 袭 2 淮 3 研 4 阔 5 回 6 佳 7 歼 8 晶 9 旷 10 雷 11 名 12 明 13 奶 14 闹 15 硼 16 乞 17 器 18 贫 19 秦 20 泉

怀孕 252 天

# 寓言故事：愚公移山

这是一个尽人皆知的故事。启发我们用发展的眼光看问题，遇到困难要尽力克服。通过这个故事要将不怕困难、坚持不懈的精神传递给胎宝宝。

传说，古时候有两座大山，一座叫太行山、一座叫王屋山，四周各七百里，有七八万尺那么高，本来在冀州的南边，黄河北岸的北边。

那里的北山住着一位老人名叫愚公，年纪将近九十岁，靠山居住。每次出门，因被这两座大山阻隔，他苦于大山北面交通不便，进进出出都要绕很远的路。

有一天，他召集全家人来商量说："我准备与你们一起，用毕生的精力来搬掉太行山和王屋山，修一条道路一直通向豫州的南部，到达汉水南岸，你们说好吗？"

大家纷纷表示赞成。但是，愚公的妻子提出疑问说："凭你和大家的力气，连魁父这座小山都不能削平，又怎能把太行、王屋这两座大山搬走呢？况且，把那些泥土石头放到哪里去呢？"

众人纷纷说："我们可以把泥土和石头扔到海的边上去，隐土的北面。"

第二天，愚公率领子孙中能挑担子的几个人，开始凿石挖掘泥土，并用箕畚装了土石运到海的边上。邻居京城氏的寡妇有个儿子，才七八岁，刚刚换牙，也蹦蹦跳跳前去帮助他们。虽然一家人每天挖不了多少，但他们还是坚持不懈地挖。每到冬夏换季，他们才往返一次。

河湾上有一个名叫智叟的

老人得知这件事后，不仅讥笑愚公，还制止他干这件事，特地来劝愚公说：“你这样做太不聪明了，就凭你这么高的年龄和剩下的有限力量，连山上的一棵草都不能铲平，又能把泥土、石头怎么样呢？”

愚公长叹一声说：“你思想太顽固了，顽固到了不可改变的地步，连孤儿寡妇都比不上。即使我死了，我还有儿子在；儿子又生孙子，孙子又生儿子；儿子又有儿子，儿子又有孙子；子子孙孙没有穷尽，然而山却不会加大增高，为什么挖不平？”智叟听了愚公的话，张口结舌，回答不上来。

拿着蛇的山神听说了这件事，见愚公他们挖山不止，便将这件事情告诉了天帝。天帝被愚公的诚心和精神所感动，于是，命令大力神夸娥氏的两个儿子将这两座山背走，一座放在朔东，一座放在雍南。从此，冀州的南部，直到汉水南岸，没有高山阻隔了。

**心灵驿站**

故事反映了我国古代劳动人民改造自然的伟大气魄和坚强毅力，也说明了无论怎样艰险，只要具有坚韧不拔的决心，充满必胜的信心，坚持不懈地努力做下去，就能够战胜一切困难，把理想变为现实。

# Part 10

# 孕10月
# 期待见面那一刻

就要与宝宝见面了，准妈妈一定非常激动。在即将结束整个孕期的日子里，准妈妈依然要做好自我监护，按时产前检查，及时了解分娩知识，调整好心情，对即将来临的分娩做好充分准备。坚持巩固各种胎教。迎接幸福时刻的到来。

怀孕253天

# 美文赏析：《感动是一种养分》

准妈妈是否也曾被许许多多的人和事感动过？今天，给胎宝宝读一篇滋润我们心田的美文，让胎宝宝从中感受感动的美好。

## 感动是一种养分（作者 何蔚）

常常有一些无法言语的感动。

譬如看见果实落地，从一棵树的手腕里，一枚青涩的苹果或一只熟透的蜜桃，冷不丁地跳到地上，在尘土中灼下一道轻痕，打下一个水印，或者连一点蛛丝马迹也不曾留下，可就在一瞬间，它已经深深地感动了我。

譬如看见一只小鸟，在我的窗台上跳跃顾盼，抖动漂亮的羽毛冲着我叫了那么一声，甚至只有半声，尔后又匆匆飞走。譬如看见一个朋友久违的眼神和手势，看见一颗滚动在草叶上的露珠被风摔碎之前的最后一次闪耀……总之，感动我的有时是一种声音，一种复杂的隐喻了生命幻象的声音；有时是一种状态，一种含蓄的、超越了明白话语的状态。

更有时候，感动我的仿佛什么也不是，也仅仅是事物的一粒元素而已。

不知道为什么要感动。但有一点是可以肯定的：若是没有感动，我想我就会于不痛不痒中丢弃自己。因为我知道，这个世界上所有的生命甚至连一朵花一茎草一湖水和一尾鱼，都那么持久地拥有着令人感动的特质。如果对美丽视而不见，对春天也无动于衷，那么还有什么理由在美和春天之间迈动双脚？

想一想，一朵花因为什么而鲜美妩媚，一茎草因为什么而摇曳多姿，一湖水因为什么而清波洋溢，一尾鱼因为什么而跃出河面？

许多时候，我就是这样不可抗拒地被一些极小的事情感动着，被极小的感动润泽着。只是，我好像从来没有留心将每一次感动的根由进行仔细的探究，一条一款地罗列起来，为诱发下一次感动埋好伏笔。我想，谁如果真这么愚蠢地对待感动的话，那他就不可能拥有更多的感动了。感动是不能提前准备的，如同做梦一样，因此也没有必要在事后对它作一番精彩的归纳、总结或者赏析。

我想，感动是由于我深爱着世上一切美好的事物，甚至比别人更留意也更钟情于它们。而这些美好的事物也仿佛是我的朋友和亲人，也同样爱着、留意着、钟情着我。我们永远保持着那种和谐友善、亲密真挚的联系，保持着深层的感情交流、碰撞与沟通。彼此间相互提醒、暗示、相互期许、关怀和给予。每次小小的感动都会洗净我灵魂中某个小小的斑点和污渍，每一次深深的感动都有可能斩断我性情中某一段深深的劣根。日复一日，年复一年，感动使我的内心变得清洁、明亮、丰富而又宽敞，使我面对每一轮崭新的日出都能赢得一个全新的自我……

**心灵驿站**

我们的成长需要养分，感动便是一种滋养灵魂的养分，使人的内心变得清洁、明亮、丰富而又宽敞，能够让人充满智慧和激情，保持良知和天性。

怀孕254天

# 说说经典绕口令

准妈妈现在行动很不方便吧？那就动动嘴，给胎宝宝说几段开心、幽默、好玩的绕口令吧。

## 大锅和小锅

大哥有大锅，
二哥有小锅，
大哥要换二哥的小锅，
二哥不换大哥的大锅。

## 大鱼小鱼

大渠养大鱼，
小渠养小鱼，
大渠大鱼吃小鱼，
小渠小鱼怕大鱼。
有一天，下大雨，
小渠流进大渠水，
小渠里有大鱼，
大渠里没小鱼。

## 吃菱角

吃菱角，剥菱壳，
菱角丢在北壁角。
不吃菱角不剥壳，
菱角不丢北壁角。

## 小猴拍皮球

小猴小猴拍皮球，
一拍拍到水里头。
小猴急得直挠头，
小鸭游来托起球。

**今日提醒**

准妈妈说绕口令时，要口齿清晰，开始不要求快，一个绕口令说几遍熟悉后，再加快速度朗读比较好。

怀孕255天

# 名曲欣赏：《玩具兵进行曲》

《玩具兵进行曲》是德国作曲家莱昂·耶塞尔所作的一首管弦乐合奏曲。是回忆起小时候做的一个甜蜜的梦，用梦境里的故事写成的以玩具兵为题材的乐曲。今天就让准妈妈跟胎宝宝一起来听一听乐曲中玩具兵的声音吧。

## 梦中的玩具兵

晚上，小主人睡觉了，他做了这样一个梦：在梦里，她的玩具兵们一个个从玩具箱里偷偷爬了出来。他们先排列成整齐的队伍游行，后来又打闹嬉耍。正当天刚蒙亮的时候，小主人醒了，玩具兵们惊慌地逃回玩具箱子里。小主人起床，打开箱子一看，玩具们东倒西歪地躺在里面。呵！原来刚才是一场美丽的梦。

## 音乐欣赏

这个美丽童话般的梦境，启发了莱昂·耶塞尔的灵感，因而写出了这首传世的著名乐曲，所以莱昂·耶塞尔就为这首乐曲起名为《玩具兵进行曲》。这首乐曲旋律轻松明快、节奏鲜明，把玩具们在一起玩耍的情景表现得淋漓尽致。乐曲为复三部曲式，全曲情绪欢快、雄壮、生动，富有童趣，表现出了玩具们从箱子里走出来，聚会在一起的欢快情绪；乐曲中用圆号表现出了雄壮的气势和玩具们排着整齐队伍在游行的快乐情景；作曲家用半音阶快速下行滑音，把玩具兵发现小主人醒了，他们惊慌失措地迅速逃回到箱子里的动作描绘得十分生动、逼真。乐曲最后用一个长音结束，表现出了小主人对梦境里一切的回味和意犹未尽。

**心灵驿站**

通过欣赏《玩具兵进行曲》，能让准妈妈们体会雄壮有力而又欢快活泼的音乐情绪，从而可以激发胎宝宝的情绪。

怀孕256天

# 神话故事：八仙过海

今天由准爸爸讲一个《八仙过海》的故事吧。这个故事在民间流传广泛，几乎老幼皆知。现在已经成为人们经常使用的成语和典故。

传说有八位神仙，他们分别是：铁拐李、汉钟离、蓝采和、张果老、何仙姑、韩湘子、曹国舅和吕洞宾。八仙各自有不同的法器，个个都法力无边。铁拐李有铁杖及葫芦，汉钟离有芭蕉扇，张果老有纸叠驴，蓝采和有花篮，何仙姑有莲花，吕洞宾有长剑，韩湘子有横笛，曹国舅有玉版。他们随身携带的法器在关键时刻自有妙用。

有一天，白云仙长邀请八仙到蓬莱仙岛欣赏盛开的牡丹花，大家一边赏花，一边开怀畅饮，非常高兴。在回来的途中，他们腾云驾雾从东海上空经过，只见海上波涛汹涌，白浪滔天，景色非常壮观。于是，八位仙人决定到海面上看个究竟。

吕洞宾对大家说：“你们看这样好不好，我们把自己的宝物扔到海面上，借着它渡过大海，比一比谁更有神通，怎么样？”大家对吕洞宾的建议纷纷表示赞同。

铁拐李首先对这一提议表示欢迎，他兴致勃勃地说：“好啊，大家先看我的！”便把拐杖投向海中，拐杖像一条小船漂浮在水面上，铁拐李一个筋斗，稳稳地立在了拐杖上。

接着汉钟离把他的芭蕉扇也丢到海上，跳下去威风凛凛地站在了芭蕉扇上面。

接着，其他几位仙人也各显神通，张果老在海面上倒骑着毛驴，吕洞宾双脚踏在雌雄宝剑上，韩湘子稳坐在横笛上，何仙姑乘着莲花，蓝采和站在花篮上，曹国舅踩着玉版，都在海面上漂浮了起来。

八仙安稳地顺着汹涌的波浪漂去，这种感觉与他们平时腾云驾雾的感觉大不相同，别有一番刺激和情调，大家玩得好开心。

这时，曹国舅突然用手指向右边，并高声喊道：“大家看啊！那里有座海市蜃楼！”

大家顺着曹国舅手指的方向转头一看，一座仙山渐渐地从海面上升起，山上有树木，有亭台楼阁，一会儿就升到了半空中，慢慢地变成天边的浮云，一转眼，那浮云又被风吹散了。

韩湘子说：“我们真是眼福不浅，海市蜃楼是海里蛟龙嘘出来的气体，百年难得一见啊！”

突然，蓝采和不见了。大家远近观望，一边找一边喊，可就是不见蓝采和的影子。张果老说：

“很可能是东海龙王作怪，他不欢迎我们在他的海上大显神通，把蓝采和抓到龙宫去了，我们一起到龙宫要人去！”

大家来到龙宫，婉言请求龙王放人。龙王蛮不讲理，不但不肯放人，还派自己的几个儿子带领虾兵蟹将追杀八仙。八仙不得已只得用随身的法宝当武器，抵抗虾兵蟹将，经过一场激烈的战斗之后，龙王的两个儿子被八仙失手杀死了。

龙王一听自己的两个儿子被八仙杀了，悲愤至极，请来了南海、西海、北海龙王来帮忙。龙王的不依不饶把八仙也给惹火了。铁拐李用酒葫芦把海水吸光，其余几位仙人将泰山搬了过来，往东海一扔，东海立刻变成了一座高山。

双方打得天昏地暗，日月无光，也惊动了太上老君、如来佛和观世音，他们纷纷赶来劝说、调解。最后，蓝采和送给东海龙王两片玉版，作为杀死两位太子的补偿，泰山则由观世音负责搬回原处，龙王才答应不再追究。

因为这一场纠纷，八仙也被玉皇大帝降级一等。从此，八仙再也不敢到外面惹是生非了。

**心灵驿站**

每个人都带着自身的潜能来到人世，在人生道路上要不断学习进取、严格要求自己，充分发挥自身的优势，才能克服前进路上的困难。

怀孕257天

# 我们一起猜字谜

今天，准妈妈来猜一猜新的字谜吧，一句一字，记住这些有趣的字谜，将来等宝宝上学后再一起猜，那会非常有意思。

1 一来再来
2 守门员
3 有人偷车
4 半青半紫
5 自己
6 秀才翘尾巴
7 重点支援大西北
8 身残心不残
9 十八乘六
10 一勾心月伴三星
11 一撇一竖一点
12 八字头
13 千里挑一，百里挑
14 4个人搬个木头。
15 一人一张口，口下长只手
16 一人在内
17 一人挑两小人
18 一人腰上挂把弓
19 一口吃掉牛尾巴
20 一口咬定
21 一大二小
22 一斗米
23 一月七日
24 一加一
25 七人头上长了草
26 王先生白小姐坐在石头上
27 九辆车
28 四个人搬个木头
29 二八佳人
30 人不在其位

参考答案：1 冉 2 闪 3 输 4 素 5 体 6 秃 7 头 8 息 9 校 10 心 11 压 12 学 13 伯 14 杰 15 拿 16 肉 17 夹 18 夷 19 告 20 交 21 奈 22 料 23 脂 24 王 25 花 26 碧 27 轨 28 杰 29 妙 30 立

怀孕258天

# 放松心情的腹式呼吸

准妈妈在空气清新的环境中散步，边走边和胎宝宝说话，累了就坐在长椅上练习冥想。保持坐姿端正，并且进行腹式呼吸，使身心尽快平复。

## 腹式呼吸法

正确的腹式呼吸法为：保持正确的坐姿或平躺。开始吸气时全身用力，此时肺部及腹部会充满空气而鼓起，但还不能停止，仍然要使尽力气来持续吸气，不管有没有吸进空气，只管吸气再吸气。然后屏住气息4秒，此时身体会感到紧张，接着利用8秒的时间缓缓地将气吐出。吐气时宜慢且长，而且不要中断。做完几次后，不但不会觉得难过，反而会有一种舒畅的感觉。腹式呼吸能给胎宝宝提供充分的氧气，对胎宝宝脑部发育也很有帮助。

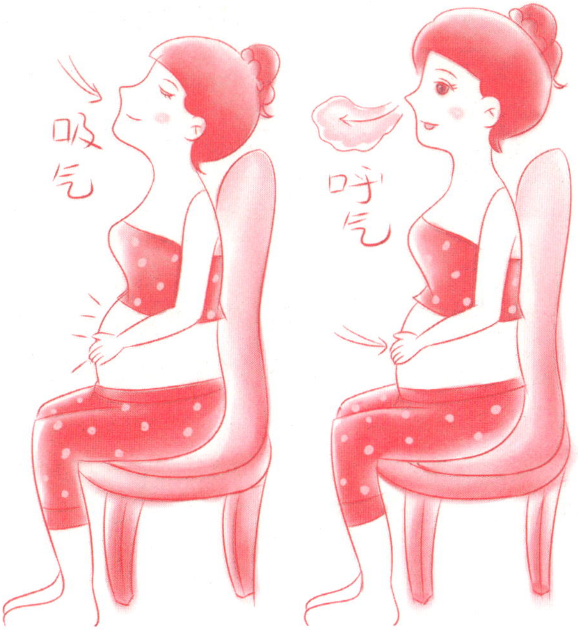


## 腹式呼吸的好处

采用腹式呼吸可以扩大肺活量，改善心肺功能。能使胸廓得到最大限度的扩张，使肺下部的肺泡得以伸缩，让更多的氧气进入肺部，减少肺部感染，尤其是少患肺炎。

腹式呼吸还能改善脾胃功能，有利于舒肝利胆，促进胆汁分泌，并通过降腹压而降血压，对高血压病人有好处。

怀孕259天

# 寓言故事：龟兔赛跑

今天给胎宝宝讲的这个故事具有深刻的教育意义，准妈妈一定将故事的寓意讲给胎宝宝，希望宝宝将来做一个勤奋、谦虚、谨慎的人。

在很久很久以前，有一片美丽的大树林。树林里住着许多许多的小动物。

漂亮的兔子长了四条腿，一蹦一跳，跑得可快啦。

慢性子的乌龟也长了四条腿，它爬呀，爬呀，爬得非常慢。

有一天，兔子碰见乌龟，笑眯眯地说："乌龟，乌龟，咱俩来比赛，看谁跑得快好吗？"乌龟知道兔子在开跟自己玩笑，瞪着一双小眼睛，不理也不睬。兔子知道乌龟不敢跟自己赛跑，乐得摆着耳朵直蹦跳，还编了一支山歌笑话他：

乌龟，乌龟，爬爬，
一早出门采花；
乌龟，乌龟，走走，
傍晚还在门口。

乌龟生气了，说："兔子，兔子，你别神气，不如现在咱们就来比赛跑吧！"

"什么，什么？乌龟，你说什么？" 兔子问。

"咱们这就来赛跑。"乌龟回答。

兔子一听，差点笑破了肚皮："乌龟，你真敢跟我赛跑？那好，咱们从这儿跑起，看谁先跑到那边山脚下的一棵大树。"

乌龟说："好吧。"

然后，兔子喊："预备！一、二、三开始。"

兔子撒开腿就向前跑，不一会儿工夫就跑得很远了。它回头一看，乌龟爬呀爬，才爬了一小段的路，兔子心想：“乌龟敢跟我赛跑，真是自不量力，天大的笑话！我呀，在这儿睡上一大觉，让它爬到这儿，不，让它爬到前面去吧，我三蹦二跳的就追上它了。”

“啦啦啦，最后胜利准是我的嘛！”于是，兔子往地上一躺，合上眼皮，真的睡着了。

再说乌龟，爬得也真够慢的，可是它不停脚地一个劲儿地爬呀，爬呀，爬，等它爬到兔子身边时，已经累坏了。看见兔子还在睡觉，乌龟真想也休息一会儿，可它知道兔子跑得比它快，只有坚持不懈地爬下去才有可能赢。于是，它不停地往前爬、爬、爬。眼看离大树越来越近了，只差几十步了，十几步了，几步了，乌龟终于爬到了终点。

再看兔子，它还在半路上睡觉呢。当兔子醒来后往后一看，唉，乌龟怎么不见了？再往前一看，哎呀，不得了了！乌龟已经爬到大树底下了。兔子一看可急了，急忙赶上去，可是，已经晚了，兔子还在睡觉时，乌龟早已爬到了大树下，赢得了这场比赛。

**心灵驿站**

尽管小兔子平时跑得飞快，但在与乌龟赛跑的过程中，被骄傲的思想冲昏了头脑，落在了乌龟的后面，输掉了比赛。这个故事告诉我们再优秀的人也要虚心学习，谦虚做人，不要轻敌，因为骄兵必败。

# 怀孕260天 欣赏：《水调歌头·明月几时有》

这是苏轼的一首脍炙人口的传世之作。今天，准妈妈给胎宝宝吟诵，母子共同陶冶情操。

## 水调歌头·明月几时有

明月几时有？把酒问青天。
不知天上宫阙，今夕是何年。
我欲乘风归去，又恐琼楼玉宇，高处不胜寒。
起舞弄清影，何似在人间。
转朱阁，低绮户，照无眠。
不应有恨，何事长向别时圆。
人有悲欢离合，月有阴晴圆缺，此事古难全。
但愿人长久，千里共婵娟。

## 创作背景

《水调歌头·明月几时有》是宋神宗熙宁九年中秋苏轼在密州时所作。这一时期，苏轼因为与当权的变法者王安石等人政见不同，自求外放，辗转在各地为官。他曾经要求调任到离苏辙较近的地方为官，以求兄弟多多聚会。到密州后，这一愿望仍无法实现。这一年的中秋，皓月当空，银辉遍地，想起与胞弟苏辙分别之后，转眼已七年没有团聚了。苏轼面对一轮明月，心潮起伏，于是乘酒兴正酣，挥笔写下了这首名篇。

在大自然的景物中，月亮是很有浪漫色彩的，很容易启发人们的艺术联想。一钩新月，可联想到初生的萌芽事物；一轮满月，可联想到美好的团圆生活；月亮的皎洁，让人联想到光明磊落的人格。在月亮这一意象上集中了人类多少美好的憧憬与理想！苏轼是一位性格豪放、气质浪漫的诗人，当他抬头遥望中秋明月时，其思想情感犹如长上了翅膀，天上人间自由翱翔。

怀孕261天

# 好孩子童谣

美好的品质和良好的生活习惯都离不开父母的言传身教。今天，准妈妈给胎宝宝读读下面几首童谣，看看小朋友是怎样做的。

## 南南和兰兰

东家南南，有个习惯。糖纸剥不开，小嘴一噘："妈妈来！"

鞋带解不开，小脚一跺："妈妈来！""妈妈来，妈妈来！"

急得妈妈手忙脚乱。

西家兰兰，有个习惯。妈妈给她盛饭，小手一摆："自己来。"

妈妈给她洗脸，小嘴一笑："自己来。""自己来，自己来！"

喜得妈妈乐开怀。

小朋友，你像南南，还是像兰兰？

## 弟弟摔倒我扶起

弟弟走路不注意，摔倒在地我扶起。
替他拍掉身上灰，帮他洗掉手上泥。
我要做个好孩子，互相帮助记心里。

## 原来是你

妈妈不在家，我把地来扫，我把桌子擦。

听！好像是妈妈的脚步声，我赶快躲在门后偷偷地看。

妈妈进来了，看看地上，看看桌上。

妈妈问："是谁把屋子收拾得这样好？"

"喵，喵，喵！"我在学猫叫。

妈妈把门拉开瞧，高兴地说："哦，原来是你，爱劳动的好宝宝！"

怀孕262天

# 准妈妈动手：画草莓

草莓营养丰富，是人人爱吃的水果。现在，准妈妈准备一张纸，一支笔，让我们来教你画一个既简单，又漂亮的草莓。

**第一步：** 画出像瓜子一样的形状。

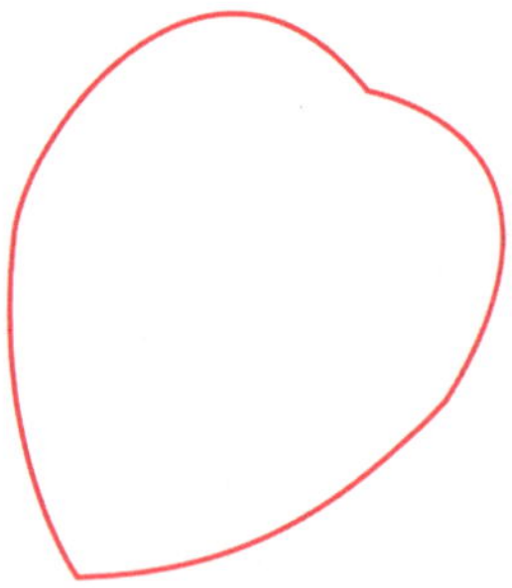

**第二步：** 画出草莓的“头发”。

**第三步：** 给草莓画出柄。

**第四步：** 最后给草莓画上小麻点。

完成以上简单的步骤，一个完整的草莓就画好了。准妈妈是不是很有成就感？

怀孕263天

# 观赏民间艺术：柳编

准妈妈乐观的情绪、美好的心境，对胎宝宝的发育和性格的形成产生积极地影响。今天，准妈妈带着胎宝宝观赏民间艺术柳编。

柳编是中国民间传统手工艺品之一。在古代人们只是把它作为普通的、实用的日常用品，直到20世纪后几十年才逐渐兴起，经过历代艺人的传承发展，凝聚了广大劳动人民的心血和汗水，成为我国民间传统的工艺制品。

现在柳编主要生产地包括：山东省临沭县、郯城县、莒南县、汤河镇、博兴县、莱州沙河，河北的固安县，安徽省的阜南县，河南固始县，湖北省襄阳市、襄樊、程河镇等。

柳编的主要原料是柳条，它柔软易弯、粗细匀称、色泽高雅，通过新颖的设计可以编织成各种朴实自然、造型美观、轻便耐用的实用工艺品。其产品包括：柳条箱、饭篮、菜篮、笊篱、针线笸箩、炕席、苇箔等。

柳编是简单的工具与高超技艺的结合，是实用性与审美的结合，并通过编织技艺的革新，在编织结构上和制品形式上创造出许许多多不同类型的产品，满足了人们生产和生活需要。柳编工艺品是柳编技艺的载体，采用多种编织手法编制的居家日用的各种工艺品远销20多个国家和地区，深受人们的喜爱。

柳编制品最好用鸡毛掸子、毛刷子来清洁，也可以用吸尘器吸尘。不能用湿毛巾擦拭，那样只会让灰尘全部贴在上面，越弄越糟。用水冲洗后不要放在外边晾干，因为有一些柳编制品水洗后容易变形。

**心语音画**

精美的柳编制品体现了劳动人民的勤劳、智慧和创新的精神。宝宝，希望你将来刻苦学习，用你所学到的专长为社会创造价值哟！

怀孕264天

# 大家来唱数数歌

准爸爸和准妈妈一起来给胎宝宝唱一首数数歌，可以配上节奏感比较强的音乐，体会不一样的感受。

## 数数歌

你数一，我数一，一只公鸡喔喔啼。
我们大家都来数个一，一只公鸡喔喔啼。
你数二，我数二，两条狗儿去遛弯儿。
我们大家都来数个二，两条狗儿去遛弯儿。
你数三，我数三，三只麻雀飞上天。
我们大家都来数个三，三只麻雀飞上天。
你数四，我数四，四只山羊走钢丝。
我们大家都来数个四，四只山羊走钢丝。
你数五，我数五，五只青蛙学打鼓。
我们大家都来数个五，五只青蛙学打鼓。
你数六，我数六，六条泥鳅水底游。
我们大家都来数个六，六条泥鳅水底游。
你数七，我数七，七头小猪嘴啃泥。
我们大家都来数个七，七头小猪嘴啃泥。
你数八，我数八，八只蜜蜂去采花。
我们大家都来数个八，八只蜜蜂去采花。
你数九，我数九，九只螃蟹喝醉酒。
我们大家都来数个九，九只螃蟹喝醉酒。
你数十，我数十，十只猴子耍把戏。
我们大家都来数个十，十只猴子耍把戏。

### 今日提醒

准妈妈给胎宝宝说唱活泼、有趣的数数歌，不仅使胎宝宝感受到歌曲的韵律，还能让胎宝宝通过数数歌认识了许多可爱的小动物。等宝宝出生后也可以唱给他听。

怀孕265天

# 种植花草培养情操

准妈妈平时可以侍弄一些外形美观、气味芳香的花草。在这些活动过程中，准妈妈把温暖愉快的心情传递给胎宝宝。

## 不宜准妈妈种植的花草

不适合准妈妈种养的植物包括：玉丁香、接骨木、洋绣球花、夜来香、月季花、紫荆花、夹竹桃、百合花、含羞草。

准妈妈新陈代谢旺盛，需要有充分的氧气供应，而有些花卉会在夜间吸进新鲜的氧气，吐出二氧化碳，减少室内氧气，导致室内空气含氧量下降，对准妈妈的健康不利。

## 适宜准妈妈种植的花草

适宜准妈妈种植的花草包括：康乃馨、君子兰、绿萝、发财树、芦荟、常春藤、龙舌兰、仙人掌等。因为有些花香可能刺激准妈妈的神经，引起头痛、恶心、呕吐，并影响食欲。所以，准妈妈最好少接触有浓烈气味的鲜花，比如茉莉、夹竹桃、一品红等。

如果一定要美化环境，可以选择摆放芦荟和仙人掌。因为，这些植物香气清淡，白天晚上均能释放氧气，对空气调节有一定作用，芦荟更能吸收一些室内有害物质，如甲醛等，益处多多。另外，吊兰、虎尾兰、一叶兰、龟背竹是天然的清道夫，也是孕期适合摆放在家里的植物。

怀孕266天

# 童话故事：灰姑娘

准妈妈的腹部越来越大，常常感到很疲惫，睡前给胎宝宝讲一个《灰姑娘》的故事吧，让自己也放松一下。

从前，有一个富人的妻子得了重病去世了，留下了一位非常漂亮、心地善良的女孩。不久，富人又结婚了，给女孩找了一位心肠恶毒的继母，还带来两位心地不好的姐姐。

从此，女孩便经常受到继母与两位姐姐的欺负，被她们逼着去厨房做饭，干一些粗重的家务，女孩经常弄得全身满是灰尘，因此，被姐姐们戏称为“灰姑娘”。

国王为了给王子选择未婚妻，准备在王宫举办一个盛大的舞会，邀请了全城年轻漂亮的姑娘参加。王子打算从这些参加舞会的姑娘中选一个作自己的新娘。灰姑娘和两个姐姐也被邀请参加。

两个姐姐打扮得漂漂亮亮地前去参加国王举办的舞会。灰姑娘也想去，便苦苦哀求她的继母让她去，可继母说道：“哎哟！灰姑娘，你也想去？你穿什么去呀！你连礼服也没有，甚至连舞也不会跳，你去参加什么舞会啊？”灰姑娘不停地哀求着。继母最终没有答应灰姑娘去参加舞会，还给她安排了许多活，扬长而去。灰姑娘伤心地哭了。

这时，一位仙女出现了，她听了灰姑娘的诉说后，用魔法帮助灰姑娘摇身一变，成为了一位高贵的千金小姐，并将老鼠变成马夫，南瓜变成马车，又变了一套漂亮的衣服和一双水晶鞋给灰姑娘穿上。

灰姑娘开心极了，仙女在她出发前提醒她，不可逗留到午夜十二点后，十二点以后魔法会自动解除，她会变回原来的模样。灰姑娘答应了，急忙坐上马车前往王宫参加舞会。

当灰姑娘盛装出现在王宫舞会上，她的两个姐姐惊呆了。王子也被灰姑娘的美貌迷住了，喜欢上了灰姑娘，邀她一起共舞。

欢乐的时光过得很快，眼看就要午夜十二点了，灰姑娘不得不马上离开，在仓皇间留下了一只水晶鞋。不见了心爱的姑娘，王子很伤心。于是派人全城寻找，找出能穿上这只水晶鞋的女孩。

尽管有后母及姐姐的阻碍，功夫不负有心人，大臣们终于找到了灰姑娘。

见到了日思夜想的姑娘，王子非常高兴，灰姑娘答应了王子的求婚，两人从此过着幸福快乐的生活。

**心语音画**

在仙女的帮助下，灰姑娘终于到达皇宫参加了舞会，最后与王子幸福、快乐地生活在一起了。亲爱的宝宝，长大后一定不要忘记那些曾经帮助过你的人，记得对他们说一声“谢谢！”

怀孕267天

# 好玩的数字绕口令

准妈妈在期待中再看一看，试一试，说一说绕口令吧。与准爸爸比一比看看谁的口齿更灵活、吐字更清晰。

## 牛驮油

九十九头牛，驮着九十九个篓。
每篓装着九十九斤油。
牛背油篓扭着走，油篓磨坏篓漏油，
九十九斤一个篓，还剩六十六斤油。
你说漏了几十几斤油?

## 老六放牛

柳林镇有个六号楼，刘老六住在六号楼。
有一天，来了牛老六，牵了六只猴；
来了侯老六，拉了六头牛；
来了仇老六，提了六篓油；
来了尤老六，背了六匹绸。
牛老六、侯老六、仇老六、尤老六，
住上刘老六的六号楼，
半夜里，牛抵猴，猴斗牛，
撞倒了仇老六的油，油坏了尤老六的绸。
牛老六帮仇老六收起油，
侯老六帮尤老六洗掉绸上油，
拴好牛，看好猴，一同上楼去喝酒。

**今日提醒**

绕口令多诙谐而活泼，节奏感较强。准爸爸和准妈妈经常进行口齿练习，对将来训练宝宝的语言发音会有帮助。

怀孕268天

# 准妈妈唱唐诗：《静夜思》

准妈妈平常一定没少给胎宝宝诵读唐诗宋词。现在这些诗词有了新“读法”，就是用歌声唱出来。准妈妈不妨试一试。

## 静夜思

怀孕 269 天

# 玩魔方

魔方又叫魔术方块，别看它只是一个简单的六面体，却奥妙无穷。准妈妈可以试一试下面的三阶魔方，会发现大脑在两只手带来的变化中也活动起来了。

## 什么是三阶魔方

三阶魔方每个边有三个方块，由一个连接着六个中心块的中心轴以及8个角块、12个棱块构成，当它们连接在一起时会形成一个整体，并且任何一面都可水平转动而不影响其他方块。魔方六个面贴纸通常是前红、后橙、上黄、下白、左蓝、右绿。

## 普通玩法

这类玩法适合拿魔方当作放松和娱乐的爱好者。通常仅仅满足于复原一个魔方，不追求更高的标准。一般按照网上的视频教程七个步骤就可以还原，简单易学，非常适合初学者的准妈妈们。

## 竞速玩法

竞速玩法出现的具体时间已经难以考证。当爱好者们已经能够熟练复原魔方的时候，就开始追求最快的复原速度。竞速复原有几个要点：使用的方法要最简便；使用的魔方需要最适合竞速使用。世界上复原魔方速度最快的人曾经在5.55秒成功还原了一个三阶魔方。准妈妈如果想挑战，那就需要多练习了。不过到时可以和准爸爸比一比。

## 最少步骤还原

这是最为艰难的玩法，在这种玩法或者比赛中，比赛组委会提供题目与纸笔，魔方自带3个和若干贴纸，玩家要思考出最少的步骤来解决魔方，在此期间可以转动魔方，不可使用其他计算工具，标准时间为60分钟。不过这是比赛，不是我们通常意义的娱乐了。

怀孕 270 天

# 民间艺术：狮子舞

狮子舞纯属喜庆性舞蹈，每逢传统节日，象征吉祥的狮子舞是必不可少的。准妈妈来看看这热闹的场面，胎宝宝也会感受到这份喜庆和吉祥。

狮子被视为瑞兽和“百兽之王”。乔装狮子进行表演盛行于3～5世纪的魏晋时期。到了唐代，狮子舞在宫廷和民间是喜闻乐见的活动了。

狮子舞分为两类：文狮、武狮。文狮子一般是戏耍性的。擅长表演各种风趣喜人的动作，比如：挠痒痒、舔毛、抓耳挠腮、打滚、跳跃、戏球等等。武狮子则重在耍弄技巧。最普通的是踩球、过跷跷板，走梅花桩是高难动作。

狮子舞通常由两人扮演，前者双手握狮头道具戴于头上，扮演狮头，后者俯身，双手扶前者腰部，身披用麻、布等材料装饰成的狮皮，扮演狮身。两人合成一只大狮，称“太狮”。也有一人头戴狮头面具，身披假狮皮，扮演小狮子，称“少狮”。前有狮子郎，手持一个能转动的五光十色的绣球进行逗引，舞球的动作有摇球、转球、抛球、抖球等数十种，狮子随之做出各种舞蹈动作。而有些地方狮子郎戴上大头面具，扮成大头和尚，也不持绣球，而代之以拂尘、大蒲扇，甚至大刀之类。

经历了两千多年的狮子舞，各地都自成一派。少数民族也都有着不同风格的狮子舞。狮子舞遍及中国各地，南北都有，甚至远至西藏。在新中国成立以后，歌舞团、杂技团都把舞狮子作为传统节目来演出，并根据各行各业的不同特长进行加工、整理，成为我国舞蹈、杂技中的一个亮点。

怀孕 271 天

# 观赏电影：《当幸福来敲门》

就要与宝宝见面了，准妈妈一定沉浸在幸福之中。由准爸爸陪同，观赏这部感人至深的影片，看看影片中的父亲是如何把握幸福的。

克里斯·加德纳是一个生活在旧金山的黑人青年，靠做推销员养活妻子和儿子。他和千千万普通人一样过着平淡的生活，直到有一天，一些突如其来的变故让克里斯知道，原来平淡的日子是多么的珍贵。

公司裁员让克里斯丢掉了工作。妻子又因忍受不了长期的贫困生活离家出走。从此，克里斯不仅要面对失业的困境，还要独立抚养儿子。克里斯因长期欠交房租被房东赶出家门，被迫带着儿子流落街头。在接下来的两三年中，这对苦命父子住过纸皮箱、公共卫生间。克里斯坚强面对困境，打散工赚钱，同时，努力培养儿子乐观面对困境的精神。父子俩日子虽苦，但还是能快乐生活。

有一天，克里斯在停车场遇见一个开高级跑车的男人，向前便问："做什么工作能过上这样好的生活？"那人告诉他："我是做股票经纪人的。"从此，克里斯就决定要做一个出色的股票经纪人，和儿子过上好的生活。

完全没有股票知识的克里斯靠着毅力在华尔街一家股票公司当上学徒，头脑灵活的他很快就掌握了股票市场的知识，随后开上了自己的股票经纪公司。两父子相互扶持最终完成了心中的梦想。

**心灵驿站**

克里斯历经磨难，追求幸福，是追求幸福者的楷模，其实，幸福只是个人的感受，只要心中怀有希望，幸福一定会来敲响你的门。

怀孕272天

# 名画赏析：《入睡的维纳斯》

今天，请准妈妈欣赏乔尔乔纳的油画作品——《入睡的维纳斯》，准妈妈在欣赏中充分感受人体与大自然结合的美，并将这种美传递给胎宝宝。

在意大利的威尼斯画派中，乔尔乔纳是进入黄金时代的第一位杰出的画家。从他的代表作《入睡的维纳斯》可以看出，他借维纳斯女神表现高雅的世俗情趣。在自然风景前入睡的维纳斯躯体优美而温柔，形体匀称地舒展，起伏有致，与大自然互为呼应。这种艺术处理不是为了给人以肉感的官能刺激，而是为了表现具有生命力的肉体和纯洁心灵之间的美的统一。乔尔乔纳将美妙和谐的女人体与背景起伏多变的山丘、山峦、村落、民宅、树冠、彩云以及被褥褶皱的曲线、弧线、折线形成了和谐的呼应和反差的对比，画面所有的一切巧妙地构成了优美、舒适、安逸、恬静的视觉交响。这种充满人文精神的美的创造，是符合文艺复兴时期理想“美”的典范的。

这是乔尔乔纳最成功的油画作品。虽然，这幅画的风景部分还没有画完乔尔乔纳就不幸去世了，最后由提香完成。可是，从画面的构图意识来看，他的师弟提香完全可以判断乔尔乔纳试图把大自然作为体现人体自然美、和谐美的一个重要组成部分。正如这幅画，沉寂日暮的自然状态好像正是酣睡入梦的维纳斯，不知是维纳斯已溶入了自然的怀抱，还是自然溶入了维纳斯的梦里。这也许恰恰表现了乔尔乔纳的本意。

怀孕 273 天

# 国学故事：千里送鹅毛

今天这个故事虽然讲的只是几根小小的鹅毛，但是情深义重，体现了做人要讲诚信的美德。准妈妈给胎宝宝讲一讲故事的来龙去脉吧。

唐朝贞观年间，回纥国是大唐的藩国。有一天，回纥国偶然得到了一只非常稀有的飞禽——天鹅，回纥国为了表示对大唐的友好，准备将天鹅作为礼物献给唐朝的皇帝。

他派使者缅伯高带了一大批珍奇异宝和这只珍贵的、罕见的飞禽——白天鹅去拜见唐朝的皇帝。

因为，路途遥远，需要长时间跋涉才能到达。缅伯高最担心的就是这只白天鹅，时间一长，万一天鹅有个三长两短，可怎么向国王交待呢？所以，一路上，缅伯高亲自给天鹅喂水喂食，一刻也不敢怠慢。

这天，缅伯高行至沔阳河边时，只见白天鹅伸长脖子，大张着嘴巴，非常吃力地喘息着。缅伯高实在不忍心看到白天鹅难受的样子，便将笼子打开，把白天鹅放了出来，然后，带白天鹅到水边，让它喝了个痛快。

谁知白天鹅喝足了水后，精气神十足，合颈一扇翅膀，“扑喇喇”一声飞上了天，缅伯高见状，飞快地向前一扑，只拔下几根白天鹅的羽毛，却没能抓住白天鹅，眼睁睁看着它飞得无影无踪。

一时间，缅伯高捧着几根雪白的鹅毛，直愣愣地发呆，不知如何是好，脑子里反反复复地想着一个问题："怎么办？怎么办？进贡吗？拿什么去见唐太宗呢？回去吗？又怎敢去见回纥国王呢？"缅伯高前思后想，决定继续向东行进，去给唐太宗进贡。想到这，他拿出一块洁白的绸缎，小心翼翼地把白天鹅的几根鹅毛包好，又在绸缎上题了一首诗："天鹅贡唐朝，山重路更遥。沔阳河失宝，回纥情难抛。上奉唐天子，请罪缅伯高，礼轻情意重，千里送鹅毛！"

缅伯高带着奇珍异宝和鹅毛，披星戴月，不辞劳苦的赶路，不久就来到了长安，求见唐太宗。唐太宗接见了缅伯高，缅伯高给唐太宗献上了奇珍异宝，还有几根白天鹅的鹅毛。唐太宗起初非常不解，当他看到了写在包鹅毛用的那块绸缎上的诗，又听了缅伯高的诉说后，非但没有怪罪缅伯高，反而觉得缅伯高忠诚老实，不辱使命，还重重地赏赐了他。

从此，"千里送鹅毛，礼轻情意重"的故事流传开来，比喻礼物虽然微薄，却含有深厚的情谊。

**心语音画**

读了这个故事使人深受启发。送给别人的礼物不在于礼物的质量多好、价格多昂贵、外表多华丽。只要你有这份心意、诚意，收到礼物的人也会深受感动哟！

怀孕 274 天

# 童心童谣：唱四季

自然界是很奇妙的，它将一年分成了春、夏、秋、冬四个季节。即将出生的宝宝将随着季节的交替不断长大。此时，让准妈妈给你唱几首关于四季的歌吧。

## 树叶蝴蝶

秋风秋风吹吹，
树叶树叶飞飞。
就像一群蝴蝶，
张开翅膀追追。

## 春天到

春天到，春天到，
花儿朵朵开口笑。
草儿绿，鸟儿叫，
蝴蝶蜜蜂齐舞蹈。

## 知了

河边杨柳梢，
知了声声叫，
知了！知了！知了！
夏天已来到。

## 四季歌

草芽尖尖，他对小鸟说：“我是春天。”
荷叶圆圆，他对青蛙说：“我是夏天。”
谷穗弯弯，他鞠着躬说：“我是秋天。”
雪人大肚子一挺，他顽皮地说：“我是冬天。”

## 小雪花

小雪花，小雪花，
爱在空中来玩耍，
翻个跟头飘呀飘，
飘在树上和地下。
太阳出来把它瞧，
眨个眼儿不见啦。

### 心灵驿站

神奇的自然赋予我们春夏秋冬。春夏秋冬四季的轮回带给我们不同的景象。我欣赏妩媚的春、华丽的夏、金黄的秋、银白的冬。它们都是那么美丽、那么富有生机。

怀孕 275 天

# 诗歌诵读：《摇篮曲的回声》（节选）

即将做妈妈了，此时此刻，有没有感念自己的母亲，耳边是否仿佛响起妈妈当年的吟唱声。读一读这首诗，把你所想到的告诉胎宝宝。

## 《摇篮曲的回声》节选（作者 绿源）

除了妈妈，没有妈妈。

上帝不能无所不在，才创造了妈妈。

摇摇篮的手统治着世界，天堂就在妈妈的脚下。

比起大厦高楼，妈妈陪你住过的小泥屋更宽敞。

比起琴瑟笛箫，妈妈为你哼过的小山歌更好听。

比起山珍海味，妈妈给你吃过的酸菜汤更鲜美。

比起春天的太阳，妈妈的微笑更能溶化你冻僵的心。

妈妈是最大的海，童年的你像小船一样，
在她的怀抱里航向了世界。

妈妈是最高的山，少年的你向小羚一样，
爬上去摘过星星和月亮。

妈妈是最深的井，你在人生的沙漠里，
从她那儿汲饮过最香冽的泉水。

妈妈是最好的老师，你一辈子从她那儿，
学不尽无私、勇敢和耐性。

天下没有一支现成的歌，可以借来献给你的妈妈；

你只能自己唱一支唯一的歌，献给你唯一的妈妈；

唱给妈妈的歌再甜蜜，也不过是她给你唱过的摇篮曲的回声。

# 怀孕276天 准爸爸深情吟唱：《外面的世界》

一段独特的经历让齐秦创作了经典代表作《外面的世界》，这是一首深情而唯美的歌曲。准爸爸可以用浑厚的声音，充满深情地唱给胎宝宝听听。

## 外面的世界（词曲 齐秦）

在很久很久以前，
你拥有我，我拥有你。
在很久很久以前，
你离开我去远空翱翔。
外面的世界很精彩，
外面的世界很无奈，
当你觉得外面的世界很精彩，
我会在这里衷心的祝福你。
当你觉得外面的世界很无奈，
我还在这里耐心的等着你。
每当夕阳西沉的时候，
我总是在这里盼望你，
天空中虽然飘着雨，
我依然等待你的归期。

### 心灵驿站

亲爱的宝宝，你马上就要来到这个五彩缤纷的世界了，“外面的世界很精彩，外面的世界也很无奈”。爸爸妈妈会小心呵护你健康、快乐、茁壮的成长。

怀孕277天

# 准爸爸讲笑话：产房里的安慰

准妈妈临产，可想办法分散、缓解准妈妈紧张的情绪。今天，给准爸爸推荐几个笑话，说给准妈妈听。

## 中评与好评

今天在某网上商城看一件衣服，有三个评论，其中两个中评一个好评。

中评的内容大致是：和图片不一样，有色差；穿着不好看。

而好评的内容是：帮同学买的，他穿着很丑，我很满意。

## 我要中间那个

丈夫焦虑地守候着即将分娩的妻子，这时护士抱着三个婴儿从产房走了出来，丈夫马上迎上去，认真地看了看三个婴儿，郑重地对护士说：“我要中间的这一个。”

抱着孩子的护士笑了：“先生，不好意思，您妻子还没有分娩。”

## 我的第二志愿

在医院的产房里，妻子看着刚刚出生的女儿无奈地对丈夫说：“真对不起！其实我知道你想要个男孩，可我却生了个女孩。”

丈夫摸了一下妻子的脸，安慰妻子说：“宝贝，没事的，那个是我的第二志愿。”

## 被停薪留职

一朋友闷闷不乐，问缘由，答曰：“犯了错，老婆把我停薪留职了。”

我好奇问道：“停薪留职啥意思？”

朋友答道：“不给零花钱，暂留丈夫职位，还不能行使丈夫权力。”

怀孕 278 天

# 准妈妈亲情吟唱：《小毛驴》

这是一首深受少年儿童喜爱的歌曲。歌词亲切生动，节奏欢快，很有情趣。准妈妈带着微笑，伴着歌声，等待小宝宝降生的幸福时刻吧。

小毛驴
1 1 1 3 | 5 5 5 5 | 6 6 6 1 | 5 — | 4 4 6 6 |
我有一只 小毛驴，我 从来也不 骑， 有一天我
3 3 3 3 | 2 2 2 2 | 5. 5 | 1 1 1 3 | 5 5 5 5 |
心血来潮 骑着去赶 集，我 手里拿着 小皮鞭我
6 6 6 i | 5 — | 4 4 4 6 | 3 3333 3 | 2 2 2 3 | 1 ‖
心里正得 意， 不知怎地 哗啦啦啦，我 摔了一身 泥。

怀孕279天

# 白居易名诗欣赏

准妈妈就要临产了，准爸爸给准妈妈和胎宝宝吟诵几首白居易的诗词，缓解准妈妈临产前紧张、焦虑的情绪。

## 夜雨

我有所念人，隔在远远乡。
我有所感事，结在深深肠。
乡远去不得，无日不瞻望。
肠深解不得，无夕不思量。
况此残灯夜，独宿在空堂。
秋天殊未晓，风雨正苍苍。
不学头陀法，前心安可忘？

## 买花

帝城春欲暮，喧喧车马度。
共道牡丹时，相随买花去。
贵贱无常价，酬直看花数：
灼灼百朵红，戋戋五束素。
上张幄幕庇，旁织笆篱护。
水洒复泥封，移来色如故。
家家习为俗，人人迷不悟。
有一田舍翁，偶来买花处。
低头独长叹，此叹无人喻：
一丛深色花，十户中人赋！

## 观游鱼

绕池闲步看鱼游，
正值儿童弄钓舟。
一种爱鱼心各异，
我来施食尔垂钓。

## 草

离离原上草，一岁一枯荣。
野火烧不尽，春风吹又生。
远芳侵古道，晴翠接荒城。
又送王孙去，萋萋满别情。

**今日提醒**

在临产前，准妈妈应该和小宝宝沟通一下，协同作战，顺利分娩。准妈妈可以对胎宝宝说：“宝宝，你就要离开妈妈到这世界上来了，妈妈和爸爸可想早日见到你，你一定要和妈妈配合好，勇敢地出来。”

怀孕280天

# 胎教手语：我们是一家人

随着宝宝“呱呱”坠地，甜蜜的二人世界变成了幸福、温馨的三口之家。此时，准妈妈用爱的手势告诉即将出生的胎宝宝：“我们是一家人。”

**我们**：右手食指指自己表示我，然后右手平伸手掌，掌心向下水平划一圈表示一群人，连起来即“我们”。

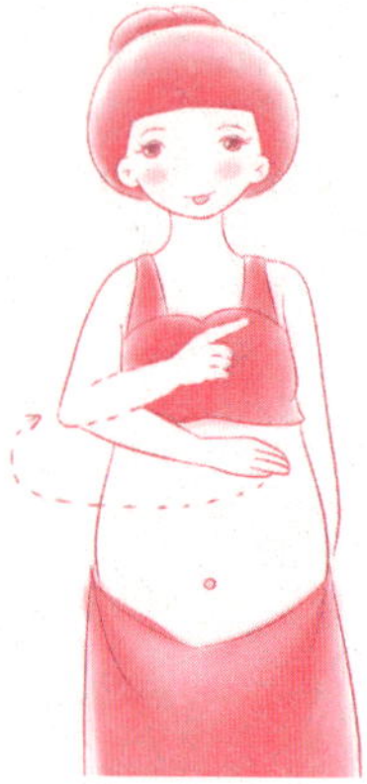

**是**：右手食指中指交叉打“10”的动作向下一敲，表示“是”。

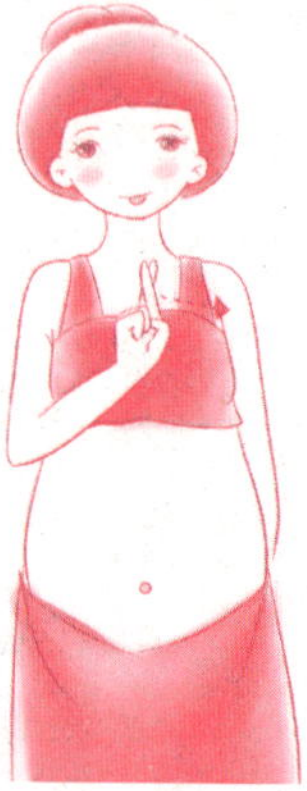

**一**：伸右手食指表示“1”。

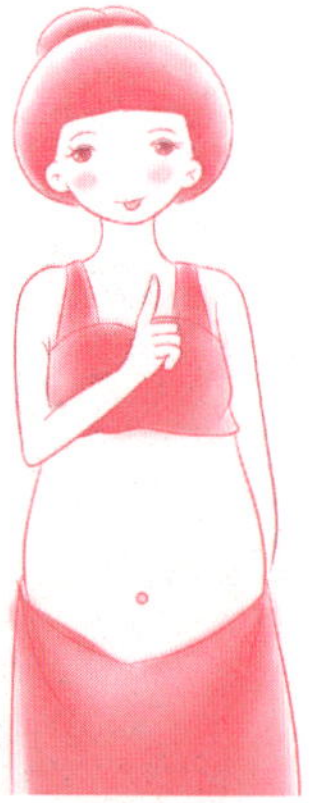

**家**：两手掌各自并拢，指尖相触搭一个三角的顶，表示“家”。

**人**：两手食指互搭成汉字“人”字形表示“人”。

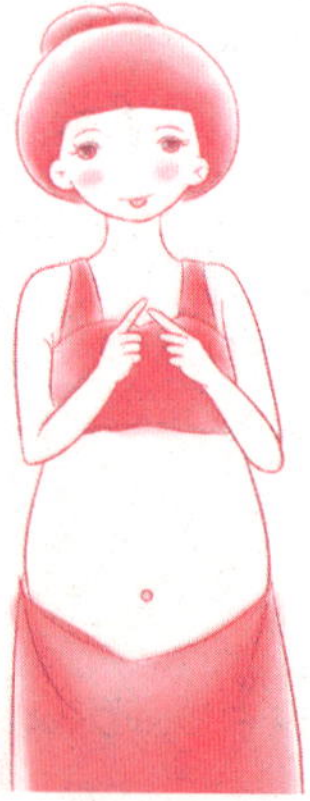